가족폭력과 사회복지

이 은 주 저

청목출판사

머리말

'가족'이란 말과 '폭력'이란 말처럼 서로 조화되지 않는 말이 합해서 한 단어를 이룬 경우도 흔치 않을 것이다. 가족은 거친 바깥세상으로부터 우리를 사랑으로 보호하도록 기대되며, 반면 폭력은 인간의 존엄성을 말살시키는 비인도적 행위이다. 애정과 보호의 기반인 가족 안에서 인간성을 말살시키는 폭력이 일어난다는 것, 그 자체가 엄청난 고통과 비극이다.

폭력은 강자가 약자에게 행하는 힘의 행사로서, 그 힘은 신체적·심리적·성적·경제적 등 삶의 다양한 방면에서 일어난다. 가족 내의 약자 집단은 대표적으로 아동·여성·노인이므로, 가족 내에서 폭력이 일어난다면 이들이 피해자가 될 수밖에 없다. 부모가 자녀에게, 남편이 아내에게, 성인자녀나 보호제공자가 노인에게 행하는 폭력이 우리 주변에서 일어난다는 사실, 여기에 우리는 민감하게 반응해야 할 것이다.

가족 내에서 일어나는 폭력은 오랜 세월동안 사적인 영역에서 일어나는 일로 사회가 개입할 여지가 없었다. 그러나 다행히 우리나라에서도 최근 몇 년에 걸쳐서 가족폭력에 대한 법과 제도가 정비되었으며 사회적 관심이 높아졌다. 그럼에도 불구하고 아직도 가족 내 폭력은 여전히 많이 일어나고 있다. 따라서 우리 모두, 특히 인간을 돕는 직종에 있는 사람들은 이 문제에 어떻게 접근하고 대처해야 할지에 대해서 깊은 관심을 가져야 할 것이다.

이 책은 아동학대, 배우자학대, 노인학대에 관하여 포괄적으로 다루고 있다. 우리나라에서 그 동안 각각의 학대 형태에 대한 책들은 출간되었으나, 이 모든 학대 형태를 포괄적으로 다룬 책은 드문 형편이다. 이 책은 가족폭력에 대하여 통합적으로 다룸으로써 가족폭력 전반에 대한 교재로 쓰일 수 있다. 가족폭력에 대한 과목은 현재 사회복지학의 몇몇 대학원에 개설되어 있는 바, 가족폭력 문제의 사회적 중요성에 비추어서 앞으로 더욱 더 교육의 장이 확대되기를 바라는 바이다. 또한 이 책은 가족폭력 실무 종사자들의 현장 실무 수행에 있어서 실제적인 지침으로 사용될 수도 있을 것이다.

이 책에서 아동학대, 배우자학대, 노인학대 전체를 아우르는 의미로서, 가정폭력(domestic violence) 대신 가족폭력(family violence/family abuse)이라는, 흔히 사용하지 않는 용어를 사용한 이유는 다음과 같다. 첫째, 가정폭력이란 말은 낱말의 의미상으로는 가정 내에서 일어나는 모든 폭력을 의미하지만 관례적으로는 주로 배우자학대를 의미하는 것으로 사용되기 때문에, 모든 형태의 학대를 포함한다는 것을 나타내기 위해서이다. 둘째, 가정이라는 용어보다는 가족이라는 용어가 보다 더 가족구성원인 인간을 직접적으로 의미하기 때문이다.

이 책은 4부로 구성되어 있다. 제 1부에서는 아동학대, 배우자학대, 노인학대를 통틀어서 전체적인 개관을 살펴보고 있으며, 가족폭력의 개념, 가족폭력에 대한 생태체계적 접근, 그리고 가족폭력의 역학에 대하여 알아보고 있다. 그 다음부터는 가족폭력의 각각의 형태로 들어가서, 제 2부는 아동학대, 제 3부는 배우자학대, 제 4부는 노인학대를 다루고 있다. 이를 다시 구체적으로 살펴보면, 제 2부의 아동학대에서는 아동신체학대, 아동 심리적 학대와 방임, 아동 성학대를 다룬 후, 우리나라에서의 아동학대 발생 현황, 그리고 우리나라의 아동보호제도와 서비스를 알아보고 있다. 그 다음 제 3부의 배우자 학대에서는 우선 배우자학대에 대하여 개괄적 이해를 도모한 후, 배우자 학대의 피해자, 배우자 학대의 행위자, 그리고 우리나라 배우자 학대에 대한 제도와 서비스에 대하여 살펴보고 있다. 마지막으로 제 4부 노인학대에서는 우선 노인학대에 대하여 개괄적으로 알아본 후, 노인학대에 대한 개입에 대하여 검토하고 있다. 모든 형태의 학대에 있어서 도입부에서 우리나라의 최근 사례를 제시함으로써 현장에 대한 이해를 도모하였다. 또한 모든 형태의 개입에 있어서 제도적 측면과 실천적 측면을 포괄함으로써 개입방법의 전체적인 틀을 제공하도록 하였다. 아울러 이 책의 독자, 혹은 이 책을 교재로 쓰는 학생들의 각 주제에 대한 사고의 확장을 돕기 위하여, 매 장의 말미에 생각할 문제를 첨가하였다.

이 책은 전체적으로 생태체계적 접근을 기반으로 하고 있다. 가족폭력과 같이 개인의 특성, 가족의 관계적 특성, 지역사회의 요소, 전체사회의 제도와 문화가 복합적으로 뒤얽히는 주제에 있어서는 반드시 모든 차원을 통합적으로 고려해야 한다. 따라서 제 1부의 개관에서 가족폭력에 대한 생태체계적 접근에 대하여 전반적 설명을 하였으며, 이를 기반으로 아동학대, 배우자학대, 노인학대에 대하여 생태체계적 접근을 토대로 설명하였다.

우리 사회에서 가족폭력이 종식되어 약자들의 인권이 보장되기를 바라는 마음 간절하며, 이를 위하여 이 책이 아주 조금이라도 도움이 되기를 바란다. 끝으로 이 책의 출판을 허락해 주신 청목출판사 유성열 사장님께 감사드리며, 이 책의 부족한 점에 대하여서는 전적으로 저자의 책임임을 밝힌다.

2011년 5월

저자 이은주

차 례

머리말/3

제1부 가족폭력의 개관

제 1 장 가족폭력의 개념 ——— 17

제 1 절 가족폭력에 관련된 용어의 개념 ……18

제 2 절 가족폭력의 분류 ……19

제 3 절 가족폭력의 영향 ……21

제 4 절 가족폭력의 연속성 ……22

제 2 장 가족폭력에 대한 생태체계적 접근 ——— 26

제 1 절 생태체계적 준거틀 ……26

제 2 절 가족폭력에 대한 생태체계적 준거틀 ……28

1. 미시체계 ……29
2. 중간체계 ……31
3. 외적 체계 ……31
4. 거시체계 ……32

제 3 장 가족폭력에 대한 역학 ——— 36

제 1 절 공식 보고서 ……37

제 2 절 서베이 연구 ……38

1. 발생 현황에 대한 연구 ……39
2. 변수들 간의 관계에 관한 연구 ……42

제 3 절 사례연구 ……45

제2부 아동학대

제 4 장 아동 신체학대 ---- 49

제 1 절 아동학대의 역사적 맥락 ---- 50

제 2 절 아동 신체학대의 정의 ---- 52

1. 의도 및 결과 ---- 53
2. 문화 ---- 54
3. 심각도와 빈도 ---- 54
4. 법적 정의와 임상적 정의 ---- 55

제 3 절 아동 신체학대의 지표 ---- 56

제 4 절 아동 신체학대의 영향 ---- 58

1. 발달에 미치는 영향 ---- 59
2. 폭력의 세대간 전수 ---- 60

제 5 절 위험요인과 보호요인 ---- 62

1. 위험요인 ---- 63
2. 보호요인 ---- 65
3. 적응유연성 ---- 66

제 5 장 아동 심리적 학대 및 아동방임 ---- 69

제 1 절 아동 심리적 학대 ---- 70

1. 아동 심리적 학대의 정의 ---- 70
2. 아동 심리적 학대의 영향 ---- 72

제 2 절 아동방임 ---- 75

1. 아동방임 문제의 심각성 ---- 76
2. 아동방임의 정의와 범주 ---- 77
3. 아동방임의 지표 ---- 78
4. 성장실패증후군 ---- 79
5. 아동방임의 위험요인 ---- 80

제 6 장 아동 성학대 ---- 84

제 1 절 아동 성학대 문제의 발생률 ---- 87

제 2 절 아동 성학대의 정의 ······ 91
제 3 절 아동 성학대의 지표 ······ 92
제 4 절 아동 성학대의 영향 ······ 95
1. 피해아동의 스트레스 및 향후 적응에 영향을 미치는 요인 ······ 96
2. 4요인 외상성 모델 ······ 97
제 5 절 아동 성학대의 단계 ······ 99
1. 접촉단계 ······ 99
2. 성적 상호작용 단계 ······ 99
3. 비밀단계 ······ 99
4. 폭로단계 ······ 100
5. 억압단계 ······ 100
제 6 절 성학대 피해아동에 대한 원조 ······ 101
1. 성학대 피해가 밝혀진 후의 지침 ······ 101
2. 성학대 피해아동에 대한 치료의 이슈들 ······ 103
3. 아동 성학대 피해자 치료모델 ······ 105

제 7 장 우리나라 아동학대의 발생현황 ―― 109
제 1 절 신고현황 ······ 109
1. 아동학대의 신고건수 ······ 110
2. 피해아동 성별 및 연령 ······ 110
3. 아동학대 사례유형 ······ 111
4. 피해아동 가족유형 ······ 113
5. 피해아동에 대한 조치결과 ······ 114
6. 학대행위자의 성별 및 연령 ······ 115
7. 학대행위자와 피해아동과의 관계 ······ 116
8. 행위자에 대한 조치 결과 ······ 117
제 2 절 실태조사 ······ 118
1. 전체 아동학대 발생률 ······ 119
2. 아동 성별 및 연령별 아동학대발생률 ······ 119
3. 학대유형 및 폭력정도별 아동학대발생률 ······ 120
4. 아동의 성별 및 연령별 아동학대 유형의 발생률 ······ 120
5. 아동의 아동기 폭력경험 별 아동학대 발생률 ······ 121

제 8 장 우리나라 아동보호 제도 및 서비스 —— 124
제 1 절 아동보호를 위한 법 ……124
제 2 절 아동보호 서비스 ……126
제 3 절 아동보호서비스의 단계별 개입 ……128
1. 의심되는 아동학대 신고 ……128
2. 아동보호서비스의 조사 ……128
3. 위기사정 및 초기개입 ……129
4. 지속적 개입 ……131
제 4 절 가족유지 대 아동보호 논쟁 ……134
제 5 절 아동보호서비스 강화 방안 ……135
1. 아동학대에 대한 신고체계 강화 ……136
2. 학대부모에 대한 격리조치 강화 ……136
3. 학대부모에 대한 제재조치 강화 ……137
4. 학대행위자에 대한 상담치료명령제도 도입 ……138
5. 피해아동에 대한 상담치료 프로그램 강화 ……138
6. 피학대 아동을 위한 보호시설 및 위탁가정 확충 ……139
7. 피학대 아동 보호를 위한 관련네트워크 강화 ……140
8. 아동학대 예방교육 강화 ……140

제3부 배우자 학대

제 9 장 배우자 학대의 이해 —— 145
제 1 절 배우자 학대의 개념 ……146
1. 용어 정리 ……146
2. 배우자학대의 정의 ……148
제 2 절 배우자 학대의 역사적 맥락 ……151
제 3 절 배우자 학대의 발생 현황 ……152
1. 공식 보고 ……152
2. 서베이 연구 ……155
제 4 절 여성의 폭력과 남성의 폭력 ……158
1. 여성가족부의 전국가족폭력 실태조사에 대한 분석 ……158

2. 미국의 전국가족폭력 조사결과 분석 ······159
3. 미국의 전국범죄피해조사결과 분석 ······160
제5절 배우자학대에 대한 잘못된 통념 ······162

제10장 배우자 학대의 피해자 —— 166
제1절 피해여성들의 특성 ······166
1. 피해여성 증후군 ······166
2. 생존자의 외상 ······167
제2절 폭력의 사이클 ······168
1. 긴장이 쌓이는 단계(상승기) ······169
2. 폭발기 ······169
3. 하강기/밀월기 ······169
제3절 피해여성이 결혼관계에 머무는 이유 ······171
1. 개인의 특성 ······173
2. 자녀 양육 문제 ······173
3. 경제적 문제 ······174
4. 사회적 고립의 문제 ······174
5. 사회문화적 특성 ······175
제4절 피해여성에 대한 개입 ······176
1. 학대관련 적응 개념 ······176
2. 아내학대 피해자의 적응유연성 ······178
3. 여성주의적 접근 ······179

제11장 배우자 학대의 행위자 —— 182
제1절 행위자의 특성 ······182
1. 아동기에 학대에 노출된 경험 ······183
2. 알코올 및 약물 남용 ······184
3. 낮은 자부심 ······184
제2절 행위자의 유형 분류 ······185
1. Gondolf의 분류 ······186
2. Saunders의 분류 ······187
제3절 학대행위에 대한 원인설명 및 개입모델 ······188
1. 정신분석모델 ······189

2. 인지행동모델 ······ 190
3. 여성주의 모델 ······ 191
4. 가족체계 모델 ······ 192
제 4 절 행위자에 대한 개입 ······ 194
1. 집단개입 ······ 195
2. 부부상담 ······ 200

제12장 배우자 학대에 대한 제도 ——— 206
제 1 절 피해자 지원을 위한 제도 ······ 207
1. 피해자 지원을 위한 법 ······ 207
2. 피해자 지원을 위한 정책 추진동향 ······ 208
3. 피해자 지원 서비스 체계 ······ 210
4. 피해자 지원제도 강화 방안 ······ 214
제 2 절 행위자에 대한 제도 ······ 217
1. 행위자 처벌 및 치료 제도 ······ 217
2. 행위자 처벌 및 치료제도 강화방안 ······ 223

제4부 노인학대

제13장 노인학대의 이해 ——— 229
제 1 절 노인학대의 개념 ······ 230
제 2 절 노인학대의 분류 ······ 231
1. 유형에 따른 분류 ······ 231
2. 발생장소에 따른 분류 ······ 234
제 3 절 노인학대의 발생현황 ······ 235
1. 신고현황 ······ 236
2. 실태조사 ······ 238
제 4 절 노인학대의 지표 ······ 240
1. 노인학대의 행동적 지표 ······ 240
2. 노인학대의 신체적 지표 ······ 240
3. 방임의 신체적 지표 ······ 241
4. 재정적 학대(착취)의 지표 ······ 241

제 5 절 노인학대의 위험요인 ······242
1. 미시수준 : 개인수준 ······242
2. 중간수준 : 가족 및 관계 요인 ······246
3. 거시수준 : 사회문화적 요인 ······248

제14장 노인학대에 대한 개입 —— 252

제 1 절 노인보호제도 ······252

제 2 절 노인보호 서비스 체계 ······254

제 3 절 노인보호서비스의 개입과정 ······256
1. 문제의 발견(노인학대 사례접수) ······256
2. 현장조사 ······256
3. 사정 ······257
4. 사례판정 : 학대여부 판정 ······258
5. 사례관리 및 서비스 제공 ······259
6. 사례평가 및 종결 ······260
7. 사후관리 ······261

제 4 절 시설학대 및 자기방임에 대한 개입 ······261
1. 시설학대에 대한 개입 ······261
2. 자기방임에 대한 개입 ······262

제 5 절 노인보호서비스 강화 방안 ······264
1. 노인학대에 대한 신고체계 강화 ······264
2. 노인학대 행위자에 대한 교육과 치료 프로그램 시행 ······265
3. 노인학대 피해자를 위한 보호시설 확충 ······265
4. 노인부양 가족의 부양부담 경감을 위한 재가서비스 강화 ······266
5. 노인학대 인식제고 및 예방교육 강화 ······266

◈ 참고문헌 ······269

◈ 부록

〈부록 1〉 아동복지법에서 아동학대에 관련된 법률조항/283
〈부록 2〉 노인복지법에서 노인학대에 관련된 법률조항/288
〈부록 3〉 가정폭력방지 및 피해자보호 등에 관한 법률/291
〈부록 4〉 가정폭력범죄의 처벌 등에 관한 특례법/301

◇찾아보기 ······315

제1부

가족폭력의 개관

제 1 장 가족폭력의 개념
제 2 장 가족폭력에 대한 생태체계적 접근
제 3 장 가족폭력에 대한 역학 연구

제 1 부는 아동학대, 배우자학대, 노인학대라는 가족폭력의 각 유형을 살펴보기 전에 전체를 아우르는 개관의 서론적 의미를 가진다.

제 1 부의 구성은 다음과 같다. 제 1 장에서는 아동학대, 배우자학대, 노인학대 전체를 포괄하는 가족폭력의 개념에 대하여 살펴보며, 제 2 장에서는 가족폭력 문제에 접근하는 준거틀인 생태체계적 접근에 관하여 알아본다. 제 3 장에서는 가족폭력의 역학 연구에 대하여 고찰한다.

제 1 장

가족폭력의 개념

가족 내의 폭력은 아주 옛날부터 있어 왔다. 그러나 가족 내 폭력이 사회적 관심의 대상이 된 것은 20세기 후반 이후이다. 서구에서 가족폭력의 여러 형태 중 가장 먼저 사회적인 관심을 받은 것은 아동학대로서, 1960년대 Kempe라는 소아과 의사와 그 동료들이 '매맞는 아동증후군'에 대하여 보고하면서부터이다. 배우자학대에 대한 사회적 관심은 1970년대에 여성운동의 결과 매맞는 아내를 위한 쉼터 설립에서부터 시작되었다. 1980년대에는 아동성학대가 사회적 관심의 우선순위가 되었고, 이 시기에 노인학대 문제가 대두되기 시작하였다. 우리나라에서는 배우자학대에 대한 가정폭력방지법이 1997년에 제정된 것을 필두로 하여, 2000년대에 들어와서 아동학대 및 노인학대에 대한 법령이 정비되기 시작하였다.

이러한 사회적 관심과 함께 학계 및 실천현장에서도 가족폭력에 대한 논의가 많이 이루어지고 있다. 그러나 가족폭력의 개념에 대한 정의는 매우 광범위하여 합의를 이루지 못하고 있는 실정이다. 가족폭력의 개념이 정립되지 못한 이유는 폭력의 형태가 다양하고, 피해자의 지위가 다양하며, 시대나 사회문화적 배경에 따라서 폭력인지 아닌지 기준을 달리하기 때문이다. 따라서 여전히 가족폭력에 대해서는 여러 가지 용어가 사용자에 따라서 다르게 사용되며, 혼란을 불러일으킨다. 따라서 여기에서는 가족폭력의 개념 및 용어에 대하여 정리해 보고자 한다. 이 부분은 주로 Kemp(2001) 중 일부 내용을 발췌하여 요약하였음을 밝혀 둔다.

제 1 절 가족폭력에 관련된 용어의 개념

본 책에서는 가정폭력(domestic violence)이라는 용어 대신, 흔히 사용되지 않는 가족폭력(family violence/family abuse)이라는 용어를 사용한다. 그 이유는 다음과 같다. 첫째, '가정폭력'(domestic violence)이란 말은 그 자체의 의미로는 가정 내에서 일어나는 모든 폭력, 즉 아동학대, 배우자 학대, 노인학대를 다 포괄하는 의미이지만, 실제로는 관례상 주로 배우자학대를 의미하는 것으로 사용되기 때문이다. 본 책에서는 배우자 학대 뿐만이 아니라 모든 폭력형태를 포괄적으로 논하기 때문에, 가정폭력이란 용어가 주는 의미상의 혼란을 피하기 위하여 가족폭력이란 용어를 사용하기로 한다.

둘째, 가정보다는 가족이라는 용어가 보다 적합하기 때문이다. 가정이란 낱말의 사전적 의미는 '1. 한 가족이 생활하는 집, 또는 2. 가까운 혈연관계에 있는 사람들의 생활'이다. 한편 가족이란 낱말의 사전적 의미는 '부부와 같이 혼인으로 맺어지거나, 부모·자식과 같이 혈연으로 이루어지는 집단. 또는 그 구성원'이다(http://krdic. naver.com). 그렇다면 가정이란 낱말은 집이나 그 안에서 이루어지는 생활을 가리키며, 가족이란 말은 가족집단이나 그 구성원을 가리킨다. 우리의 관심의 대상은 집이 아니라 인간이기 때문에 집에 사는 인간을 보다 직접적으로 의미하는 가족이란 말이 보다 더 적합하다고 사료된다.

폭력(violence)과 관련된 용어로서, 폭행(assault), 학대(abuse), 구타(battering) 등의 용어가 있다. 폭행(assault)은 심리적·신체적 협박, 또는 학대적 행동으로 정의될 수 있다. 신체적, 성적, 정서적 폭행의 어떤 패턴은 학대가 된다. 구타(battering)는 심각한 신체적 상처를 야기하는 폭력, 즉 신체적 폭행의 심한 공격행위를 나타내는 말로 주로 사용된다. 폭력(violence)은 주로 신체적 공격의 모든 행위를 일컫는 말이며, 학대(abuse)는 개인에게 손상을 입히는 행위로서 신체적, 비신체적 행위 모두를 포괄한다. 그러나 이렇게 명확하게 구분되어 사용되기보다는, 경우에 따라서 같은 뜻으로, 혹은 다른 뜻으로 사용된다고 할 수 있다(NASW, 1984). 한편 책임을 가진 사람이 그가 책임진 사람의 기본적인 인간 욕구 충족을 행하지 않은 것은 방임이 된다(Kemp, 2001). 일반적으로 학대란 용어가 신체적·비신체적 행위를 폭넓게 포괄하는 용어이므로, 학대란 용어가 가장 포괄적인 개념을 의미한다고 할 수 있다. 우리나라에서는 아동학대, 노인학대 등 각 하위 범주를 일컬을 때는 학대란 용어를 사용하지만, 모든 범주를 포괄할 때는 일반적으로 폭력이란 용어를 사용하는 경향이 있다. 따라서 본 책에서는 가족 내에서 일어나는 모든 유형의 폭력 혹은 학대를 포괄하는 의미에서 가족폭력이라는 용어를 사용하기로 한다.

제 2 절 가족폭력의 분류

폭력 혹은 학대는 포괄적인 의미이므로, 이를 형태에 따라, 그리고 피해자의 지위에 따라 분류해 볼 수 있다.

먼저 형태 별로 그 의미를 살펴보면 다음과 같다. 신체적 학대는 피해자의 신체적 통합을 해치는 신체적 폭행, 또는 그러한 행동패턴을 말한다. 아주 심각한 신체적 폭행도 역시 신체적 학대라고 할 수 있다. 정서적 학대는 정서적인 공격 패턴, 혹은 정서적인 욕구에 대한 방임이다. 성적 학대는 성적 만족이나 지배, 혹은 양쪽 모두를 목적으로 하는 성적 접촉으로서, 상대방을 부적절하게 이용하는 것이다. 성적 학대는 본질적으로 성을 포함하는 긍정적 자아감에 대한 폭행을 포함하며, 피해자의 신체적 통합성과 안전을 위협하기도 한다.

그 다음으로 폭력 혹은 학대는 피해자의 지위(아동, 배우자, 노인), 혹은 피해자와 행위자의 관계에 따라 분류될 수 있다. 가정폭력(domestic violence), 혹은 배우자학대는 행위자가 친밀한 관계를 현재 가지고 있거나 과거에 가졌던 상대방에게 권력과 통제를 확립하고자 하는 학대적 행동패턴이다. 아동 성학대란 어른 또는 상당히 나이 많은 사람이 아동과 성적 접촉을 하는 것이다. 비록 아동 자신이 이런 행동에 참여한다고 하더라도 아동은 자신이 한 일의 장기적인 결과에 대한 이해가 부족하기 때문에 이는 성학대에 해당한다.

위에서 살펴본 바와 같이, 가족폭력을 형태별로, 그리고 피해자의 지위별로 분류하여 표로 표시하면 〈표 1-1〉과 같다.

〈표 1-1〉 가족폭력의 분류표

폭력 형태 / 피해자 지위	신체적 폭력	성적 폭력	정서적 폭력	기본욕구충족의 실패
아동	아동 신체적 학대	아동 성학대	아동 심리적 학대	아동 방임
배우자/파트너	배우자 학대 (가정폭력이라 통칭)	배우자 강간	배우자 심리적 학대	
노인	노인 신체적 학대	강간 또는 노인성학대	노인 심리적 학대	노인방임

가족에서 폭력이 일어날 때, 그 형태 간에 항상 명확한 경계선이 있는 것은 아니며, 보통 한 형태 이상이 동시에 일어난다. 예를 들면 심리적 학대는 다른 형태의 학대와 함께 일어나며, 심리적 학대는 다른 모든 형태의 기저에 깔려 있다.

배우자학대의 경우, 학대의 행위자의 행동패턴은 현재 또는 과거에 사적으로 친밀한 관계의 사람에게 권력과 통제를 가하는 방식으로 나타난다. 배우자 학대에서 신체적 학대는 심리적 학대보다 자주 일어나는 것은 아니며, 심리적 학대는 신체적 학대에 덧붙여 행사하는 효과적인 수단으로서 기능한다. 따라서 신체적, 심리적, 성적 등 여러 형태의 배우자 학대의 중심과정은 지배와 통제를 확립하고자 하는 것이며, 폭력의 여러 형태는 그 다양한 표현이라고 볼 수 있다.

제 3 절 가족폭력의 영향

인본주의 심리학의 창시자 Maslow는 인간은 욕구를 가지고 세상에 태어난다고 보았으며, 인간의 욕구는 강도와 중요성에 따라서 〈그림 1-1〉과 같이 계층적 단계로 배열된다. 강도의 순서에 따라 생리적 욕구, 안전의 욕구, 소속감과 애정의 욕구, 자존의 욕구, 자기실현의 욕구의 순이다. Maslow에 따르면 낮은 수준의 욕구가 최소한 어느 정도 충족되지 않고는 더 높은 수준에서의 성취를 기대할 수 없다. 가족폭력의 견지에서 그 의미는 학대의 피해자가 학대나 방임에 의해서 욕구 성취에 장애를 받았다면, 그의 인생에서 완성을 기대하기는 어렵다는 것이다(Kemp, 2001).

아동방임이나 노인방임 및 유기는 생리적 욕구의 충족을 저해하며, 이에 따라 그 상위 단계의 욕구충족을 이루기 어렵다. 신체적 학대는 안전의 욕구를 저해하며, 따라서 그 상위 단계의 욕구충족을 이루기 어렵다. 심리적 학대는 소속감과 애정의 욕구 및 자존의 욕구를 저해하며, 따라서 그 상위 단계의 욕구충족을 이루기 어렵다. 이는 가족폭력이 인간의 긍정적이고 성공적인 삶에 얼마나 파괴적인 영향을 미치는지를 설명해 준다.

가족폭력은 오늘날 대부분의 사회문제의 주요 원인이라는 말이 있다. 인간은 사회에서 어떻게 행동해야 하는지에 대한 행동규범과 기본가치를 가족 내에서 습득한다. 만약 가족 내에서 폭력이 일어난다면, 그러한 행동규범과 가치를 가족 이외의 사람들에게도 사용할 가능성이 높다. 특히 아동에 대한 학대는 오늘날 점점 증가하는 청소년비행, 가출, 폭력과 살인 등의 사회문제의 중요한 요인이라는 설명이 가능하다.

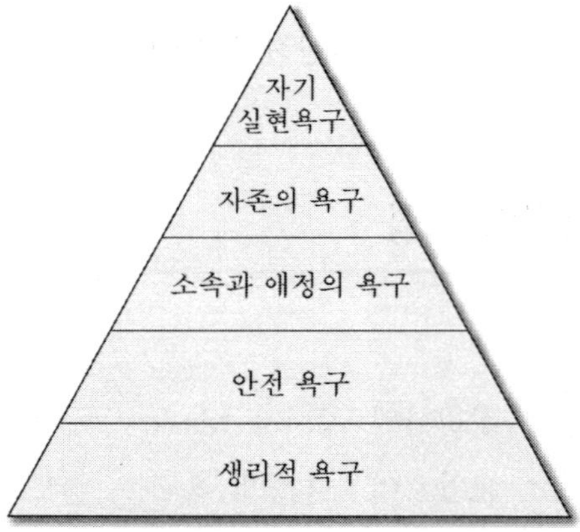

출처 : 이인정 · 최해경(2007) : 330.

〈그림 1-1〉 Maslow의 욕구 서열 피라미드

또한 가족폭력의 영향은 연쇄적으로 일어난다. 즉 한 가족구성원에 대한 가족폭력은 다른 가족구성원에게 영향을 미친다. 다른 가족구성원은 가족폭력의 현장을 바로 목격할 수도 있고(증인), 나중에 알게 될 수도 있다. 예를 들어 배우자 학대의 경우에, 학대가 일어나는 방에 아이들이 실제로 있지 않았더라도 무슨 일이 일어나고 있는지 아이들은 알고 있다. 아이들이 신체적 학대의 피해자가 아니라고 하더라도, 한쪽 부모가 다른 부모를 학대하는 것을 단순히 아는 것만으로도 충분히 고통스럽다. 이는 아이들에 대한 심리적 학대가 되기에 충분하다. 그래서 배우자 학대에 아동이 노출되는 것 자체를 아동학대의 한 형태로 규정하는 시각도 있다.

제 4 절 가족폭력의 연속성

학대의 연속성이란 가장 경미한 것에서부터 가장 심각한 것에 이르기까지 하나의 연속선 상에 배열되는 학대적 행동을 나타내는 것이다.

〈그림 1-2〉는 신체적 학대의 연속성, 성적 학대의 연속성, 정서적 학대의 연속성을 나타낸다. 이 그림은 지배와 통제를 확립하고 유지하는 데에 필요한 신체적, 성적, 정서적인 학대행동의 범주를 보여 주고 있으며, 위에서 아래로 갈수록 점점 더 심각한 형태의 학대행동을 의미한다. 이는 원래는 배우자 학대에서의 신체적, 정서적, 성적 학대의 연속성에 관한 것이지만, 아동의 신체적, 정서적 학대에도 적용될 수 있다(아동의 성적 학대의 연속성은 〈그림 1-3〉을 볼 것).

일반적으로 행위자는 자기 행동이 결코 학대일 수 없다고 정당화하며, 그들의 행동을 합리화한다. 특히 아동학대의 경우, 부모는 '아동의 잘못을 바로잡기 위하여 체벌을 가했다'고 주장하며, 아동학대와 수용가능한 처벌 사이에 구분이 불분명한 경우가 종종 발생한다. 이 연속성에 대한 그림은 행위자의 행동이 가족폭력의 범주에 들어가는지에 대하여 점검할 수 있는 도구가 된다. 그러므로 사회복지사 혹은 상담자가 행위자 혹은 피해자와 만났을 때, 행위자가 행한 행동이 가족폭력의 범주에 들어가는지 여부에 대하여 이 그림을 가지고 함께 이야기해 볼 수 있다(Kemp, 2001).

신체적	**정서적**	**성적**
꼬집기	무시하기	성적 물건으로 취급하기
비틀기	품위 떨어뜨리기	성적 욕구 경시하기
밀기	사랑 안 주기	성성(sexuality) 비난하기
흔들기	감정 경시하기	강박적 질투
구석에 몰아넣기	비웃기	원치 않는 접촉
신체를 구속하기	소리지르기	성적으로 놀리고 비하하기
물건 던지기	고립시키기	성관계 요구하기
뼈 부러뜨리기	모욕하기	억지로 벗기기
내과적 부상	비난하기	성적 난잡함
의료적 케어	굴욕적 창피주기	성행위 강제로 보게 하기
무기 사용하기	귀중한 물건 망가뜨리기	원치 않는 성행동 강제하기
신체 손상하기	정신이 온전한지 문제제기	구타 후 성관계 강요하기
장애인만들기	애완동물 해친다 위협하기	강제 성행위 위해 무기사용
살해	유기/폭력 위협하기	성관계 중 부상 입히기

출처 : Kemp(2001).

〈그림 1-2〉 가족폭력 연속선

한편 아동 성학대의 연속성은 배우자에 대한 성학대의 연속성과 질적으로 중요한 차이를 보인다. 그 차이는 '동기'로 요약될 수 있다. 배우자에 대한 성학대 행동은 행위자가 피해자를 정복하고 통제하고자 하는 일반적 패턴의 일부로 볼 수 있다. 반면 아동 성학대의 연속선은 이와는 다른 패턴을 보이는 데에 주목할 필요가 있다. 즉 행위자가 피해자를 훈련시키는 것과 같은 행동범주, 즉 보다 친근한 성적 행동으로 점차적으로 유혹하는 데에 초점을 두는 패턴을 보인다. 이는 초기에는 비교적 순진한 형태의 상호작용으로 시작하여, 행위자가 아동이 친밀한 성적 행위를 할 수 있을 때까지 행위수준을 높이는 것을 보여준다.

비성적(非性的)인 게임
신체접촉을 포함하는 게임
순진한 입맞춤
입술 대 입술 입맞춤
노출하거나 옷 벗기기
용변 시 엿보기
옷 벗었을 때 만지기
성기 애무하기
아이로 하여금 성기를 만지게 하기
물건을 삽입
성적 삽입
성적인 사진 찍기
상처입히겠다고 위협하기
성행위시 상처입히기

출처 : Kemp(2001).

〈그림 1-3〉 아동에 대한 성적 학대행동의 연속선

생각할 문제

1. '가정폭력'이란 용어와 '가족폭력'이란 용어의 의미가 어떤 차이가 있는지 논하시오.

2. 〈표 1-1〉의 가족폭력 형태의 분류표를 보면, '배우자 방임'이란 개념이 들어가야 할 칸은 빈 칸으로 남겨져 있다. 왜 배우자 방임이란 개념은 성립하지 않는지 논하시오.

3. 아동 성학대는 다른 형태의 가족폭력과는 그 성격이 구분된다. 아동성학대는 다른 형태의 가족폭력과 어떻게 다른지 논하시오.

4. 서구에서 가족폭력의 형태들 중 사회적 관심을 받은 순서는 아동학대, 배우자학대, 노인학대의 순이다. 왜 사회적 관심을 받은 순서가 이렇게 전개되었는지에 대하여 논하시오.

5. 가족폭력에서 '힘과 통제'는 중요한 주제이다. 가족 뿐만 아니라, 집단이나 조직에서 힘있는 구성원이 힘이 약한 구성원에게 힘과 통제를 행사하는 예를 들어 보시오.

제 2 장

가족폭력에 대한 생태체계적 접근

제 1 절 생태체계적 준거틀

생태체계적 관점의 기본 전제는 인간의 행동은 그들이 살고 있는 사회체계와 떼어놓고 설명할 수 없다는 것이다. 개인이 경험하는, 혹은 개인과 직·간접으로 연결되어 있는 환경이 인간에게 미치는 영향은 매우 중요하다. 생태체계적 관점에서는 개인-환경 간의 상호교류, 즉 환경 속의 인간에 대한 이해를 강조하며, 인간의 행동을 적절하게 설명하기 위해서는 전체 체계와 그 영향을 함께 이해해야 한다고 본다. 또한 생태체계적 관점에서는 인간을 환경에 수동적으로 반응하는 존재로서가 아니라, 오히려 환경과 역동적이고 적극적인 상호관계를 통해 발전하는 존재로 인식하고 있다. 이러한 포괄적이고 통합적인 접근은 사회문제에 대한 전체적이고 상호작용적인 사정을 가능케 함으로써, 문제해결을 위한 보다 다양한 개입지점을 제공하고 있다(이인정·최해경, 2007; 오창순 외, 2009).

Bronfenbrenner는 개인의 생태학적 환경을 미시체계, 중간체계, 외부체계, 거시체계로 구성하였는데, 이 네 개의 체계들은 서로 상호작용한다(이인정, 2007; 오창순 외, 2009). 〈그림 2-1〉은 Bronfenbrenner의 생태체계 관점에서의 4가지 환경수준을 그림으로 나타낸다.

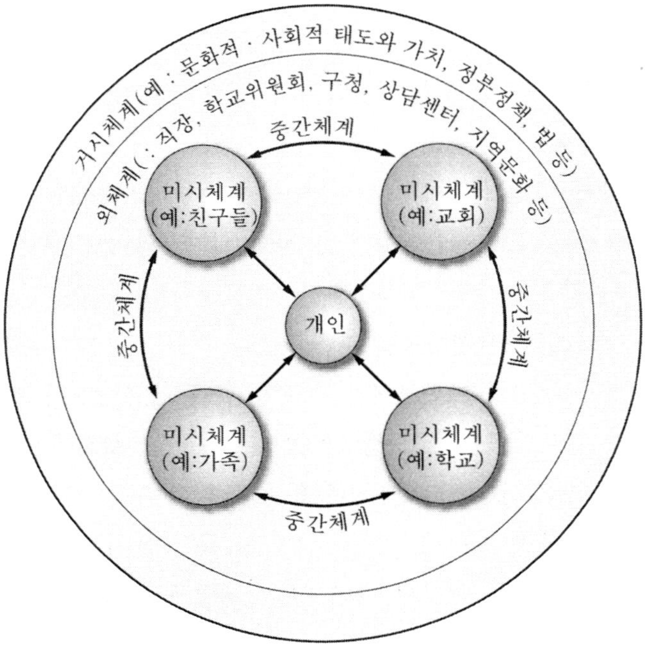

출처 : 오창순 외, 2009: 344.

〈그림 2-1〉 Bronfenbrenner의 생태체계 관점에서 환경의 수준

첫째, 미시체계(microsystem)는 가족, 학급, 친구들과 같이 개인의 일상생활에서 대면적 상호작용에 참여하는 환경이다. 이것은 가장 접근이 용이하며 그 영향이 직접적이다.

둘째, 중간체계(mesosystem)는 미시체계들 간의 연결망, 즉 개인이 참여하는 둘 이상의 미시체계간의 상호작용으로 이루어진다. 예를 들면 아동의 경우는 가족, 이웃, 학급, 또래집단 간의 관계를 말하며, 어른의 경우는 가족, 직장, 종교단체 간의 관계를 말한다. 예를 들어 아동의 학업 성취는 학교가 시키는 학습훈련에 의해서 뿐만이 아니라 학교와 가정이 어떤 상호교류를 하는지에 의해서도 좌우된다. 미시적 체계 사이의 관계가 강하고 다양할수록 중간체계는 강력하다.

셋째, 외적체계(exosystem)는 개인이 직접 참여하지는 않지만 미시체계와 중간체계를 통하여 개인에게 간접적인 영향을 미치고 있는 환경이다. 이는 개인을 직접 능동적으로 포함시키지는 않지만, 개인의 발달에 많은 영향을 미치는 환경이다. 주로 지역사회 수준의 환경으로 개념화될 수 있으며, 아동의 경우 부모의 직장, 형제가 속한 학급, 부모의 친구들, 교육청 등을 예로 들 수 있다. 개인의 발달은 그 개인이 존재하지 않는 상황에서 일어나는 사건들에 의해서도 영향을 받는데, 예를 들면 부모직장의 근무조건, 사적 지지망의 유무, 탁아서비스의 유무 등이 맞벌이 가정 자녀의 발달에 큰 영향을 미칠 수 있다.

넷째, 거시체계(macrosystem)는 앞의 세 가지 수준의 환경들과 상호작용하는 가장 외부적인 수준의 환경으로서, 보다 광범위한 사회 또는 문화의 이념적·제도적 양식이다. 즉 어떤 사회나 문화에 내재되어있는 가정들로서, 개인에게 영향을 미치는 교육적, 사회적, 경제적, 법적, 종교적 체계 등이다. 예를 들면 그 사회의 자원분배에 대한 가치, 성에 따른 사회적 역할에 대한 인식, 체벌에 대한 사회적 관습, 노인공경에 대한 가치나 관습 등이다.

위에서 살펴본 바와 같이, 생태체계 관점에서는 인간을 둘러 싼 환경이 네 가지 수준으로 이루어져 있으며, 이 네 수준이 상호작용한다고 개념화한다. 이러한 통합적 접근은 가정폭력 문제를 비롯하여 제반 사회문제들에 대한 전체적인 측면을 분석할 수 있는 포괄적인 분석틀이 된다.

제 2 절 가족폭력에 대한 생태체계적 준거틀

가족폭력의 발생에 있어서 가장 널리 받아들여지는 모델은 생태학적 모델이다(Kaplan, 1996: 4). 생태체계적 접근이란 인간의 행동이 사회적 환경(생태 환경), 즉 가족, 집단, 조직, 지역사회, 전체 사회 등의 상호작용의 영향으로 발생하며, 따라서 변화 역시 사회적 환경의 상호작용 속에서 일어난다는 것이다. 이러한 맥락에서 가족폭력에 대한 생태체계적 접근이란 개인, 가족, 집단, 조직, 지역사회, 그리고 전체 사회가 서로의 상호작용 속에서 가족폭력에 영향을 미치며, 가족폭력 문제의 해결책 역시 그러한 환경의 상호작용 속에서 찾을 수 있다는 것이다. 생태학적 개념틀에 근거하여 가정폭력을 설명하고 있는 Dutton(1985)에 의하면, 가족폭력 문제는 개인, 가족, 지역사회, 문화의 복합적 요소에 의해 발생하며, 이 요소들은 상호 영향을 주고받는다. 이러한 점에 입각하여 여기에서는 가족폭력 문제를 생태체계적 준거틀에 입각하여 알아보기로 한다.

1. 미시체계

1) 가족

가장 중요한 미시체계는 폭력이 발생하는 1차적 장소인 가족이다. 각 인간은 생애를 통하여 자기의 기본적 욕구를 충족시키기 위해 노력한다. 특히 아동과 노인은 의존자로서 자신의 욕구 충족을 위하여 다른 사람의 지원과 도움을 필요로 한다. 가족은 이들의 욕구충족을 목표로 하는 하나의 사회제도이다. 한 사회의 문화가 전체 사회 환경과 그 속에서의 인간 행동에 대한 기본 틀로서 기여한다면, 가족은 인간(아동)에게 배움을 주고 아동을 양육하는 일차적 기관 혹은 제도이다.

가족의 기능면에서 볼 때 잘 기능하는 가족에게서는 가족폭력이 잘 일어나지 않는다. Kemp(2001)에 의하면, Satir가 제시하는 문제있는 가족과 건강한 가족을 구별하는 특징은 단순하면서도 현장적용성이 높다. Satir에 의하면, 문제가정과 기능적 가족을 구별하는 네 가지 특징은 다음과 같다. 즉 가족의 규칙, 가족의 의사소통패턴, 각 구성원의 자아존중감이 존중되는 정도, 친구·직업·교회·이웃 등을 통한 더 큰 지역사회와의 연결성이다. 문제가 있는 가족의 특징은 첫째, 가족성원들의 자아존중감이 낮고, 둘째, 의사소통이 간접적이고 애매모호하며 정직하지 않고, 셋째, 가족규칙이 엄하고 비인간적이고 비타협적이라서 영원히 바꿀 수 없고, 넷째, 사회와 연결을 맺는 것을 두려워하고 책임을 전가한다(김규수 · 오현숙, 2006: 290). 특히 지역사회와의 약한 유대, 혹은 고립은 학대가족의 매우 명확한 특징으로 자주 지적된다.

Justice와 Calvert(1990)는 학대가정과 비학대가정을 비교한 결과, 두 집단 사이에 가족의 스트레스, 가족 구성원 간의 응집력, 가족원 간 갈등 등의 변수들에 있어서 통계적으로 유의미한 차이가 있음을 발견했으며, 특히 가족원 간의 애정이나 상호관계는 아동학대 발생과 관련된 중요한 요인으로 나타났다(박명숙, 2000에서 재인용). 학대적 부모들은 자녀와의 상호작용이 덜 긍정적이고 더 적대적이라는 것, 사회적으로 고립되어 있다는 것, 사회적 지지가 적다는 것, 자녀훈육에 합리적 방법보다 체벌을 빈번하게 사용한다는 것 등에 대한 연구가 있다.

2) 개인의 기능

또한 미시체계에서의 초점은 직접적인 환경 내에서 이루어지는 개인의 기능, 능력, 동기 등을 타인들과의 상호작용과 연계하여 통합하는 것이므로(오창순 외, 2009), 가정폭력에 영향을 미치는 행위자의 특성 역시 미시체계에 포함하여 설명된다. 아동학대(신체적 학대) 행위자의 개인적 특성에 대하여서는, 성별에서는 여성, 연령에서는 나이가 어린 경우, 학력에서는 저학력인 경우 아동학대를 더 하는 경향이 발견된다. 또한 아동에 대한 비현실적 기대감, 아동의 성장발달에 적절한 이해와 지식의 부족, 상황에 대하여 외부를 원망하는 성향, 우울증, 낮은 자긍심, 분노조절 능력 결여, 사회성 기술 및 스트레스 관리능력 부족 등의 성격적 특징, 그리고 알코올남용 문제를 갖는다고 알려져 있다(박명숙, 2000).

배우자에 대한 신체적 학대의 경우에서는, 행위자가 어렸을 때 학대에 노출된 경험, 알코올 남용, 낮은 자부심이 공통적으로 지적되며, 취약한 언어적 표현능력, 취약한 자기주장, 정신병리, 전통적 성역할태도, 정서적 표현을 하지 않는 경향, 고립, 권위적 태도, 우울, 아내에 대한 과도한 집착, 힘이나 통제에 대한 욕구, 고용 상의 문제 등도 지적된다.

2. 중간체계

미시체계 간의 관계의 성격이나 강도는 중간체계의 질, 그리고 학대가 일어날 위험수준을 결정하는 데 중요한 역할을 미친다. 아동학대의 경우 특히 학교-가족 중간체계는 아동에게 가장 중요한 부분의 하나로서, 학업수행의 성공에 대한 요구가 증가할수록 가정에서의 스트레스는 가중될 것이며, 이러한 학교와 가정 사이의 스트레스는 아동에 대한 학대의 위험성을 증가시킬 것이다. 또한 가족과 이웃, 또는 지역사회 기관과의 관계는 아동의 복지에 중요한 요인이다(박명숙, 2000: 8).

배우자학대의 경우 역시 가족과 친구, 이웃, 지역사회 기관와의 관계가 다양하고 긴밀한지 아닌지는 학대 발생, 그리고 발생 후의 원조에 매우 중요하다.

3. 외적 체계

아동에게 가장 중요한 외적 체계 수준의 위험의 대표적인 경우는 아동의 미시체계에 부정적으로 영향을 미치는 제도적인 역할이다. 예를 들어 사회적 지지망으로부터 소외된 가정, 실업, 빈곤으로 인한 부모의 분노나 좌절은 자녀에게 학대의 형태로 표출될 수 있다. 또한 이웃이나 지역사회가 부모가 부모 역할을 잘 할 수 있도록 제공하는 지지나 지원은 아동학대 발생에 중요한 영향을 미친다(Gabarino, 1992를 박명숙, 2000에서 재인용). 배우자 학대에 대해서도 마찬가지 설명을 할 수 있다.

4. 거시체계

거시적 수준에서는 지역사회와 전체사회 수준에서 발생하는 현상, 즉 문화, 규범, 경제 및 정치적 조직이 가족폭력에 영향을 미친다. 이러한 거시적 수준의 요인은 꼭 가족학대의 원인이라고 하기는 어려울지라도 가족학대를 촉진하는 환경에 기여한다. 여기에서는 거시적 수준의 요인을 문화, 사회경제적 조건들, 법・제도로 나누어서 살펴보기로 한다.

1) 문화

문화는 한 사회의 신념, 가치, 규범, 사람들의 행동유형을 포함하며, 한 세대로부터 다음 세대로 전수되는 것이다. 우리는 우리의 문화가 폭력적이라고 말할 수 있다. 미국 사회도 그러하고, 한국사회도 그러하다.

문화가 가족학대에 영향을 미치는지를 알아보기 위해서는 문화를 비교해 볼 필요가 있다. 어떤 현상에 대하여 그 현상이 발생하는 배경인 문화를 비교해 보는 가장 큰 이점은 그 현상이 인간의 타고난 본성인가 환경의 산물인가를 알려 주기 때문이다. 인류학자들의 연구에 따르면, 문화에 따라 가족학대의 양과 형태에서 중요한 차이점이 나타난다. 여러 문화를 비교한 인류학자(Levinson, 1981)에 따르면, 아내구타와 아동에 대한 체벌이 세르비아인들 사이에서는 일반적인데 반해, 이로코이 족이나 오나, 타이, 안다만 섬 주민들에게서는 매우 드물다고 한다. 그 중 이로코이 사람들의 문화를 살펴보면, 이 사람들은 모계사회란 특징을 가지고 있는 반면, 서구에서는 여성과 아동에 가치를 두지 않는 긴 역사적 전통을 가지고 있다(Kemp, 2001에서 재인용). 서구 전통에서 발달된 남성 지배적인 위계적 가족체계는 아동과 여성을 학대할 수 있는 문화적 풍토를 만든다. 반면 보다 민주적으로 권력이 분배되는 문화에서는 학대가 잘 일어나지 않는다. 이 관점은 가부장제가 여성학대의 핵심요소라고 오랫동안 주장해 온 여성주의자들과 일치한다(Kemp,

2001).

또한 아동학대는 부모가 아이를 자산이라고 여기며, 부모가 하고 싶은 대로 다룰 권리를 가지고 있다고 느끼는 문화풍토에서 발생한다. 성적 학대는 미디어와 포르노 영화의 영향을 받을 수 있다. 일반적으로 폭력에 대해 관용적인 사회문화적인 태도, 가정이나 학교에서 아동의 엄격한 훈육에 대한 사회적 기대, 여성에게 순종적이기를 요구하는 전통적 성역할 규범, 경제적으로 의존적인 노인을 비하하는 사회문화적 태도 등은 가족폭력에 영향을 미치는 거시적 수준의 요인이다.

2) 사회경제적 조건들

많은 조사들이 경제적 요인과 가족학대간의 강력한 연관성을 보여주고 있다. 즉 빈곤한 가정이 더 쉽게 학대 문제를 갖게 된다. 경제적 침체, 실업, 편부모, 빈곤, 사회적 지지 부족 같은 것들은 아동의 신체적 학대를 가져올 수 있는 중요한 요인이다. 또한 빈곤과 아동방임 발생과의 관련성 역시 증명되고 있다.

그러나 가족 학대는 경제적 수준이 높은 가족에서도 발생한다. 또한 가족이 빈곤하기 때문에 아동학대나 방임에 대해서 더 의심받고 더 철저하게 조사받는 것은 아닌지에 대해서도 고찰해 볼 필요가 있다. 요는 빈곤은 아동학대를 발생시키는 원인이라기보다는 위험요인이라는 것이다.

3) 가족폭력을 규제하는 법과 제도

가족폭력을 규제하는 법과 제도는 가족폭력이 더 이상 가족 내의 사적인 문제가 아니라 사회가 개입해야 할 문제라는 것을 명시적으로 천명하는 것이다. 따라서 가족폭력의 피해자를 보호·지원하며 행위자를 처벌하는 법과 제도가 있다는 것은 그 사회에서 가족폭력이 용납되지 않는 행위라는 것을 의미한다. 그러므로 그러한 법과 제도가 존재한다는 것은 가족폭력의 발생을 억제하는 거시적 수준의 요인이 된다.

이상에서 살펴본 바와 같이, 각각의 체계는 서로 상호작용을 통하여 가족폭력의 가능성을 증대시키기도 하고, 감소시키거나 예방하기도 한다. 따라서 가족폭력 문제를 이해하기 위해서는, 그리고 가족폭력 문제에 개입하거나 예방하기 위해서는 이런 모든 요인들을 포괄하는 생태체계적 개념틀에 기반을 두어야 할 것이다.

생각할 문제

1. 네 가지 수준의 체계가 서로 상호작용하면서 가족폭력을 발생시키는 예를 구체적으로 들어 보시오.

2. 가족폭력문제 예방을 위하여 네 가지 수준의 환경 차원에서 각각 어떠한 대책을 세워야 하는지 논하시오.

3. 가족폭력의 거시적 요인과 관련되는 우리 사회의 문화에 대하여 논하시오.

4. 빈곤이 가족폭력의 위험요인이라고 할 때, 빈곤하다는 이유 때문에 가족폭력의 의심을 부당하게 받는 일이 발생할 수 있다. 어떻게 하면 이런 일을 피할 수 있을지 논하시오.

5. Satir가 제시하는 문제있는 가족과 건강한 가족을 구별하는 특징이 실천현장에서 어떻게 활용될 수 있는지 논하시오.

제 3 장

가족폭력에 대한 역학

역학(epidemiology)이란 특정 인구집단에 있어서 그 문제의 분포와 상관관계에 대한 연구이다. 한 사회에서 가족폭력이 얼마나 많이 발생하는가? 또한 가족폭력 발생에 영향을 미치는 요인은 무엇인가? 이러한 질문들에 대한 답을 구하기 위한 연구를 역학이라고 한다. 어떠한 문제에 있어서도 역학은 매우 중요하다. 왜냐하면 문제의 정도를 밝혀냄으로써 이에 대한 전문직종의 반응, 그리고 대중의 반응을 불러일으키거나 관심을 집중시키는 데 도움이 될 수 있기 때문이다. 또한 그 문제를 가진 사람들에게 필요한 서비스의 정도를 제시할 수도 있다. 아울러 장애 발생 수준과 관련된 변수들을 규명할 수도 있는데, 이는 효율적 서비스 분배를 계획하는 데에, 그리고 장애의 인과 메커니즘에 관한 가설을 발전시키기 위한 토대가 된다(Hauggard, 1999: 91).

그러나 가족폭력에 관한 역학을 밝히는 것은 쉬운 일이 아니다. 왜냐하면 가족폭력은 가족 내에서 은밀하게 발생하기 때문에 외부에 노출되기가 쉽지 않은데, 이는 행위자는 물론이거니와 피해자조차도 외부에 알리기를 꺼리기 때문이다. 그러므로 우리에게 알려진 수는 실제 가족폭력 발생 중 빙산의 일각에 불과하다고 봐야 한다. 또한 가족폭력 발생에 영향을 미치는 요인은 무엇인지 알아보려 할 때, 많은 사회과학 연구들에서 나타나는 변수들 간의 관계에 대한 해석의 오류, 예를 들면 상관관계를 인과관계로 해석하는 오류가 가족폭력 연구에서도 나타난다. 따라서 가족폭력의 역학에 관한 연구는 사회과학 연구에 대한 지식을 바탕으로 하여 신중하게 접근하지 않으면 안 된다.

위와 같은 이유로, 우리는 가족폭력의 발생현황, 그리고 가족폭력과 기타 변수와의 관계에 대하여 정확한 그림을 그리기가 어렵다. 다만 다양한 연구결과 및 자료를 통하여 발생현황이나 역동을 추정할 수밖에 없다. 만약 추정이 정확하지 않은 경우 잘못된 결론에 도달할 수 있기 때문에, 우리는 여러 자료들에 근거하여 정확하게 추정할 수 있도록 신중을 기해야 할 것이다.

가족폭력에 대한 연구 자료에는 크게 세 가지가 있다. 우선 공식보고서, 그 다음으로 서베이 연구, 마지막으로 임상적 사례들이다. 각각의 자료에는 장단점이 있는데, 여기에서는 이에 관하여 살펴보고자 한다.

제 1 절 공식 보고서

우리가 가장 쉽게 접할 수 있는 통계자료는 공식적인 보고서로부터 얻은 통계자료이다. 예를 들어 우리나라에서 아동보호전문기관, 노인보호전문기관, 가정폭력상담소, 성폭력상담소, 가정폭력 피해자 보호시설 등에 신고되거나 접수된 사례들에 대한 공식적 보고 자료이다. 또한 경찰에 신고된 가족폭력 사건의 수, 미국의 경우 연방수사국(FBI)에서 집계하는 범죄표준보고 중 파트너 및 가족원 간에 발생하는 범죄율 역시 가족폭력에 대한 공식적 보고이다.

공식적 자료의 장점은 정확한 수치에 의한 집계이므로 믿을만하다는 것이다. 그러나 중요한 것은 반드시 모든 학대가 보고되는 것은 아니라는 점이다. 그러므로 이러한 수치에 대하여서는 '보고된 가족폭력은 빙산의 일각과 같다'고 생각해야 할 것이다. 즉 빙산의 대부분은 보여지지 않고 물속에 잠겨 있으므로, 우리가 볼 수 있는 부분은 아주 작은 부분이다. 따라서 공식적 보고서들이 보여주는 것은 가족폭력이 실제로 얼마나 많이 일어나는가가 아니고, 얼마나 많은 학대가 보고되는가이다.

우리나라에서 아동보호전문기관에 신고 접수된 아동학대 사례는 2001년에는 4,133건이었는데, 해마다 꾸준히 증가하여 2009년에는 9,309건으로 증가하였다(아동보호전문기관, 2010). 이는 지난 8년 동안 아동학대의 발생 수가 2배 이상 증가하였다고 보기보다는, 아동복지법 개정에 따라 아동보호전문기관(구 아동학대 예방센터)이 설치되고 아동학대에 대한 사회적 홍보가 꾸준하게 이루어지면서 이에 대한 경각심이 사회적으로 증가함에 따른 것이라고 봐야 할 것이다. 또한 배우자 학대의 경우에도 가정폭력방지법이 시행된 1998년 7월을 기점으로 상담 건수가 급격히 증가한 것으로 나타난다. 즉 1998년의 가정폭력상담소 1개소 당 평균 상담건수는 721.1건인데, 이는 전년도의 335.1건에 비하면 2배 이상 증가한 것이며, 1999년에는 1171.8건으로서 다시 두 배 가까이 증가했다는 것을 알 수 있다(엄명용, 2000을 김홍미리, 2009: 22에서 재인용). 이는 배우자 폭력의 발생이 증가했다는 의미가 아니라, 그 동안 문제라고 생각하지 않았던 행위들이 가정폭력방지법 시행으로 인하여 공적인 문제로 부상하면서 신고가 증가되었기 때문이라고 볼 수 있다.

이렇게 볼 때 공식 보고서를 통해서 알 수 있는 것은 가족폭력이 실제로 얼마나 많이 일어나는가가 아니고, 얼마나 많은 가족폭력이 보고되는가라는 것을 확인할 수 있다.

제 2 절 서베이 연구

서베이 연구란 일반사람들부터 추출한 모집단 표본을 대상으로 하는 것이다. 가족폭력에 대한 서베이 연구의 주제는 크게 다음의 두 가지로 구분할 수 있다. 즉 가족폭력이 얼마나 많이 발생하는가, 그리고 연구에서 사용된 변수들 간의 관계에 관한 것이다.

1. 발생 현황에 대한 연구

일반 모집단으로부터 추출한 표본을 대상으로 발생현황을 알아보려 할 때에 주의할 점은, 연구 설계나 연구방법에 따라서 다른 결과를 가져올 수 있다는 것이다. 발생현황에 대한 역학조사 결과는 학대를 어떻게 정의하는가, 그리고 누구에게 질문하는가 등에 따라서 다르게 나타난다. 또한 아동기에 학대가 얼마나 일어났는지에 대한 회고적 연구결과들 역시 서로 다른 수치를 나타내므로 해석에 주의를 요한다.

1) 학대를 어떻게 정의하는가

학대를 어떻게 정의하느냐에 따라서 다른 반응이 나올 수 있다. 학대를 넓게 정의하면 발생률이 높게 나타나고, 좁게 정의하면 발생률이 낮게 나타난다(Hauggard, 1999). 예를 들어서 어린 아동의 엉덩이 때리기는 많은 사람들이 아동학대라고 간주하지 않지만, 일부 연구자들은 이를 폭력의 범주에 포함하기도 한다. 또는 아동을 옷장에 가두는 것과 같은 비폭력 행위는 많은 사람들이 아동학대로 간주하지만, 일부에서는 아동학대로 간주하지 않을 수도 있다. 또한 배우자에게 행하는 언어적 학대는 배우자 학대로 간주될 수도 있고, 아닐 수도 있다.

아동 성학대에 대한 정의는 좀더 복잡하다. 조사연구자에 따라서 '아동'으로 간주하는 기준이 18세 이하, 17세 이하, 혹은 16세 이하로 다양하다. 아동으로 간주하는 연령기준이 높을수록 발생률이 높게 나타날 것이다. 또한 학대를 구성하는 성적 행위에 대해서도 연구들마다 다른 기준이 적용된다. 일부 조사연구자들은 노출주의자에 의한 비신체적 접촉도 포함시켰고, 다른 조사연구자들은 이를 포함시키지 않았다. 아동 성학대의 기준을 넓게 잡을수록 발생률은 높게 나타날 것이다

2) 누구에게 질문하는가

학대와 같이 매우 민감한 주제에 대하여서는 누구에게 질문하느냐에 따라서 다른 결과가 나타날 수 있다. 일반적으로 여성이 남성보다 민감한 이슈를 더 드러내는 경향이 있으며, 배우자학대의 경우 아내는 남편이 보고한 것보다 더 많이 폭력이 발생했다고 응답하는 것으로 나타났다(Hauggard, 1999). 이 경우 남편과 아내 양쪽을 다 면접하는 것이 해결책일 수 있다. 그러나 그들을 각각 면접하였을 때 그 결과가 다르게 나타났다면 누구의 보고를 보다 더 신뢰성 있게 받아들여야 할지도 결정해야만 한다.

3) 회고적 연구에 관한 논의

학대는 원래 특성상 비밀리에 진행되기 때문에, 자기의 학대행동을 드러내고자 하는 행위자는 거의 없을 것이다. 그러나 문제는 피해자 역시도 학대를 드러내기를 꺼릴 수 있다는 것이다. 이유는 그들이 당한 일이 학대라는 인식이 없거나, 혹은 드러내는 것의 결과를 두려워하거나 위험을 느낄 수도 있기 때문이다. 그러므로 현재 진행되는 학대에 대해서 물어보는 것보다, 현재로부터 멀리 떨어진 과거인 아동기에 일어났던 학대에 대해 물어보는 것이 더 안전하게 느껴질 수 있으며, 따라서 보다 솔직한 대답을 기대할 수 있을 것이다. 이렇게 예전에 일어난 학대에 대하여 물어보는 연구들이 행해진다. 성인 모집단으로부터 표본을 추출하여, 그들에게 아동기 경험에 대하여 질문할 때 이를 회고적 연구라고 한다. 회고적 연구의 가장 기본적인 문제는 어릴 때 일을 다 기억할 수 있겠는가 하는, 기억에 관련된 문제이다.

기억에 대한 우려에 덧붙여서, 심리치료자가 면담을 통하여 어릴 때 기억을 불러내는 경우에 '잘못된 기억'과 '억압된 기억' 사이에 논쟁이 있다. '억압된 기억'편의 주장을 하는 사람들은 인생에서 나중에 표면화되는 기억이 실제라고 주장한다. 많은 사람들에게 학대가 너무나 외상적이기 때문에, 살아가는 동안 나중에 끌어내질 때까지 그 기억들은 억압된다는 주장이다. 즉 생활 경험이나 치료의 결과로 이러한 기억들이 표면으로 올라오고 이를 다시 인식하게 된다는 것이며, 그것이 실제로 진실이라는 것이다. 반면 '잘못된 기억' 편의 주장을 하는 사람들은, '소위 억압된 기억이란 종종 치료자가 피해자를 옹호하는 입장에서의 미묘한 암시를 통한 가공품'이라고 주장한다. 심리치료자가 사용하는 암시적인 테크닉의 결과로 피면접자가 학대받았다고 믿도록 본의 아니게 유도한다는 주장이다(Kemp, 2001). Kemp(2001)는 이 논쟁에 대하여 양쪽 다 어느 정도 진실인 것으로 보인다는 견해를 밝히고 있다. 즉 Williams(1994)의 연구에 의하면, 아동기 성학대의 서류기록을 갖고 있는 성인 여성 120명을 면접하였는데, 그들의 1/3 정도가 학대에 대해 전혀 기억이 없다는 것을 발견했다. 기억을 하는 2/3 중에서도 20%가 학대시기를 기억할 수 없다고 보고했다. 이것이 바로 성학대의 심리적 상처가 너무 크게 때문에 기억이 억압된 예가 된다. 한편 Pool과 그의 동료들(1995)은 심리치료자들이 클라이언트에 대한 암시나 최면을 통하여 학대받지 않았으나 학대받았다고 믿도록 이끄는 것이 가능하다고 보고한다. 따라서 치료적 임상가들은 일어났을지도 모르는 것에 대해 암시하지 않도록 신중해야 한다는 것이다(Kemp, 2001에서 재인용). 이와 같이 발생현황에 대한 연구들은 연구 설계나 연구 방법에 따라서 서로 다른 수치를 보여준다는 것을 알 수 있다.

사회과학적 연구를 탐색적 연구, 기술적 연구, 설명적 연구로 구분할 때에, 발생현황에 관한 연구는 기술적(descriptive) 연구이다. 발행현황에 대한 연구는 단지 발생률을 기술하는 통계들로 이루어지며, 여기에서 사용되는 정보는 단순히 관찰된 것을 정의하고 서술한다.

기술적 연구는 특정 장소와 시간에 대한 현상들을 기술할 뿐 변수들간의 관계를 설정하지 않으므로 상관관계 자료보다 설명력을 덜 가진다. 그러므로 가족폭력에 관하여 그 발생현황보다 더 심층적인 측면을 알고 싶다면, 변수들 간의 관계에 관하여 알아보아야 한다.

2. 변수들 간의 관계에 관한 연구

가족폭력에 대하여 연구할 때 변수들 간의 관계를 밝히는 것은 매우 의미 있는 일이다. 가족폭력 발생에 영향을 미치는 변수들을 밝힌다는 것은 가족폭력 발생에 있어서 위험요인과 보호요인을 밝힌다는 것이며, 이는 향후 가족폭력의 치료 및 예방을 위한 대책 마련에 매우 중요하기 때문이다.

가족폭력에 관하여 많은 조사와 연구들이 행해졌고 많은 정보가 축적되었으나, 가족폭력을 이해하는 데에는 아직 매우 부족한 실정이며, 여러 연구들의 결과가 서로 다른 경우가 많다. 따라서 우리는 어떤 연구결과를 보다 더 믿어야 할지에 대하여 판단할 수 있어야 한다. 이를 판단하기 위하여 "사회과학"의 측면에서 접근할 필요가 있다.

과학은 "그렇다고 믿는 것"(belief)과 "확실한 것"(certainty) 간의 차이를 구별하기 위한 개념을 체계적으로 검증하는 과정이다(Kemp, 2001). 사회과학에서는 인간의 행동을 드러내 설명하려 하며, 그 방법은 과학적이라야만 한다. 연구결과가 믿을만 하도록 연구방법이 적절하면 그 결과를 타당하다(valid)고 말한다. 다른 연구자들이 똑같은 연구방법을 적용시켜서 동일한 결과를 얻을 때 그 결과를 신뢰할 수 있다(reliable)고 말한다. 사회과학 연구는 타당도와 신뢰도가 확보된 과학적 방법을 사용해야만 하고, 그래야만 그 결과를 사용할 수 있다. 변수들 간의 관계를 알아보는 연구에는 인과관계에 관한 연구가 있고 상관관계에 관한 연구가 있다.

1) 인과관계 연구

과학적 방법은 인간행동을 포함하여, 이 세상은 규명할 수 있고 관찰할 수 있는 예측 가능한 규칙에 따라 움직인다는 것을 전제로 한다. 다시 말하면 인과관계가 작동한다고 추정한다. 그러나 사회과학에서 인간의 행동에 영향을 미치는 요인을 밝히는 것, 즉 인과관계를 밝힌다는 것은 사실상 쉽지 않은 일이다. 왜냐하면 인과관계가 성립할 수 있으려면 공변성, 시간적 우선성, 통제성이란 세 가지 경험적인 조건이 충족되어야 하기 때문이다. 공변성이란 두 변수가 함께 변화해야 한다는 것이고, 시간적 우선성이란 원인변수의 변화가 결과변수의 변화보다 앞서서 일어나야 한다는 것이며, 통제성이란 외부의 영향력을 배제한 상태에서 순수하게 두 변수만의 공변성과 시간적 우선성을 볼 수 있어야 한다는 것이다(김영종, 2007: 94-98).

사회과학에서 인과적 설명에 도달하기 위한 연구, 즉 위의 세 요건을 갖춘 연구 형태는 통제된 실험연구이다. 그러나 사회과학에서 일반적으로 많이 행하는 서베이 연구에서는 위 세 요건을 다 갖추기가 어렵기 때문에 엄밀한 인과적 설명을 얻기 힘든 경우가 많다. 예를 들어서 특정 인종집단에서 아동학대의 발생률이 높다는 연구결과가 나타날 경우, 인종이 아동학대에 영향을 미친다는 결론을 낼 수가 있다. 그러나 사실상 인종 변수 외에도 다른 변수들, 예를 들면 소득, 거주하는 지역사회, 교육수준 등의 변수가 작용할 수 있기 때문에, 인종이 아동학대에 영향을 미친다고 쉽게 인과관계를 설정해서는 안 된다. 따라서 역학조사를 적절하게 해석하기 위해서는, 연구에서 발견된 변수들 간의 인과관계를 부적절하게 해석하려는 어떤 경향에 대해서도 유의해야 한다(Hauggard, 1997).

또한 일반화의 문제도 중요하다. 연구대상인 표본이 일부 인구집단에 편중되지 않고 전체 인구에 대한 대표성이 있을 때에만 인과관계에 대한 주장을 해야 할 것이다.

2) 상관관계 연구

인과적 설명이 발견되지 않을 때 사회과학자들은 다른 방법으로 서로 관련될 것 같은 요소들의 존재를 찾는다. 두 가지 변수가 연관된다는 것을 설정할 수 있으나 인과관계를 설정할 수 없을 때, 이러한 종류의 정보를 상관관계적 자료라고 한다. 상관관계는 인과관계가 아니다. 어떤 변수가 증가할 때 다른 변수가 증가하면, 그들은 정적 상관관계라고 한다. 예를 들면 폭력행위자의 음주량과 가족폭력의 발생과 같은 것이다. 어떤 변수가 감소할 때 다른 변수가 증가하면 부적 상관관계라고 한다. 예를 들면 가족간 대화의 양과 가족폭력 발생과 같은 것이다. 가족간 대화의 양과 가족폭력 발생은 분명히 상관관계가 있지만, 가족간 대화가 부족했기 때문에 가족학대가 발생하는지, 아니면 가족학대가 발생했기 때문에 가족간 대화가 부족한지 그 인과관계를 알아낼 수는 없다. 따라서 상관관계적 자료는 인과관계에 비해서 덜 강력하다. 여태까지 행해진 대부분의 연구들은 기술적이거나 상관관계적이다. 그러므로 상관관계를 말하는 두 변수간의 관계를 인과관계로 해석하는 오류를 범하지 말아야 할 것이다.

인과관계가 설정될 수 있는 경우에 가족폭력과 관련되는 변수를 "예측요인"(predictors)이라고 하고, 상관관계가 발생하는 경우에 학대와 관련되는 요소를 "지표"(markers)라고 부른다(Kemp, 2001).

또한 가족폭력에 대한 여러 연구들의 결과는 일관되지 않고 분산되어 있어서 우리를 혼란스럽게 한다. 예를 들어서 어떤 연구에서는 경제적 수준이 가족폭력과 관련성이 있다고 나타나지만, 그렇지 않은 연구결과들도 존재한다. 연구결과들 간의 차이는 많은 경우 연구설계의 차이로 인하여 발생한다. 따라서 왜 그러한 차이가 나타나는지 연구 설계를 주의깊게 살펴보아야 할 것이다. 또한 가족폭력과 관련이 있는 변수들은 하나가 아니라 여럿이다. 따라서 가족폭력의 발생을 단일 요인으로는 설명하지 못하며, 다양한 요인들의 상호작용으로 봐야 할 것이다.

제 3 절 사례연구

사례연구는 모집단 표본과는 달리 상담소나 경찰 등에 보고된 사례들, 혹은 심리치료를 받는 클라이언트 집단 중에서 임상가나 연구자가 가까이에서 개입하거나 관찰한 사례를 말한다. 사례연구는 상담소나 경찰 등의 사례들 중에서 선별적으로 추출하기 때문에, 자료들이 극적이고 심각한 경향이 있다. 따라서 전체로서의 모집단을 대표하지 않으므로, 사례연구 결과를 전체 인구에 일반화하는 것은 곤란하다.

서베이 연구가 주로 양적 연구를 의미한다면, 사례연구는 주로 질적 연구를 의미한다. 질적 연구에서는 대상자의 삶의 경험을 심층적으로 이해하려 하기 때문에, 사례연구에서는 이 집단에 대한 많은 구체적인 정보를 줄 수 있다.

특히 심리치료를 받는 클라이언트 집단으로부터 추출한 표본을 임상적 표본이라고 한다. 임상적 표본 중 많은 사람들 중 많은 수가 학대받은 경험이 있다고 하여 학대가 심리적 문제나 행동적 문제를 야기한다고 할 수 있는가? 임상적 표본에 있는 사람들은 그들의 현재 문제를 설명하는 수단으로, 사실상 다른 요인이 있을지도 모르는데 학대경험을 보고하는 것은 아닌가? 임상적 표본 연구가 이러한 질문들에 대한 답을 줄 수는 없다(Kemp, 2001)는 것을 염두에 두어야 할 것이다.

사례연구에서 인과관계를 추출하기는 어렵지만, 그럼에도 불구하고 이러한 연구는 가족폭력 피해자, 혹은 행위자의 삶의 경험을 깊이있게 이해할 수 있도록 해 준다.

생각할 문제

1. 가족폭력에 영향을 미치는 요인들을 연구한 양적 연구논문을 읽고, 그 논문에서 보여 주고 있는 변수들 간의 관계가 상관관계인지 인과관계인지 논하시오.

2. 가족폭력의 피해자 혹은 행위자를 연구한 질적 연구논문을 읽고, 그들의 삶의 경험에 대하여 논하시오.

3. 학대와 관련되는 변수들 중 '예측요인'(predictors)과 '지표'(markers)의 차이를 논하시오.

4. 공식적으로 신고되는 가족폭력 사례의 수가 빙산의 일각이라면, 어떤 요인이 공식적 신고 여부에 영향을 미치는지 논하시오.

5. 왜 발생현황에 대한 연구가 각각 다른 결과를 나타내는지 논하시오.

제2부

아동학대

제 4 장　아동 신체학대
제 5 장　아동 심리적 학대와 방임
제 6 장　아동 성학대
제 7 장　우리나라 아동학대의 발생 현황
제 8 장　우리나라 아동보호제도와 서비스

아동학대에 있어서 불행한 사실은 학대나 방임으로 인해 위험에 처해 있는 아동들 대다수가 부모나 보호제공자에 의해 학대받는다는 것이다. 아동의 부모 및 보호제공자는 아동이 가장 신뢰할 수 있는 사람이어야 하고, 우리 사회가 아동을 돌보는 책임을 맡긴 사람들이다. 그런데 그러한 사람이 아동학대의 주체라는 사실, 여기에 아동학대의 비극이 있다.

아동을 건전하게 양육하는 것은 한 가족 내의 사적인 일이 아니라, 우리 사회 전체의 미래가 걸린 일이다. 따라서 아동학대에 대해서 사회 전체가 관심을 가지는 것은 당연한 일이다.

아동학대는 매우 넓은 개념을 포괄한다. 아동학대의 협의의 개념은 주로 신체적 학대를 의미하며, 광의의 개념은 부모를 포함해서 아동에게 의미 있는 사람이 아동의 건전한 성장발달을 저해하는 행위를 하는 것을 의미한다. 우리나라 아동복지법 제 2조에 의하면, 아동학대라 함은 보호자를 포함한 성인에 의하여 아동의 건강 복지를 해치거나 정상적 발달을 저해할 수 있는 신체적·정신적·성적 폭력 또는 가혹행위 및 아동의 보호자에 의하여 이루어지는 유기와 방임을 말한다. 이를 볼 때 우리나라의 아동복지법에서는 아동학대의 개념을 폭넓게 규정했음을 알 수 있다.

제 2 부에서는 먼저 아동학대를 유형별로 알아보고자 한다. 즉 제 4 장에서는 신체적 학대, 제 5 장에서는 심리적 학대와 방임, 제 6 장에서는 성학대에 관하여 기본적인 이해를 도모하고자 한다. 그러고 난 후, 제 7 장에서 우리나라 아동학대의 발생현황을 알아보고, 제 8 장에서는 우리나라 아동보호서비스제도와 서비스에 관하여 논하기로 한다.

제 4 장

아동 신체학대

〈사례 1〉

밤에 운다는 이유로 세살배기 친아들을 때려죽인 비정한 아버지가 경찰에 붙잡혔다. 서울 ○○경찰서는 14일 "시끄러워서 잠을 잘 수 없다"며 친아들을 때려 숨지게 한 혐의(살인 등)로 최모씨(33)를 구속했다고 밝혔다.

경찰에 따르면 최씨는 지난 6일 오전 2시쯤 신림동 집에서 세살 배기 쌍둥이 중 큰아들이 울며 보채자 "시끄럽게 군다"며 부인 김모씨(30)와 형제를 번갈아 때리다 작은아들의 배와 얼굴 등을 발로 수차례 밟아 숨지게 한 혐의를 받고 있다. 사망한 아이는 갈비뼈와 왼팔이 부러지고 온몸에 멍이 들어 있었다. 최씨는 경찰 조사에서 "몸이 약한 아들이 평소 잘 넘어져 멍이 많이 들었다"고 진술했다. 하지만 국립과학수사연구원 부검 결과 아이는 장 파열에 따른 심한 출혈로 사망한 것으로 밝혀졌다. 부인 김씨가 안고 있던 큰아들은 다행히 별다른 상처를 입지 않았다.

경향신문, 2011.03.15

〈사례 2〉

중학생인 C(13)양은 지난해 1월 고모 댁에 갔다가 용돈을 받은 뒤 이를 말하지 않았다는 이유로 아버지로부터 130㎝ 죽도(竹刀)로 엉덩이와 온몸을 수차례 맞았다. 같은 해 6월에는 친구 생일잔치에 갔다가 늦게 귀가하자 아버지는 또 죽도로 수차례 때린 뒤 제대로 앉지도 못하는 C양에게 러닝머신 위를 1시간이나 달리게 했다.

경찰은 10대 딸의 버릇을 고치겠다는 이유로 지속적으로 가혹행위를 한 혐의로 아버지 C(47)씨를 불구속입건하고 30일 검찰에 송치했다. 경찰에 따르면 C씨는 2004년 부인과 이혼, 여중학생인 딸을 키우면서 지난해 1월부터 10여 차례에 걸쳐 딸에게 폭언을 일삼고 가혹한 벌을 줘 정신적, 신체적 학대를 한 혐의를 받고 있다. C씨는 올 5월 성적이 떨어졌다며 딸에게 이른바 PT체조를 3시간이나 시켰으며 급기야 6월 29일부터 "공부도 못하면서 학교는 뭐 하러 다니느냐"며 학교도 보내지 않은 것으로 드러났다. C양이 이유 없이 결석하자, 이상하게 여긴 C양의 어머니와 담임교사가 집으로 찾아갔지만 C씨는 "내 딸 일에 상관하지 말라"며 이들을 내쫓기도 했다.

경찰 조사결과 모 대학 유도학과 출신인 C씨는 1996년 중국인인 C양의 어머니(43)와 결혼해 C양을 낳았지만 계속된 불화로 헤어진 뒤 홀로 딸을 키워왔다. 딸로부터 아버지의 학대사실을 전해 들었던 어머니는 C씨가 딸을 학교까지 보내지 않자 결국 지난달 서울 ○○경찰서에 고소했다. C씨는 경찰조사에서 "가정 교육을 위한 정당한 행동이었다"고 주장한 것으로 알려졌다. 경찰관계자는 "피해자가 정확히 기억하는 학대상황만 10건"이라며 "소 말이 없고 소극적인 C양이 차마 주변에 이 사실을 알리지 않아 이웃이나 교사도 몰랐던 것 같다"고 말했다.

한국일보, 2010.08.31

제 1 절 아동학대의 역사적 맥락

아동학대의 여러 형태 중 가장 먼저 사회적 관심을 받은 것은 신체학대이다. 아동 학대가 오늘날과 같이 사회적 문제로 인식되기까지에는 동서양을 막론하고 아동 학대의 오랜 역사적 전통이 있었다. 서양에서는 공공건물이나 다리에 헌정하기 위한 영아 희생은 일반적인 것이었다고 한다. 또한 전통적으로 아버지에게 아동에 대한 절대적인 권위를 주었고, 산업사회가 시작되면서는 아동에 대한 노동학대가 보편적으로 발생하였다. 우리나라에서도 에밀레종의 전설이라든지 심청을 공양미 삼백 석에 파는 전래 이야기는 아동학대가 자행되었던 전통을 말해 준다고 하겠다. 동서양을 막론하고 아동은 보호받지 못하는 계층이었다.

아동학대 이슈가 서구에서 관심을 받기 시작한 시초는 19세기의 후반부였다. 1874년 메리 엘렌(Mary Ellen)은 양부모로부터 구타당했고 사슬로 감금당했으며 음식을 빼앗겼다. 이 사례는 사회적으로 많은 관심을 유발하여 엘렌의 계모는 감옥에 갔고 엘렌은 아동양육시설에 가게 되었다. 이를 계기로 1875년에 아동학대 예방협회가 생겼다. 그러나 이는 아동학대에 관한 폭넓은 사회적 관심의 확대로 연결되지 않았다. 아동학대 이슈가 사회의 보편적인 관심사가 된 것은 1960년대에 이르러서였으며, 여기에는 소아과 의사인 Kempe와 그의 동료들의 노력이 지대하였다. Kempe와 그의 동료들은 미국 의료협회의 학술지에 아동학대에 관한 논문을 발표하고 "피학대아동 증후군"(battered child syndrome)이라는 용어를 사용하였다. 이는 아동학대에 대한 사회의 관심을 이끌어 내었으며, 이후 피학대아동증후군은 아동학대라는 개념으로 폭을 넓혔다(Wallce, 1996: 26-27; Kaplan, 1996: 1; Hansen et al., 1999: 127; Kemp, 2001: 42-43).

Kempe와 그의 동료들(1962)은 피학대 아동증후군을 '어린 아동에게 심각하고 만성적인 학대가 원인이 되어 영구적인 상해 혹은 죽음에 이르게 하는 상태'라고 정의하였다. 그들은 피학대아동증후군이라는 것이 존재한다는 것을 보여주면서, 아동 구타를 진단하고 확인하는 몇 가지 기준을 제시하였다. 그 중 가장 명확한 신호와 증상은 다양한 양상의 복합골절이다. 복합골절은 뼈에 골절 및 장애가 발생하는 것으로 심각한 신체학대 사례에서 나타나기 쉽다. 현대의 방사선 기술의 발달은 뼈의 반복적인 손상을 가시적으로 확인할 수 있도록 해 주었다. 따라서 일단 의사가 X-레이에서 복합골절을 발견하면, 심한 아동학대를 의심해야 한다. 이와 함께 높이 의심되는 지표는 경막 하 혈종, 다발성 연조직 손상, 빈약한 피부위생 상태, 영양부족 등이다. 따라서 의사의 소견 및 보고가 매우 중요하다(Kemp, 2001에서 재인용).

Kempe와 그의 동료들의 노력으로 1960년대에 미국의 모든 주가 학대가 의심되는 사례를 보고하도록 하는 법을 제정하였다. 초기에는 보고의 의무를 의사에게만 명시하였지만, 현재는 아동에게 서비스를 제공하는 대부분의 전문가(의사, 간호사, 사회복지사, 교사, 상담사 등)에게 아동학대의 보고를 의무화하고 있다.

제 2 절 아동 신체학대의 정의

아동 신체학대의 정의를 내리는 것은 매우 중요하다. 그 이유는 신체학대의 정의는 어떤 행동이 아동 신체학대인지 아닌지를 판별하는 기준이 되기 때문이다. 이에 대한 판별이 필요한 이유는, 이를 토대로 하여 그 행위에 대하여 국가가 어떤 조치를 취할지 판단하기 때문이다. 만약 그 행위가 아동학대로 판별되면 국가가 개인 및 가족의 삶을 침범하는 결과를 가져올 수도 있다. 따라서 아동학대의 정의는 매우 중요하며, 많은 논란을 가져왔다.

아동 신체학대의 정의를 내리는 일은 쉽지 않다. 신체학대 행동을 아동에 대한 폭력 사용이라고 단순하게 정의할 수 없는 이유는, 아동에 대한 과도한 훈육 혹은 부적절한 대우를 무엇으로 볼 것인가의 문제 때문이다(Hansen et al., 1999: 128). 즉 부모가 아동을 훈육하는 데에 적절한 혹은 적절하지 않은 방식이 무엇인지에 대하여 사회적으로 혼돈이 있기 때문이다. 예를 들어 부모가 아동의 엉덩이나 종아리를 때리는 것은 폭력이지만, 일반적으로 아동학대로 간주되지 않는다. 그러나 심하게 때리면 학대로 간주된다. 그렇다면 그 기준은 무엇인가? 이 분야에 대한 연구가 수십 년간 지속되었지만, 아동 신체학대에 관해서 모든 사람이 수용할 수 있는 정의에 대한 합의에는 여전히 이르지 못하고 있다. 그러므로 아동학대에 대하여 공통되는 정의가 없다는 것을 받아들여야 한다. 그러나 어떤 행동이 아동학대인지 아닌지를 판별하는 것은 중요한 과제이므로, 어떤 식으로든지 아동학대 여부를 판별하려는 노력을 해 왔다.

1. 의도 및 결과

어떤 행동의 의도 및 결과는 그 행동이 아동학대인지 아닌지를 판별하는 가장 중요한 기준이다. 그러나 이 기준 역시 명확하지는 않다. 어떤 부모 혹은 보호제공자가 아동을 때려서 상해를 입히거나 극단적으로 목숨을 잃었다고 할 때, 부모에게 그러한 의도가 있었느냐고 물어보면, 그렇다고 할 것인가? 아마 아니라고 할 것이다. 다만 그 부모는 아동의 비행에 대하여 훈육하기 위해서, 복종하도록 하기 위해서, 아동에게 고통을 주기 위해서, 혹은 강력한 통제의 느낌을 갖기 위하여 그렇게 했을 것이다. 아동에게 상해를 입힐 의도를 가지고 신체학대를 하는 경우는 거의 없으며, 설사 그러한 의도가 있었다 하더라도 그렇다고 진술하는 경우는 없다고 봐야 한다.

그렇다면 결과를 가지고 아동학대 여부를 논할 수 있는가? 예를 들어 두 아이를 가진 어떤 부모가 양손에 아이를 한 명씩 잡고 동시에 두 아이를 마루바닥에 밀었다(훈육의 의도를 가졌다고 하자). 그런데 한 아이는 카펫에 떨어져서 상해를 입지 않았고 다른 아이는 콘크리트 바닥에 떨어져서 상해를 입었다. 그렇다면 단지 한 아이만 다쳤으므로 그 부모는 단지 한 손만 학대한 것인가? 물론 답은 '그렇지 않다'이다(Kemp, 2001: 44). 즉 결과로서 판별을 해서는 안 된다는 의미이다. 또 다른 예로서 어떤 부모가 아이를 훈육할 목적으로 살짝 때리려고 손을 올렸을 때 아이가 이를 피하려다가 바닥에 미끄러져서 심각한 상해를 입었다. 그렇다면 결과적으로 아이가 상해를 입었으니 이는 아동학대인가? 이는 결과적으로 아이가 심각한 상해를 입었지만 부모가 진실로 의도하지 않은 경우의 예인데, 이것이 아동학대인지 아닌지 아무도 쉽게 대답할 수 없을 것이다.

2. 문화

문화적 차이 또한 아동학대에 대한 정의에 많은 영향을 미친다. 예를 들어서 대부분의 문화에서는 부모와 어린 자녀들이 함께 자는 것이 흔한 일이지만, 서구 문화에서는 이것을 비정상적인 것으로 여기고 있다. 뜸을 뜨는 것과 같은 전통적인 동양 치료법은 자국을 남겨서 서구에서 아동학대의 자국과 혼동을 일으킨다(Healy, 2008, 노충래 역: 436). 또한 아동체벌에 대하여 보다 관용적인 동양문화권의 부모가 미국에서 아동에게 체벌을 가한 자국으로 인해서 아동학대 부모로 간주된 경우는 흔하게 보고되고 있다.

3. 심각도와 빈도

학대에 대한 다른 시각에서는 학대에 대한 정의를 심각도와 빈도의 관점에서 볼 수 있다. 다시 말해 보호제공자가 아동에게 얼마나 자주, 얼마나 심한 신체적 수단을 사용하는가?라고 질문할 수 있다. 학대는 이 모든 것을 종합해서 판별해야 한다.

여기에서 학대의 연속선의 개념을 생각해 볼 수 있다. 예를 들어서 훈육의 목적을 가지고 아동의 엉덩이 때리기는 학대가 아니라는 데에 대부분의 사람들은 동의하는 것처럼 보인다. 그러나 아동의 볼기를 강한 강도로 매우 자주 때린다면 신체적 학대로 간주될 수도 있다. 그 기준이 애매하기 때문에 그 기준을 결정하는 것은 매우 어렵다. 우리 사회는 어느 정도의 신체적 훈육을 허용할 것인가? 이 질문에 대한 대답을 하기 위한 하나의 방법은 신체적 접촉을 가벼운 정도에서 심한 정도까지 연속선으로 표시하는 것이다(Kemp, 2001: 46). 이 연속선의 한쪽 끝에는 가벼운 볼기 때리기가 있고, 다른 끝에는 죽음이나 심각한 상해의 원인이 될 수 있는 심한 학대가 놓일 것이다.

4. 법적 정의와 임상적 정의

1988년의 미국 아동학대 예방, 입양, 가족서비스에 관한 법에서는 아동 신체학대를 "아동의 건강이나 복지가 해를 입거나 위협되는 상황하에서 아동의 복지에 책임을 가진 사람에 의한 18세 미만의 아동에 대한 신체적 상해"라고 정의하고 있다. 이 법에 의하면 아동의 복지에 책임이 있는 사람은 거주시설의 피고용인이나 직원, 가정 외의 보호를 제공하는 직원을 포함한다(Kaplan, 1996).

2000년 개정된 우리나라의 아동복지법에 의하면, 아동학대를 "보호자를 포함한 성인에 의하여 아동의 건강·복지를 해치거나 정상적 발달을 저해할 수 있는 신체적·정신적·성적 폭력 또는 가혹행위 및 아동의 보호자에 의하여 이루어지는 유기와 방임"이라고 폭넓게 정의하였다.

한편 Kemp(2001)은 모든 상황에 꼭 맞는 정의는 없다는 전제 하에 아동 신체학대에 대한 임상적 정의를 다음과 같이 내리고 있다. "아동 신체학대는 아동의 보호제공자의 행위가 원인이 된 상해, 상해의 위험, 상해에 대한 공포이다. 그 보호제공자는 성인의 권위, 혹은 일시적인 기분에 의해 아동의 안전과 복지를 무시하는 사람이다. 학대를 정의할 때 개인의 문화를 고려하려는 모든 노력을 기울여야 한다. 그러나 단순히 어느 문화가 그 행동을 허용한다고 해서 우리 문화가 그 행동을 바람직하다고 수용하는 것은 아니라는 것을 인식해야만 한다. 아동을 양육하는 데 있어서 바람직한 행동인지 아닌지에 대한 결정을 하는 데에 우리를 돕는 원칙은 인간 생명에 대한 존중, 그리고 인간을 돌보는 것이어야 한다.”

결국 아동에 대한 신체학대의 정의의 공통적 특징은 부모(보호제공자)가 행한다는 것, 고의적 상해라는 것, 명백한 신체적 폭력의 고통을 야기한다는 것이며, 일반적으로 불연속적인 낮은 빈도의 에피소드로 일어나며, 종종 아동을 향한 좌절에서 비롯된다. 법적으로는 신체적 상해의 증거가 아동학대를 확인하는 중요한 요인이긴 하지만, 결과보다는 행동의 본질과 상황적 맥락을 점점 강조하는 추세이다(Hansen et al., 1999: 128).

제 3 절 아동 신체학대의 지표

신체학대는 아동의 영구적 신체장애 및 손상, 장기적인 심리적 피해, 나아가서는 사망을 야기하기 때문에 매우 중요하게 다루어야 한다. 특히 매우 어린 아동, 즉 3세 이하의 아동은 신체학대의 가장 심각한 결과로 위협받는 극도의 고위험 집단이다. 그 이유는 다음과 같다. 첫째, 어린 아동은 보호제공자의 많은 시간과 노력을 요하는데, 어떤 사람들에게는 어린 아동을 돌본다는 것이 아주 부담스럽고 좌절을 주는 일이므로 그런 사람들은 쉽게 학대자가 될 수 있기 때문이다. 둘째, 어린 아동의 몸은 충분히 성숙하지 않아서 특히 신체적 공격에 쉽게 다칠 수 있기 때문이다. 연구들에 따르면, 치명적인 아동학대의 위협은 3살 이하의 아동에게서 6배 높게 나타나며, 심한 학대의 피해자 중 50% 이상이 3살 이하이다(Wallace, 1996).

아동이 신체학대의 결과로 입는 상해의 주요 형태는 다음과 같다(kemp, 2001: 47-49). 첫째로, 아동에게 가장 치명적인 상해의 일반적 형태는 머리가 손상되는 것이다. 아동의 머리는 매우 쉽게 손상된다. 성인의 머리가 몸무게의 약 2%를 차지하는 반면, 어린 아동의 머리는 몸무게의 약 10%이다. 또한 뇌의 신경세포는 성인 뇌에서 발견되는 미엘린이 입혀져 있지 않고 목근육 역시 발달되어 있지 않다. 특히 영아들에게는 '흔들린 영아 증후군'(shaken infant syndrome)이 있는데, 아이를 흔드는 것이 치명적인 행동으로 들리지 않을 수도 있지만 실제로 심각한 상해를 일으킬 수 있다. 또한 머리의 어딘가를 딱 하고 때리는 것은 혈관 근육과 신경을 찢어서 경막 하 출혈을 일으킬 수 있는데, 그 결과 망막출혈, 뇌진탕, 타박상, 연조직 확대, 두개골 골절, 의식 혼돈, 혼수, 경련, 발작, 호흡문제, 심지어 죽음까지도 유발할 수 있다. 뇌손상은 즉각적으로 명백한 상해가 나타나지 않더라도 발달지체와 같은 문제를 일으킬 수 있다.

두 번째로 아동을 죽음으로 이끄는 상해는 내장손상(visceral injuries)이다. 흉복부 외상 혹은 가슴과 복부 손상은 이 부위에 대한 발길질과 타격에 의해 일어나기 쉽다. 특히 간은 앞쪽에 위치하기 때문에 상하기 쉽다. 사고에 의한 내장손상의 치사율이 4.5%~12.5%인 반면, 학대에 의한 내장손상의 치사율은 12~60%에 이른다고 한다. 이렇게 학대에 의한 치사율이 더 높은 이유로서는, 학대로 인한 상해의 경우 부모들이 의료적 처치를 찾는 것을 지체하거나 피하기 때문이라고 해석된다.

세 번째로 뼈에 대한 상해이다. 이는 의사들의 개척적 노력으로서 피학대아동 증후군이란 개념이 형성되던 가장 초기에 발견되었던 영역이다. Kempe와 그의 동료들(1962)에 의하면, 특히 뼈가 학대상황을 잘 보여주는데, 이는 아동의 다리나 팔이 사람의 손으로 잡기 편하기 때문에 학대의 대상이 되기 쉽기 때문이다. 특히, X-레이, CT, MRI 같은 검사도구들의 발달로 뼈의 손상을 분명하게 보여 주는 것이 가능해졌으며, 골절은 다른 부위의 손상과 함께 나타난다.

네 번째로 화상이다. 화상은 피부에 상해를 입히고 나아가 생명을 위협하는 결과를 초래하기도 한다. 화상의 원인으로는, 뜨거운 액체나 증기, 화염, 전기접촉, 화학물질 등이 있다. 아동학대와 관련된 화상의 공통된 형태는 뜨거운 물, 혹은 뜨거운 철이나 난로와 같은 뜨거운 물체와의 직접적 접촉이다. 뜨거운 물에 의한 화상은 종종 부엌보다 욕실에서 더 잘 일어난다. 우연한 사고에 의한 화상이 아닌, 학대에 의한 화상의 특징은 종종 매우 명확한 패턴을 남긴다는 것이다. 즉 손이나 발을 고의로 뜨거운 물에 담그게 되었을 때 스타킹이나 장갑처럼 보이는 자국을 남기며, 또한 다리미나 헤어 드라이어 등은 구체적인 형태를 가지고 있어서 이런 물건이 학대에 사용될 때 뭔지 알아볼 수 있는 패턴을 남긴다.

다섯 번째로 눈에 대한 상해는 아동학대와 관련된 상해 중 공통된 형태이다. 망막출혈은 심한 흔들기 혹은 외상으로 인하여 안압이 불안정해지면서 발생한다. 또한 초점 불일치, 각막, 홍채, 시신경의 손상들을 야기한다.

여섯 번째로 피부 상해는 다른 상해처럼 치명적인 것은 아니지만, 가장 가시적이어서 아동이 학대의 희생자라는 것을 다른 사람에게 알려준다. 아동을 때리는 데 사용된 물체는 독특한 자국을 남긴다. 예를 들어서 이중으로 된 전기코드, 벨트, 회초리 같은 물체는 피부에 멍이나 타박상 같은 자국을 남긴다. 이런 피부상해는 그 자체가 생명을 위협하지는 않지만 다른 더 치명적인 상해들이 공존할 가능성을 말해 준다.

위에서 설명한 아동 신체학대의 지표 외에도, 아동이 쉽게 놀라거나 공격적이거나 위축되는 등의 심리적이나 행동적 증상을 보인다든지, 아동의 상처에 대하여 보호제공자가 설명을 못하든지 설명이 의심스러운 경우 역시 아동학대를 의심해 보아야 한다(Wallce, 1996: 35-36).

제 4 절 아동 신체학대의 영향

인간은 독립할 때까지 의존하는 기간이 가장 긴 동물이라고 한다. 아동은 취약한 존재로서 성인의 보호를 긴 기간동안 받게 되어 있다. 그러므로 학대가 일어나는 경우, 취약한 상태인 아동의 건전한 성장발달은 신체적, 심리적, 사회적으로 막대한 지장을 받게 되며, 그 영향력은 오래 지속된다. 학대로 인한 결과는 아동에게 학대가 일어났던 연령, 학대의 심각성, 학대받은 기간 및 학대의 유형에 따라 다양하다

1. 발달에 미치는 영향

아동 신체학대는 우선적으로 아동에게 신체적이고 의료적인 문제를 가져온다. 멍이나 타박상 같이 시간이 지나면 치유되는 가벼운 손상이 일어나기도 하지만, 심각한 뇌 손상이나 정신지체, 언어장애를 초래하기도 하며, 심한 경우 사망에 이르기도 한다.

또한 아동 신체학대는 아동의 심리사회적 발달에 부정적 영향을 미친다. 아동이 가족폭력 및 기타 위기적 요소들에 노출되는 기회가 증가할수록 발달과제들을 성공적으로 해결하는 것이 어려워지며, 심리적 병리현상이 나타날 가능성이 증가하는 경향이 있다(Fantuzzo et al., 1999: 11). 이를 구체적으로 살펴보면 다음과 같다. Kolko(1992)에 의하면, 신체학대를 받은 아동은 애착과 자존감의 문제, 사고와 발달 문제, 행동문제, 사회적 적응 문제, 가족과의 상호작용과 관련된 문제, 학교에 적응하는 문제, 학업성취 저하, 공격이나 반항행동 등의 문제를 갖는 경향이 있다. 또한 정신지체, 언어장애, 심각한 정서적, 심리적 후유증으로서의 위축감, 공격적 행동이나 가변적인 기분상태, 낮은 자긍심, 우울과 불안을 보인다(한국여성복지연구회, 2005: 282; 김성경 외, 2005: 228-229). 또한 국내 연구의 경우, 권자영(1991)의 연구에서 학대아동은 정상아동에 비해 사회적 위축, 신체증상, 정서적 불안정, 강박-우울, 과잉활동, 정신병 등에서 유의미한 차이가 있음을 밝혀 아동학대가 아동의 정서적인 발달에 미치는 영향력을 보고하였다. 또한 이주연(1995)은 신체적 학대를 받은 아동은 또래관계에서 정서적 위축, 고립을 보이며 동시에 공격적 성향을 보인다고 했다(김재엽, 2007: 565에서 재인용). 이러한 아동들에게 가정은 위험한 장소일 수 있다.

Kemp(2001: 51)는 왜 아동학대가 학대의 희생자들을 그렇게 황폐화

시키는지 그 이유에 대하여 다음과 같이 설명하고 있다. 아동은 본질적으로 취약한 존재로서, 경험의 부족과 성인에 대한 의존성 때문에 신체적 심리적으로 손상되기 쉽다는 것이다. 아동은 발달단계에 따라서 발달과업을 가지고 있고, 물리적 사회적 환경에 따라서 발달과업의 성취 정도는 영향을 받는다. 아동이 폭력에 노출될수록 발달적 과제를 성공적으로 수행하기가 어려워진다. 이를 Erikson의 발달단계 이론과 연결시켜 보면, 1단계에서 학대받은 아동은 인간과 세상에 대하여 불신감을 갖게 될 확률이 크며, 2단계에서 학대받은 아동은 수치심을 갖게 될 확률이 크다. 이는 보다 어린 연령에서 학대받을수록 더 부정적 영향을 받게 된다는 것을 의미한다.

2. 폭력의 세대간 전수

아동기에 학대받았던 성인, 혹은 아동기에 가족에서 폭력을 목격했던 성인은 이후 자신의 배우자나 자녀를 학대할 가능성이 높다는 연구결과들이 있는데, 이를 "세대간 전수 이론"이라고 한다. 세대간 전수는 사회학습이론에 의해 설명된다. 아동은 다른 사람을 관찰함으로써 행동을 배운다는 전제 하에 만약 관찰된 사람이 보상을 받는다면 아동은 그 행동을 모방할 것이고, 만약 관찰된 사람이 벌을 받는다면 그 행동을 모방하지 않을 것이다. 이를 대리적 강화와 대리적 처벌이라고 한다. 부모는 자녀들에게 일차적인 모델이며, 유익한 측면만이 아니라 파괴적인 측면도 배우게 된다.

가족 내에서 폭력을 목격했거나 학대받은 아동은 '힘이 정의'라는 것을 배우게 되고, 비폭력가정에서 자란 또래 아동에 비하여 비폭력적인 갈등해결전략을 생각하는 능력이 훨씬 부족한 경향이 있다(Sudermann & Jaffe: 1999: 349). 그 결과 생활상의 대인관계 갈등 시 폭력을 쉽게 사용한다. 또한 배우자 학대 행위자의 특성들 중 어렸을 때 학대에 노출된 경험이 공통적으로 지적된다는 것 역시 폭력의 세대간 전수이론을 뒷받침해 준다.

많은 학자들이 학대받고 자란 아이가 학대자가 되는가에 대하여 연구하였다. Widom(1989)은 다양한 연구에서 보고되는 세대간 전수율이 7%에서부터 70%에 이르기까지 매우 편차가 큼을 발견하였다. 이렇게 편차가 큰 이유는 연구에 따라서 학대의 정의와 조사방법이 다양하기 때문이다. 즉 학대의 개념 정의를 폭넓게 잡으면 세대간 전수율이 높게 나타난다. 또한 조사방법에 있어서 횡단식 연구는 과거 학대경험에 대한 정보를 조사대상자들의 회고식 자기보고에 의하여 수집하기 때문에 기억의 오류로 인하여 부정확할 가능성이 있다. Widom(1989)에 의하면, 아동기 때 학대받은 경험이 성인기에 학대 행위자가 되는 데에 하나의 요인으로 작용하기는 하지만, 양자 사이에 명확한 인과관계, 즉 1:1 관계를 설정하기는 어렵다고 본다(Kemp, 2001: 53에서 재인용). 학대 행위자들의 많은 비율이 어렸을 때 학대받았다는 것은 사실이다. 그러나 어렸을 때 학대 피해자들 중 많은 수가 성장 후 학대 행위자가 되지 않았다는 것 또한 사실이다. 단지 우리가 말할 수 있는 것은 어렸을 때 학대경험은 성인기 학대자가 될 위험성을 증가시켜 준다는 것, 즉 양자 간에 "관계"가 있다는 것이다. 그렇다면 아동기 학대 경험이 성인기에 학대 행위자가 되는 것에 얼마나 영향을 주는가?

이에 관하여 Kaufman과 Zigler는 여러 선행연구들을 검토한 결과, 세대간 전수율을 약 30%(+5%~-5%)정도라고 추정하였다(Kemp, 2001: 54에서 재인용). 만약 이 추정이 맞다면, 아동학대 피해자의 약 30%는 성인이 된 후 아동학대나 배우자 학대의 행위자가 될 것이다. 그러나 약 70%에게는 아동학대나 배우자 학대가 전수되지 않는다고 추정할 수 있다.

세대간 전수가 아동학대의 요인들 중의 하나인 것은 분명하다. 그렇다면 학대 경험자나 목격자들 중에서 어떤 사람은 성인이 된 후 학대 행위자가 되고, 어떤 사람은 되지 않는가? 즉 세대간 전수가 일어나는, 혹은 일어나지 않는 조건은 무엇인가? 어렸을 때 학대를 경험하거나 관찰했음에도 불구하고 성인이 된 후 학대행위자가 되지 않을 수 있다면, 성인의 행동을 결정하는 데에 어떤 요인이 분명히 작용할 것이다. 아동학대 경험자나 목격자가 성인이 되어서 학대 행위자가 되도록 하는 요인을 위험요인, 반대로 행위자가 되지 않도록 하는 요인을 보호요인(혹은 회복력)이라고 부른다.

제 5 절 위험요인과 보호요인

많은 이론들이 아동학대가 왜 일어나는가에 관해서 설명하고 있다. 첫째, 정신병리학적 관점은 학대부모들의 심리적 특성과 성격구조상의 결함에 초점을 두어 학대부모들의 과거 경험, 성격적 결함, 정신병리적 특성, 알코올 중독 등을 학대 원인으로 보는 입장이다. 둘째, 발달론적 관점은 학대부모에 초점을 두기보다 아동 개인의 신체적 · 정신적 질환이나 장애, 까다로운 기질 등의 발달적 특성이 양육자의 아동학대를 유발한다고 보는 입장이다. 셋째, 사회심리적 관점은 가족의 상호작용, 부모의 양육태도 등의 특성을 아동학대의 원인으로 본다. 넷째, 사회문화적 관점에서는 가족의 경제적 상황이나 문화나 제도 등의 환경적 요인을 원인으로 보고 있다. 이와 같이 아동학대는 그 시각에 따라서 다양하게 논의되고 있지만, 어느 한 가지 관점만으로 아동학대의 발생을 설명하기에는 부족하다. 따라서 아동학대를 보다 다양하고 복합적인 현상으로 이해해야 할 것이다(한국여성복지연구회, 2005; 김성경 외, 2005). 즉 가족폭력을 단일위험요인으로 이해하기보다는 다중적 요인들의 영향 하에 있다(Fantuzze et al. 1999: 12)는 것을 알아야 할 것이다

앞의 제 2장에서 살펴보았다시피, 아동학대 문제에 대한 단선론적인 시각을 벗어나서 문제를 포괄적이고 다면적으로 이해해야 하며, 생태체계적 관점은 그 개념적 틀을 제공해 준다(박명숙, 2000; Hansen et al., 1999). 여기에서는 다면적인 이해를 위하여 첫째로 개인적 수준, 둘째

로 가족수준, 셋째로 지역사회 및 전체 사회 수준으로 나누어서 알아보고자 한다. 물론 이 세 수준이 서로 상호작용한다는 것을 염두에 두어야 한다.

1. 위험요인

아동학대의 위험요인은 아동학대 발생의 원인이라기보다는 아동학대 발생의 가능성을 높인다고 이해하는 것이 보다 올바를 것이다. 즉 위험요인은 개인이 학대자가 될 가능성을 증가시킨다.

1) 개인적 요인

이는 개인행동, 성격, 개인적 동기, 정신병리학에 의한 설명 등을 말한다. 부모의 측면에서 볼 때, 아동기에 학대받은 경험, 낮은 자존감, 낮은 통제감, 대인관계 기술 부족, 아동에 대한 부정적 시각, 알코올과 약물남용 및 정신병리 등이 위험요인으로 제시된다. 또한 부모가 아동의 발달에 대한 지식의 부족으로 아동에 대해 비현실적으로 높은 기대를 하거나 왜곡된 판단을 할 때, 그리고 부모 자신의 정서적 욕구가 해결되지 못한 경우 부모역할에 어려움을 가지며, 이러한 것들 역시 위험요인이다(박명희, 2000). 또한 아동 요인으로서는 아동의 신체적, 정서적 장애나 질병, 혹은 기질이 보호제공자의 학대를 유발시키는 요인이 되기도 한다.

2) 가족적 요인

Milner와 Chilamkurti(1991)는 관계적 요인으로서 적어도 다음의 세 요인들을 고려해야 한다고 본다. 즉 가족의 사회적 고립, 부모-자녀 상호작용, 부모의 양육전략이다. 학대가족들은 사회적 참여로부터 고립되고 위축되어 있으며, 좋은 지지망이 없고 외부의 지역사회 활동에도 잘 참여하지 않는 경향이 있다. 또한 이러한 가족에서 부모-자녀 관계는 부모가 자녀에게 더 적대적이고 덜 양육적인 경향이 있으며, 가족의 응집력과 친밀성이 낮다. 또한 학대부모들은 양육시 체벌을 더 많이 사용한다(Kemp, 2001에서 재인용).

3) 사회적 요인

첫째로 빈곤을 들 수 있다. 빈곤과 가족의 낮은 사회경제적 지위는 아동학대와 관련된 모든 사회적 요인 중에서 가장 중요한 요인이다. 빈곤과 아동학대의 상관관계를 밝힌 연구들이 다수 있지만, 빈곤자체가 아동학대의 원인이 아니라 일상생활욕구 불충족에서 오는 스트레스나 가족생활의 좌절에 대한 대처방법 부족이 원인이 될 수 있다. 또한 빈곤과 관련하여 사회 전체의 경제적 침체와 실업의 문제나 구조적 불평등 역시 아동학대의 가능성을 증가시키는 위험 요인이다.

둘째로 행위자의 성(gender)이다. 대부분의 사람들은 학대 부모의 성을 아동학대의 사회적 영향으로 고려하지 않으나 실제로 그것은 매우 중요하다. 전통적으로 남성은 아내와 자녀를 죽일 수 있을 정도의 절대적인 권리를 가지고 있었고, 자녀를 훈육하는 엄한 아버지의 상은 오늘날에도 남아 있다. 따라서 남성지배 문화 속에서 '엄한 훈육자로서의 아버지'는 사회적으로 지지된다. 그런데 실제로는 아동 신체 학대 보고사례 중 과반수가 여성으로 나타나는데, 그 이유는 여성들이 매일매일 아동과 접촉하고 학대할 수 있는 기회가 더 많기 때문이다. 그러나 남성이 학대할 때, 그 결과는 아동에게 더 심각한 신체적 손상으로 나타나는 경향이 있다(Kemp, 2001).

셋째로 그 사회의 문화가 자녀를 하나의 소유물로 인식하며, 아동을 평가절하하면서 아동의 권리를 무시하고 체벌을 지지한다면, 이는 아동학대의 중요한 사회적 위험요인이다.

넷째로, 그 사회의 문화와 연관되어 그 사회에 아동학대 발생 시 피해자를 보호하고 행위자에게 조치를 취하도록 하는 법과 제도가 없다면, 혹은 있더라도 취약하다면, 이는 중요한 사회적 위험요인이다.

2. 보호요인

학대는 일반적으로 특수한 사건이나 한 부모나 한 아동의 특성에 따른 결과라기보다는, 보호요인 혹은 완충작용이 부재할 때, 다수의 위험요인의 상호작용의 결과이다(Hansen et al., 1999: 129). 따라서 보호요인을 강화하는 것은 아동학대의 치료 및 예방에 중요한 역할을 한다.

1) 개인적 요인

위기 상황에 놓여 있는 자녀의 적응에 영향을 미치는 개인적 수준의 보호 요인은 아동 개인의 성격적 특성으로 요약된다. 가장 대표적인 특성으로 자긍심이 있다. 즉 한 영역에서 높은 수준의 자긍심을 가진 아동들은 그들 스스로 가정폭력을 유연하게 피하고 자신의 세계에 초점을 맞추고 성장해 가는 경향이 있다고 한다. 또한 자긍심이 높은 자녀는 폭력적인 행동이나 공격성을 보이지 않는 것으로 나타났다(장덕희, 2010: 25). 그 외 아동이 가진 특별한 재능, 높은 지적 능력, 학교적응과 긍정적인 또래경험 등을 들 수 있다.

2) 가족적 요인

적응력이 높은 아동들의 가족요인은 따뜻하고 애정적이고 정서적인 가정환경적 특성을 가지고 있으며, 가족구조나 가족의 경계에 융통성이 있는 것으로 나타났다. 즉 가족의 지지는 스트레스적인 사건을 처리하는 데에 효과적인 대처전략 개발에 도움을 주며 불안을 경감시킨다(장덕희, 2000). 또한 가정에서 자신을 보호해 줄 보호자가 있다는 것, 또는 적어도 한명의 부모와의 긍정적 관계가 보호요인으로 제시된다. 부모가 아이의 발달에 관해 이해하고, 아이들을 정서적으로 지적으로 기꺼이 지지하는 능력을 가지며, 확고한 기준으로 훈육하되 비처벌적인 방법을 사용하는 것이 보호요인이 된다.

3) 사회적 요인

사회적인 지지체계, 특히 교사의 지지가 중요하며, 특히 가족의 지지를 적게 받을수록 교사의 지지가 보상의 역할을 하는 것으로 나타났다. 또한 가족 이외에 성인(예를 들면 이웃, 친척)과의 지지적 관계도 중요한 보호요인이다. 이렇게 볼 때 아동이 적어도 의미있는 한 사람 이상과의 긍정적 관계를 가지는 것은 매우 중요하다.

아울러 공식적 지지로서 아동이나 가족에게 제공되는 지역사회 내의 프로그램이나 지지적 서비스가 보호 요인으로 기능하여 피해자의 적응을 돕는 것으로 나타났다. 즉 피해자가 이용하는 의료적 서비스, 경찰 및 법적 지원 등의 서비스를 비롯하여 강하고 긍정적인 사회적·경제적 지지망은 적응에 큰 영향을 미치는 보호요인이다(장덕희, 2010). 또한 사회문화에 관해서는, 아동양육에 책임을 공유하며 폭력을 반대하고 아동의 권리를 존중하는 문화가 보호요인이 된다.

3. 적응유연성

보호요인에 관련하여 중요한 개념이 적응유연성(resilience)이다. 이 개념의 선구자는 Garmezy로서, 이 개념은 혹독한 환경에서도 잘 기능하며 스트레스에 저항적인 아동들에 대한 연구에서 비롯되었다. 그는 1970년대 중반, '상처받지 않는 아이들'(invulnerable children)이란 용어를 새로 만들었다. Rutter(1987)와 Garmezy(1993)는 역경과 스트레스 상황에서도 놀랍게 잘 기능하는 아동들을 발견하여, 이들의 특성에 대해 적응유연성이란 용어를 사용하였다.

아동학대의 경험이나 목격에도 불구하고 잘 적응하는 개인, 그리고 성인이 되어 학대의 행위자가 되지 않는 개인이 보이는 특성, 이것이 적응 유연성이다. 적응유연성이란 역경을 겪으면서 개인이 자신의 힘과 능력을 잃었지만 이전의 적응수준으로 돌아오고 회복할 수 있는 능력을 의미한다. 이 개념은 아동 분야에서 시작되었지만, 추후 사람들이 생활변화를 어떻게 다루고 힘든 상황에 관하여 무엇을 하는가에 대한 개념으로 발전하였다(Humphreys, 2003). 이러한 개념은 인간의 회복력에 대한 관심, 강점관점, 임파워먼트 접근을 가져 왔다.

생각할 문제

1. 아동 학대의 개념 정의에 있어서, 자녀에 대한 훈육과 학대를 구분하는 기준은 무엇으로 설정해야 하는가? 이 장의 처음에 제시된 사례 2에 있어서 이 사례가 어떤 근거로 훈육이 아니라 학대로 간주되는지 논하시오.

2. 아동을 학대하는 부모들은 대부분 그것은 학대가 아니라 훈육이었다고 주장한다. 이에 대하여 어떻게 반박할지 논하시오.

3. 우리나라의 문화적 전통에는 아동학대의 뿌리가 있는가? 이에 대하여 논하시오.

4. 아동학대의 위험요인과 보호요인에 있어서, 위험요인을 감소시키고 보호요인을 증가시키기 위해서 사회복지사가 할 수 있는 일은 무엇인가 논하시오.

5. 주위에서 아동기의 학대받은 경험, 혹은 아동기의 고통스런 경험에도 불구하고 적응유연성을 보이는 사례를 찾아보고 논하시오.

제 5 장

아동 심리적 학대 및 아동방임

아동방임과 심리적 학대는 많은 면에서 중복된다. 심리적 학대와 모든 유형의 방임은 서로 상호작용하면서 아동에게 영향을 미친다(Rosenzweig & Kaplan, 1996: 37). 이 장에서는 제 1절에서는 아동에 대한 심리적 학대, 제 2절에서는 아동방임을 알아보기로 한다.

〈아동방임 사례〉

인천 연수경찰서는 30일 자신의 딸을 다른 사람에게 맡긴 채 수 년 동안 돌보지 않은 혐의(아동복지법의 아동유기·방임)로 A씨(34)를 불구속 입건했다. 경찰에 따르면 A씨는 지난 2002년 3월 ○○시의 한 병원에서 태어난 딸(7)을 최근까지 다른 사람에게 맡긴 채 돌보지 않고 유기·방임한 혐의다.

경찰조사 결과 G씨는 당시 딸아이를 낳은 뒤 부인과 곧바로 이혼했고, 이후 혼자 키워오다 지난 2004년 3월 지인을 통해 알게 된 청각장애인 B씨에게 매월 보육비 50만원을 주는 조건으로 딸을 맡겨 온 것으로 드러났다. 그러나 A씨는 이때부터 약속한 돈을 보내지 않고 무려 4년 동안이나 연락을 끊고 지냈다. 이 같은 사실은 그동안 아이를 돌봐왔던 B씨가 지난해 9월 뇌출혈로 쓰러져 양육이 어렵게 되자 모 교회 목사부부에게 아이를 넘겼고, 최근 이 부부가 '아이의 진짜 부모를 찾아주고 싶다'며 경찰에 수사를 의뢰하면서 A씨의 범행이 밝혀졌다.

경찰서 관계자는 “아이가 아버지의 성과 이름을 정확하게 기억하고 있어 같은 성을 가진 전국의 남성 30여명을 상대로 수사를 벌였다”며 “이 과정에서 지난 29일 참고인 자격으로 출석한 A씨가 모든 사실을 털어놨다”고 말했다. 한편 A씨는 현재 딸을 직접 키우겠다는 입장을 밝히고 있는 것으로 알려졌다.

경기일보, 2008.01.31.

제 1 절 아동 심리적 학대

1. 아동 심리적 학대의 정의

아동에 대한 심리적 학대는 모든 형태의 학대와 방임에 나타난다. 그러나 심리적 학대는 눈에 띄지 않으며 따라서 사회적 관심을 끌지 못하기에 심리적 학대에 대한 연구는 가장 적게 시도되고 있다. 심리적 학대에 대하여 사람들이 관심을 덜 가지는 이유에 대하여 Berlin & Vondra(1999: 287-288)는 다음과 같이 제시하고 있다. 첫째, 신체적 상해나 성적 행동과는 달리 심리적 손상은 명백하고 확실한 증거를 남기기가 어렵기 때문, 둘째, 아동보호서비스 체계에서는 과중한 업무부담으로 인하여 가장 심한 사례와 쉽게 기록할 수 있는 사례 이외에는 조사와 개입을 하려 하지 않기 때문, 셋째, 가족의 광범위한 면에서 일어나는 심리적 학대의 사례 ‘수’가 위압적으로 많기 때문 등이다.

그러나 사실상 심리적 학대의 영향은 다른 모든 학대 중에서도 가장 심각하다. 우리 모두는 사랑받기를 원하므로, 우리를 보살피도록 되어 있고 우리가 의존하고 있는 사람으로부터 사랑을 거부당한다면, 그 결과는 우리를 황폐화시킬 것이다.

그렇지만 심리적 학대는 눈에 보이지 않으며, 개념 자체가 모호하고 광범위하여서 정의 내리기가 어렵다. 만약 피해자가 심리적 학대를 받는다고 의심하고, 그리하여 행위자에게 이를 항의했을 때 대부분의 행위자는 이를 부인할 것이다. 그리고 피해자에게 "내가 너를 심리적으로 학대했다니 있을 수 없는 일이야", "만약 네가 그렇게 생각한다면, 네가 문제가 있는 거야"라고 쉽게 말할 것이다. 이에 대하여 피해자는 어떻게 대응할 것인가? 이렇게 심리적 학대란 매우 정의 내리기 어려우며, 따라서 대응이 어려운 것이다. 물론 우리는 사회관계를 맺으면서 다른 사람의 감정을 상하게 하기도 하고 무시하기도 한다. 부모들 역시 자기 자녀의 감정을 상하게 하기도 하고 상처를 주기도 한다. 이런 사건 하나하나를 다 심리적 학대라고 하는 것은 아니다. 심리적 학대란, 어떤 행동 패턴, 즉 아동에게 파괴적이고 영구적 충격을 줄 수 있는, 심리적이고 학대적인 행동패턴을 말하는 것이다(Kemp, 2001). 즉 어떤 행동을 심리적 학대라고 정의내리기 위해서는, 아동에게 악영향을 끼치는 행동이 일상에서 지속적으로 반복되어야 한다는 것이다. 우리가 관심을 가져야 하는 것은 주목할 만한 일회적 사건이 아니라, 지속적인 손상을 가져오는 일상의 부적절한 행동과 정서적 반응들이다(Berlin & Vondra, 1999: 289).

심리적 학대를 개념정의하려는 작업은 1980년대 중반에서 후반 이후에 와서야 이루어졌다. 신체적 학대에 대한 사회적 관심이 1960년대에 시작된 것에 비하면 늦었다고 할 수 있다. 심리적 학대의 개념을 정의하는 것은 대단히 모호하고 어렵다. 그럼에도 불구하고 심리적 학대에 대한 개념 정의가 필요한 이유는 무엇인가? 이유는 두 가지로 설명될 수 있다. 첫째, 우리가 행위자를 실제로 고소하고 아동들을 보호하기 위해서, 둘째, 그 문제를 학문적으로 연구하고 그 문제를 더 잘 이해할 수 있도록 하기 위해서이다(Kemp, 2001). 따라서 심리적 학대의 개념을 정의하는 것은 매우 필요한 일이라고 하겠다.

오늘날 사용되는 심리적 학대의 정의는 '심리적 손상을 야기하는 것으로 판단되는, 어떠한 행위를 하는 것(commission)과 행위를 하지 않는 것(omission)의 패턴'이라고 할 수 있다. 어떠한 행위를 한다는 것은 아동에게 행해지는 공격이나 가해적 행위이다. 어떤 행위를 하지 않는다는 것은 아동의 심리적 욕구 충족에 필요한 것을 하지 않는 것, 혹은 부주의함이다. Gabarino에 의하면, 심리적 학대는 '성인에 의해 아동에게 가해진 정신적으로 파괴적인 행동의 패턴'이며, 여기에는 거부하기, 고립시키기, 공포 주기, 무시하기, 타락시키기의 5가지 형태가 있다. 거부하기는 아동이 거부되고 자신이 무가치하다는 느낌을 가지게 하는 것이다. 고립시키기는 아동에게서 사회적 접근을 빼앗는 것이다. 공포 주기는 아동을 언어적으로 공격하고 위협하는 것이다. 무시하기는 아동은 낙인찍고 굴욕적이고 열등하다고 느끼게 하는 것이다. 타락시키기는 아동으로 하여금 약물 사용, 도박, 난잡한 성행동 같은 사회적으로 부적절한 행동을 하도록 하는 것이다(Rosenzwieg & Kaplan, 1996). 그 외 아동을 이용하기(아동이 보호자의 욕구나 기대를 충족시키기 위하여 이용되는 것), 믿을 수 없고 일관되지 않는 부모역할(모순적 요구나 기대를 아동에게 하는 과정), 경멸하기, 기본적인 자극을 거부하기(아동에게 사랑과 민감한 보살핌을 주지 않는 것)를 포함하기도 한다. 또한 Dean(1979)은 정서적 학대(emotional abuse), 정서적 공격(emotional assault), 정서적 방임(emotional neglect)을 구분하여, 정서적 학대를 가장 넓은 개념으로 하여 그 안에 정서적 공격과 정서적 방임을 포함시켰다. 정서적 공격은 아동에게 가해지는 정서적 공격행위이고, 정서적 방임은 아동의 심리적 욕구에 대한 부주의함이다(Kemp, 2001: 76에서 재인용).

2. 아동 심리적 학대의 영향

신체적 학대와 성학대 행위는 보다 쉽게 식별이 가능하지만, 심리적 학대는 보이지 않는 것을 다루기 때문에 식별이 어렵다. 그 행위가 심리적 학대 행위인지를 규정하기도 어려울 뿐만 아니라, 가정이라는 사적인 영역에서 오랜 기간동안 일어나는 특성 상 가족 외부의 사람이 찾아내기 어렵다. 또한 마음 속에서 일어나는 것을 관찰하기는 어렵기 때문에 그러한 지속적 행위가 아동에게 어떤 심리적 영향을 미쳤는지는 더더욱 식별이 어렵다. 그러나 아동의 마음은 심리적 학대로 인해 신체적 학대보다 더 심각하고 더 오래 지속되는 상처에 고통받을 수 있다(Wallace, 1996: 89).

자아존중감(self-esteem)은 자기에 대한 존중과 신뢰를 의미하며, 긍정적인 자아존중감은 개인과 가족의 정신건강의 기초가 된다(Satir, 1972). 자아존중감의 형성은 특히 어린 시절, 타인의 인정에 의하여 많은 부분이 좌우된다. 성인들이 반복해서 아동의 긍정적 자아를 공격하는 경우(매번 호되게 꾸짖거나 경멸하는 경우), 이는 아동의 내적인 발달을 저해하며, 자기 스스로의 가치감이 형성될 수 없다. 아동은 자신에게 무슨 일이 일어나고 있는지 거의 의식할 수 없으며, 이러한 학대는 아동 자신과 아동 주변의 사람들에게 평생 영향을 끼칠 수 있다. "네가 하는 짓은 쓸 만한 게 아무 것도 없다", "나는 네가 무엇을 필요로 하든지 상관하지 않는다" "네 잘못을 잡아내려고 모두 다 너를 주시하고 있다"는 메시지가 부모나 애착인물로부터 나올 때, 특히 아동기에는 심각한 결과를 가져온다(Berlin & Vondra, 1999: 289).

1) 발달단계별 심리적 학대의 영향에 관한 연구

심리적 학대가 아동에게 미치는 영향에 관해서는, 아동이 어느 발달단계에 처해 있는가에 따라서 문제의 양상이 다르게 나타난다. 심리적으로 학대받은 아동들이 발달상 문제를 보이는가에 대하여, 반드시 그렇다는 인과관계를 보인다고 하기는 어렵다. 그러나 여러 연구결과들은 심리적 학대의 경험과 발달상 문제가 통계상 상관관계가 있다는 결과를 보여주고 있다. 여기에서는 여러 선행연구들을 검토하여 발달단계별 영향에 대하여 정리한 Kemp(2001: 81-84), 그리고 Berlin & Vondra(1999: 293-307)를 요약해서 제시한다.

(1) **유아기** : 어린 아동은 성인의 보호에 전적으로 의존하기 때문에, 아동이 어릴수록 심리적 학대에 더 취약하다. 심리적으로 학대받은 아동들은 수치심, 용변훈련 문제, 죄의식을 보이며, 즐거움을 느끼지 못하고, 정서적 반응성 감소 등을 보여준다는 연구결과들이 있다. 최근 연구는 정서적 학대와 수치심 간의 강한 상관관계를 보여준다.

(2) **학령기** : 심리적으로 학대받은 아이들은 열등감과 연관된 문제, 친구사귀기와 협동 작업의 어려움, 과업 완수에 있어서의 문제 등을 보여 준다. 또한 낮은 자기 존중감, 부정적 자아, 사회적 위축 등을 보여준다.

(3) **청소년기** : 심리적으로 학대받은 아이들은 친밀감 형성에 어려움을 보인다. 또한 그들의 충족되지 않은 욕구 때문에 과도하게 의존적이 되거나, 혹은 방어적 독립성을 보인다. 이러한 방어적 독립성은 학습된 자기보호행동으로 볼 수 있다. 청소년기의 심리적 학대는 특히 행동적 극단성을 나타내기 쉬우며, 어린 아동들과는 다르게 약물, 성 문란, 비행행동, 혹은 자살 시도 등을 통하여 문제 회피를 시도할 수도 있다.

Kemp(2001)에 의하면, 심리적 학대가 아동의 발달에 미치는 영향에 있어서, 예전에는 '결정적 시기'(critical period)라는 개념을 사용했으나 요즘은 민감기(sensitive period)란 개념을 사용한다. 이는 민감기 동안 발달과제를 완수하는 것이 가장 좋기는 하지만, 즉 발달의 최적의 시간대가 존재하기는 하지만, 이후에 이러한 과제를 완수하는 것도 가능하다는 것을 의미한다. 이러한 관점은 보다 희망적이며, 강점관점 및 회복력의 개념과도 일치한다.

2) 심리적 학대의 영향에 관한 종단연구

심리적 학대의 영향에 대한 연구는 상당히 어려우며, 시간의 경과에 따른 변화를 알아보는 종단적 연구는 더더욱 어렵다. 그러므로 Byron Egeland와 그의 동료들이 1980년대 초기에 시작한 '미네소타 어머니-아동 간의 상호작용 연구'는 이 주제에서 많이 인용되는 중요한 연구이다.

이 연구는 낮은 가족 수입, 사회적 지원의 부족, 무질서한 생활 조건, 높은 스트레스와 같이 매우 힘든 상황에 있는 267명의 아동들을 표본으로 하여서, 수년에 걸쳐서 그들을 추적조사하였다. 연구자들은 이들을 4가지 유형으로 분류하였다. 즉 신체적 학대(아이들을 빈번히 그리고 심하게 때림), 적대적이고 언어적인 학대(아이들을 잔혹하게 비판하고 가혹하게 대함), 방임(양육에 무책임하거나 무능력함), 심리적으로 접근 불가능한 유형(아이들과 관계를 맺지 않거나 정서적으로 분리되거나 무반응)으로 분류하여 수년 후 아이들의 발달단계의 완수 정도를 평가하였다. 그 결과 모든 학대아동들은 학대받지 않은 아동들보다 훨씬 기능이 떨어졌다. 놀라운 것은 심리적으로 접근불가능했던 부모를 가진 아이들이 가장 상황이 심각했다는 것이다(Kemp, 2001: 84-85에서 재인용). 즉 모든 형태의 아동학대 가운데 발달 초기에 가장 위협적으로 부정적 영향을 주는 것은 부모의 심리적으로 접근 불가능함, 즉 심리적 부재라는 것이다. 그런데 문제는 부모의 심리적 접근 불가능 혹은 심리적 부재는 가장 결과가 심각함에도 불구하고 외관상 덜 파괴적으로 보이며, 따라서 외부의 관심을 받기가 어렵다는 것이다. 그러므로 실제로 외부에서 이들을 도울 수 있는 방법이 매우 모호하다.

부모의 심리적 학대의 결과로 의심되는 아동의 역기능은 아동보호서비스의 대상이 되기보다는 정신건강문제로 간주되는 경우가 많다. 따라서 아동보호서비스의 대상보다 정신보건 체계의 서비스의 대상이 되는 경우가 많다(Berlin & Vondra, 1999).

제 2 절 아동방임

아동방임은 다른 학대유형들과 질적으로 다르다. 아동방임은 능동적이 아니라 수동적이며, 어떤 행위를 하는 것이 아니라 하지 않는 것, 즉 태만이다. 아동방임은 아동을 잘 보살피지 않는 것이다. 따라서 아동방임은 못 보고 지나치기가 쉽다. 그러므로 대개의 경우 교사, 이웃, 친척 등이 보고할 때까지 인식되지 못한다. 또한 아동방임과 정서적 학대는 많은 면에서 중복된다(Rosenzweig & Kaplan, 1996: 37).

아동방임은 다른 유형의 아동학대처럼 자극적은 아니지만, 아동방임의 경우도 매우 위험한 결과를 초래할 수 있다. 아동 참사의 많은 경우가 아동방임의 결과이다.

1. 아동방임 문제의 심각성

아동방임 문제는 아동의 신체적 학대나 성학대에 대한 관심만큼 많은 사회적 관심을 받지 못했다. 아동방임에 대하여 사회적으로 소홀한 가운데, 실제로 많은 아동방임이 외부인이 알지 못하는 가운데 몇 년씩 지속적으로 일어난다(Wallace, 1996: 82).

Kemp(2001: 92)는 아동방임을 소홀히 다루어 온 현상을 '방임에 대한 방임'이라고 칭하고 있다. 아동방임을 소홀히 다루어 온 이유는 다음과 같다(Kemp, 2001: 92-93; Gershater-Molko & Lutzker, 1999: 157-158). 첫째, 아동방임은 자극적이거나 위압적이지 않기 때문이다. 그래서 신체적 학대나 성적 학대보다 덜 해로운 것으로 생각되어 많은 사회적 분노를 일으키지 않는다. 둘째, 눈에 띠지 않고 관찰이 어렵기 때문이다. 방임은 매우 심각할 때에만 눈에 띤다. 즉 아동이 영양실조로 현저히 고통받고 있을 때나, 혹은 매우 지저분한 모습일 때에만 눈에 띤다. 셋째, 사회적으로 접근하기가 어렵기 때문이다. 아동방임은 빈곤문제와 연결되는 경우가 많은데, 빈곤 문제를 사회적으로 해결하기가 어렵기 때문에 아동방임 문제도 함께 방치되는 경향이 있다.

아동방임은 조용히 일어나지만, 그럼에도 불구하고 아동에게 치명적으로 위험할 수 있다(Gershater-Molko & Lutzker, 1999). 가장 치명적인 아동방임의 대부분은 집의 화재에 의한 것이며, 또한 익사, 약물 등 위험물질로 사망하는 경우도 있다. 또한 방임으로 인하여 성장과 발달 저해, 타인과 관계 맺는 능력의 결핍, 반사회적 행동의 증가를 가져온다.

2. 아동방임의 정의와 범주

아동방임은 명백한 어떤 행위가 아니라 보살핌을 제공하지 않는 것이다. DePanfilis(1996)에 의하면, 아동방임을 정의하는 데에 다음의 세 가지 기본요소가 있다. 첫째, 적극적으로 저지르는 것이 아니라 소홀히 하는 행위를 뜻한다. 둘째, 부모 또는 보호자에 의해 행해진다. 셋째, 아동의 건강과 안전에 필요한 조건을 제공하지 않음으로 인하여 아동이 손상을 입거나 손상의 위험에 처한다(Kemp, 2001에서 재인용).

아동방임을 다시 신체적 방임, 교육적 방임, 정서적 방임으로 구분할 수 있는데, 이를 구체적으로 살펴보면 다음과 같다(Rosenzweig & Kaplan, 1996: 37-39; Gershater-Molko & Lutzker, 1999: 159-160).

(1) **신체적 방임** : 아동의 영양, 위생, 의복 등이 부적절하여 위험에 노출된다거나 부적절한 감독이나 부모의 무관심 때문에 방치되는 것으로, 아동을 태운 채 음주운전을 하는 것 또는 아동을 혼자 차에 남겨두는 것을 포함한다. 또한 아동을 의료적으로 돌보는 것을 거부하거나 미루는 것, 집에서 쫓아내는 것, 부적절한 지도감독, 집에서 부주의하게 위험에 방치하는 것 등을 포함한다.

(2) **교육적 방임** : 아동의 습관적 무단결석을 허용하거나 아동을 학교나 교육 프로그램에 등록시키지 않는 것, 아동의 학습장애 진단 등 기타 특수교육이 필요할 때 합당한 교육적 서비스를 받게 하지 않거나 이에 무관심한 것을 포함한다.

(3) **정서적 방임** : 아동에게 필요한 애정, 관심, 정서적 지지에 무관심한 것이다. 이 정의에는 아동이 보는 앞에서 만성적인 또는 극심한 배우자학대를 행하는 것, 아동이 약물이나 알코올을 남용하도록 허용하

는 것, 공격성과 같은 잘못된 행동을 허용하는 것을 포함한다. 또한 아동의 발달과 정서에 필요한 것에 무관심할 뿐만 아니라 부모가 아동의 행동 혹은 정서적 손상에 대해 무관심하고 이에 대한 치료를 철저히 거부하는 것을 포함한다.

한편 Munkel(1994)는 아동방임의 범주를 네 가지 기본적인 유형으로 나눈 다음, 각 범주 내에 아동방임의 구체적 형태를 포함시켰는데, 이는 다음과 같다(Kemp, 2001에서 재인용).

(1) 물리적 환경과 연관된 유형 : 부적절한 안식처, 부적절한 수면관리, 비위생적인 생활환경, 구조적인 위험요소들

(2) 물리적 환경에서의 위험과 관련된 유형 : 화재 위험, 알코올 및 약물에의 접근 가능성, 지나치게 뜨거운 목욕물 등

(3) 부적절한 양육과 관련된 유형 : 영양, 의복, 개인위생, 보건 간호, 의료, 지도감독의 부적절성

(4) 아동의 발달에 관련된 유형 : 교육적 방임, 정서적 방임

3. 아동방임의 지표

부모역할을 잘 하지 못하는 것과 아동방임 사이를 명확히 구분하는 하나의 지표는 없다. 아래의 지표들 중 여러 개가 중복되어 관찰된다면, 아동을 대하는 전문인들, 즉 교사, 간호사, 사회복지사, 의사 등은 아동방임을 의심하고 주의를 기울여야 한다. 신체적 지표로는 발육부진, 계속되는 굶주림과 영양실조, 위생상태가 나쁘고 몸에서 냄새가 나거나 이가 있는 것, 부적절한 의복상태, 지속적인 피곤과 교실에서 잠드는 것, 의학적 처치가 필요한데도 이루어지지 않는 것 등이 있다. 행동적 지표로는 발달 지연, 음식을 구걸하거나 훔치거나 쓰레기통을 뒤지는 행동, 극단적인 공격성이나 극단적인 위축행동, 어른인 척 하는 행동이나 비행행동, 우울이나 무반응, 잦은 학교 결석 등이다(Wallace, 1996).

4. 성장실패증후군

아동방임에서 살펴보아야 할 특수한 문제가 성장실패증후군이다. 성장실패 증후군은 빨리 발견되지 않으면 아동을 죽음에 이르게 할 수도 있는 특별한 범주의 아동방임이다(Wallace, 1996; Kemp, 2001).

성장실패증후군(FTT: Failure to thrive syndrome)이란 2세 이하의 유아들이 비기질적으로 잘 발달하지 못하는 현상을 의미한다. 비기질적이란 의미는 발달 저하의 이유가 아동의 생물학적인 신체적 요소에 기인한 것이 아니라, 아동에게 적절한 성장 환경을 제공하지 못한 데서 기인했다는 의미이다. 비기질적인 성장실패증후군이란 진단을 내리기 위해서는 건강전문가들이 기질적 원인들을 제외해야 한다. 성장실패증후군은 의사도 매우 신중하게 진단해야 하는 복잡한 의학적 상태이다.

성장실패증후군의 지표는 다음과 같다. 즉 전체적으로 하위 3% 이하의 체중과 신장을 보일 때, 같은 연령의 정상적 아동의 체중의 약 80~85% 이하의 체중을 보일 때, 이전의 체중을 유지하지 못할 때, 특정기간동안 성장하지 못할 때(5세 이하의 아동은 2개월 동안, 5세 이상은 3개월 동안 성장에 실패할 때), 정신운동발달이 지체될 때이다.

성장실패증후군의 위험요소는 다음과 같다. 성장증후군 아동의 많은 경우 주 양육자가 양육경험과 양육교육이 결핍된 어리고 미성숙한 어머니일 때이며, 정신지체 어머니인 경우도 있다. 또한 아이와 유대를 맺는 데 어려움을 겪거나 부모와 아이 간의 역기능적 상호작용 패턴을 보이는 경우도 있다. 따라서 단순히 아이에게 영양분을 공급하는 것만이 해결책은 아니며, 가족원이 아이와 상호작용하는 능력, 그리고 가족원끼리 상호작용하는 능력을 향상시키도록 해야 한다. 또한 이런 부모는 사회적으로 고립되거나 사회적 지지가 결핍된 경우가 많으므로 외부의 지지가 필수적이다.

성장실패증후군을 보인 아동들이 치료를 받아서 원래 증상이 사라졌다고 해도 그 장기적 영향은 쉽게 치유되지 않는다. 성장실패증후군으로 입원했던 아동들에 대하여 실시한 후속 연구 결과들은 이 아동들이 계속 발육부진, 학교 부적응, 발달지체 등의 심리적 문제를 겪었다고 보고하고 있다.

성장실패증후군에 대한 접근은 의료와 사회적 서비스의 결합이다. 일반적으로 성장실패증후군을 보이는 아동은 입원을 시켜서 체중을 증가시키며, 입원은 위급한 상황에서 아동의 안녕과 안정에 필수적인 것으로 간주된다. 또한 부모에 대한 정신건강 상담 역시 필요하며, 다른 아동방임과 마찬가지로 부모에 대한 사회적 지지가 필요하다.

5. 아동방임의 위험요인

아동방임에 대해서는 복합적인 변수를 고려해야 하며, 따라서 생태체계적 접근이 유용하다. 생태체계적 접근에서는 아동, 부모, 사회환경적 변수가 모두 방임에 일정 역할을 한다고 보며, 이들 요인들이 결합하여 방임적 상황으로 이끈다고 본다. 여기에서는 생태체계적 관점에 입각하여 아동방임의 위험요인을 개인 수준, 가족 수준, 사회 수준으로 구분하여 살펴보고자 한다(Kemp, 2001; Gershater-Molko & Lutzker, 1999).

1) 개인적 요인

첫째, 부모의 연령, 교육정도, 자녀수와 같은 사회인구학적 특징들이 개인적 위험요인이 된다. 즉 아주 어렸을 때 임신한 경우, 부모의 교육정도가 낮은 경우, 자녀 수가 많은 경우 방임의 위험요인이다.

둘째, 성격적 측면에서 부모의 우울은 아동방임 및 학대에 연관된다. 그 외에도 부모가 냉담하고 무능력하거나, 충동적이거나, 지적장애를 가졌거나, 정신장애를 가진 경우 위험요인이 된다.

한편 Zurabin & DiBlasio(1996)는 학대적인 부모와 방임적인 부모의 특성을 구별하는 연구를 수행하였는데, 그 결과 방임적 부모와 학대적 부모의 특성이 다르다고 나타났다. 방임적 부모의 특성은 어렸을 때 성적 학대의 경험, 가출, 범죄, 위탁양육의 경험, 낙태와 조산아를 가진 경험, 18세 이전에 두 명 이상의 아이를 가진 경험, 우울, 낮은 교육 수준 등의 특성을 가지고 있었다. 반면 학대적인 어머니들은 정서적으로 문제있는 어머니를 가졌을 확률이 높고, 어렸을 때 반사회적이었거나 현재 AFDC를 받고 있을 확률이 높고, 어머니와의 관계가 부정적인 것으로 나타났다.

2) 가족적 요인

가족간의 관계에서 친밀감이 중요하며, 한부모 혹은 부모가 갈등관계에 있을 때 아동방임의 위험요인이 된다.

3) 사회적 요인

첫째, 빈곤은 아동 방임의 사회적 위험 요인들 중 가장 중요한 것이다. 모든 빈곤한 가정에서 아이들의 욕구를 무시하는 것은 아니지만, 빈곤은 아동방임의 위험을 증가시킨다.

둘째, 사회적 고립 역시 방임의 중요한 위험요인이다. 고립된 가정은 고립된 가정의 문제를 해결할 자원이 더 적기 때문에, 사회적 고립 자체가 아동방임의 위험을 증가시킨다. 대부분의 사람들이 아동을 방임하는 사람들을 멀리하는 경향이 있는데, 이는 사회적 지지가 가장 필요한 사람들이 지역사회로부터 거부되는 상황을 초래한다.

이와 같은 위험요인에 입각하여 생태체계적 관점에서 사정과 개입이 다면적으로 이루어져야 할 것이다. 아동방임에 대한 초기 개입은 부모교육이나 스트레스 감소에 초점을 맞추었다. 그러나 최근에는 양육기술훈련, 분노관리, 그리고 일반적인 스트레스 관리를 결합하여 사용하고 있다. 이에 덧붙여 부모-자녀 상호작용 훈련, 계획된 활동훈련, 스트레스 감소, 구직, 금전 관리, 영양상담, 집안 청결, 영아에게 적절한 자극주기, 건강관리 기술과 같이 여러 수준의 다면적이고 포괄적인 개입방법을 사용하고 있다.

생각할 문제

1. 아동에 대한 심리적 학대는 그 부정적 영향이 매우 큼에도 불구하고, 현실적으로 사람들이 관심을 많이 기울이지 않는다. 심리적 학대의 부정적 영향에 대하여 논하시오.

2. 아동에 대한 심리적 학대에 대하여 사람들이 좀더 관심을 많이 기울이게 하기 위해서는 어떤 방안이 필요한지 논하시오.

3. 부모가 자기 소신에 입각하여 자녀를 학교에 보내지 않을 때 이것이 아동방임에 해당하는지 논하시오.

4. 영화 "아무도 모른다"를 보고, 아동방임이 어떻게 일어나는지, 그리고 이들에 대하여 사회에서 어떻게 개입해야 하는지를 논하시오.

5. 아동방임의 위험요인이 아동신체학대의 위험요인과 어떻게 다른지, 혹은 어떻게 같은지 논하시오.

제 6 장

아동 성학대

〈사례 1〉

개요

김보은의 어머니는 김보은이 7살 때 김영오와 재혼하였고, 김보은은 9살 때부터 김영오로부터 상습적인 성폭행을 당하기 시작하였다. 김영오는 김보은과 김보은의 어머니를 번갈아 성폭행하였으며, 집에 식칼과 쥐약을 갖다 놓고 사실을 알릴 경우 가족을 몰살시키겠다고 협박하였다. 김보은은 대학에 진학하여 기숙사에서 살게 되면서 주중에는 김영오로부터 떨어져 지낼 수 있었고, 자신의 괴로움을 남자 친구인 김진관에게 털어 놓았다. 김진관은 김영오를 찾아가 성폭행을 그만 둘 것을 요청하였으나 당시 충주지방검찰청 총무과장으로 근무하고 있던 김영오는 오히려 "다 잡아 넣겠다. 죽여 버리겠다"며 김보은과 김진관을 협박하였다. 김보은과 김진관은 강도로 위장하여 김영오를 살해하기로 공모하였고 1992년 1월 17일 김진관이 김보은의 집에 몰래 침입하여 김보은과 함께 술에 취해 잠들어 있는 김영오를 식칼로 살해하였다. 김진관은 강도를 당한 것처럼 위장하고 집을 나갔으며, 김보은은 강도를 당했다며 경찰에 신고하였다. 이들은 1월 19일 구속되었다.

구명운동

이 사건은 김보은의 남자친구이자 공범자였던 김진관의 아버지 김모가 한국성폭력상담소에 상담을 의뢰하면서 알려지게 되었고, 전국에서 "김보은 김진관 사건 공동대책위원회"가 구성되어 이들의 구명 활동을 벌였다. 공동 대책 위원회는 김보은과 김진관의 무죄를 주장하였으며, 22명의 무료 변호인단도 구성하였다. 또한 성폭력 특별법 제정을 촉구하였다.

변호인단은 김보은과 김진관의 정당방위를 주장하였으나 재판부는 1992년 4월 4일 1심에서 김진관에게 징역 7년, 김보은에게 징역 5년을, 10월 2일 항소심에서 김진관에게 징역 5년, 김보은에게 징역 5년에 집행유예 5년을 선고하였다. 피고인들은 상고하였으나 대법원은 12월 22일 상고를 기각하였다. 김보은은 1993년 김영삼 대통령의 특별사면으로 사면, 복권되었고, 김진관은 잔여형의 절반을 감형받았다. 김진관은 1995년 2월 17일에 출소한 후 1998년2월 3일과 7월 16일에 복권 신청을 하였으나 기각되었다.

영향

이 사건은 그 동안 공론이 금기시되었던 근친 성폭력의 실상이 드러나는 계기가 되었으며, 1991년에 일어난 김부남 사건과 함께 1993년의 성폭력 특별법 제정에 직접적인 영향을 주었다. 또한 살인 사건에서 집행유예가 선고된 최초의 고등법원 판례이기도 하다. 또한 김보은 김진관 사건을 계기로 가정 내 성폭력 사건, 근친상간, 친족간 성폭력 사건, 의붓 자녀 성추행, 아내 강간 등 대한민국 사회에서 가족, 친족, 친지들에 의한 성폭력 사건이 수면으로 드러나 공론화되었다.

출처: Daun 백과사전 http://enc.daum.net/dic100/

〈사례 2〉

지적장애를 앓고 있는 자신의 친손녀와 친조카를 성폭행하거나 성추행한 일가족 4명에 대해 법원이 모두 집행유예를 선고한 것과 관련, 검찰이 항소할 예정인 것으로 알려졌다.

청주지검 관계자는 24일 "이 사건과 관련해 양형이 너무 가벼워 부당하고 사회적으로 경종을 울릴 필요가 있어 조만간 항소할 예정"이라고 말했다.

법원은 지난 20일 자신의 친손녀인 A양을 수차례 성폭행하거나 성추행한 B씨(86)와 친조카인 A양을 성폭행한 B씨의 아들 3명에 대해

성폭력 범죄의 처벌 및 피해자 보호 등에 관한 법률위반죄를 적용, 각각 징역 3년~1년6월에 집행유예 4년과 3년을 선고했다.

앞서 B씨는 2001년 8월께 자신의 집 안방에서 지적장애를 앓고 있는 친손녀인 A양(당시 9세)을 강제로 성추행하는 등 수차례에 걸쳐 성추행하거나 성폭행한 혐의로, B씨의 아들인 나머지 3명도 친조카 A양을 수차례 성폭행한 혐의로 구속기소된 뒤 징역 3년~5년이 각각 구형됐었다.

뉴시스, 2008.11.24

〈사례 3〉

서울가정법원 가사2부는 친딸을 성폭행한 혐의로 기소된 A(52)씨를 상대로 검사가 낸 친권상실 청구를 받아들였다고 30일 밝혔다. 재판부는 "A씨가 강제로 딸을 성폭행했다는 점에 대해선 부인하고 있지만, 딸이 용돈을 받으려고 자신의 성관계 요구에 응했다고 주장하면서 성관계를 맺은 사실 자체는 인정하고 있다"고 설명했다. 이어 "A씨는 친권자로서 자녀를 보호해야 할 의무가 있다"면서 "그러나 스스로 친권자임을 포기하고 딸에게 이처럼 부적절한 행위를 했다면, 친권을 행사할 수 없는 중대한 사유로 봐야 한다"고 덧붙였다.

A씨는 지난 2005년 6월부터 올해 7월까지 중학생이던 딸에게 용돈을 주겠다며 강제로 성관계를 하는 등 모두 22차례에 걸쳐 딸을 성폭행한 혐의로 기소됐으며, 법정에서 징역 8년에 전자발찌 부착 7년, 신상정보 공개 5년을 선고 받았다.

노컷뉴스, CBS사회부 2010.11.30

아동 성학대는 가족 내에서 일어나는 경우와 가족 외부의 낯선 사람에 의해 일어나는 경우로 나누어 볼 수 있다. 아동 성학대는 극히 최근까지 낯선 사람에 의해 저질러지는 것으로 개념화되어 왔다. 그 이유는 아마도 낯선 사람에 의한 성폭행 사건이 너무 흉악하여 우리에게 잊혀지지 않기 때문일 것이다. 그러나 일반 사람들이 알고 있는 바와는 달리, 낯선 사람이 잔인한 성적 동기를 가지고 아동을 성학대하는 경우와 함께 가족 내 성학대 역시 발생하고 있다. 아동 성학대의 많은 비율이 가족성원이나 가족과 가까운 사람들, 즉 아동으로부터 신뢰받는 사람, 아동이 잘 알고 있는 사람에 의해 저질러진다. 본 책의 주제가 가족폭력이니만큼, 본 장에서는 가족 내에서 일어나는 성학대에 초점을 맞추어서 알아보기로 한다.

우리나라에서 가정 내에서 일어나는 성학대는 친족 성폭력이라고 칭하는데, 이는 가족성원들 사이에서 일어나는 강제적인 성적 행동을 의미한다. 우리나라에서는 1994년 4월 1일에 시행된 성폭력특별법에서 친족성폭력을 '존속 등 연장자의 친족에 의한 강간, 강제추행'으로 정의하였다.

제 1 절 아동 성학대 문제의 발생률

아동과 가까운 사람들, 특히 가족 내에서 아동이 신뢰하는 사람이 아동을 성학대한다는 것을 우리는 심리적으로 용납하기 어렵다. 그렇게 때문에 '설마 그런 일이 발생하겠는가?' '발생하더라도 아주 일부의 극히 비정상적인 사람들이 저지르는 일이겠지'라고 생각하는 경향이 있다. 낯선 사람에 의한 잔혹한 아동 성학대는 사회를 경악케 하고 이에 대한 조치를 취하도록 자극을 주지만, 이것이 아동 성학대의 전형적 유형이 아니라는 것을 알아야 할 것이다.

Freud는 아동 성학대, 특히 가족 내 성학대를 정신보건문제로 규정한 최초의 정신보건전문가였다. 20세기 초에 Freud는 초기 임상 연구에서 아동기의 외상적 사건, 특히 성학대가 주요한 심리적 외상의 발달과 연관된다고 인식하였으며, 이를 히스테리컬 신경증이라고 명명하였다. Freud가 치료한 여성환자의 대다수가 아동기에 성인 친척들로부터 성폭력을 당한 것으로 보고하였다. 문제는 이들 친척들이 바로 Freud가 사회적 및 전문적 관계를 맺고 있던 서클 내의 사람들이었다는 점이며, 그의 이러한 아이디어는 광범위하게 수용되지 않았다. 20세기 초까지의 사회분위기는 가족 내 성학대에 대한 증언을 아동의 성적 환상으로 돌려버리며 아동 증언은 신빙할 수 없다('아동은 보여질 수 있으나 들려질 수 없다')는 태도가 주류를 이루었다. 그러나 20세기 후반에 이르러서 아동 성학대가 진실일 뿐 아니라 상상해 왔던 것보다 훨씬 더 보편적이라는 사실을 수용하기에 이르렀다. 그 이유에는 여성운동을 통한 여성의 권리 및 경험의 부각이 큰 부분을 차지하며, 심리적 지향의 대중문화도 이에 대한 관심을 높여 왔다고 할 수 있다. 이를 Kemp는 아동 성학대의 재발견이라고 부른다(Kemp, 2001: 111-113).

아동 성학대는 얼마나 많이 일어나는가? 이에 대해서 대답하는 것은 매우 어려운 일이다. 우리는 아동보호 서비스에 신고된 수, 그리고 사회과학적 방법으로 조사된 연구를 통해서 추정해 볼 수 있을 뿐이다.

우선 아동보호 서비스에 신고된 사례들에 대하여 생각해 볼 때, 이는 빙산의 일각에 비유될 수 있다. 아동 성학대는 그 성격상 비밀스럽게 지속되는 행동이며, 그렇게 때문에 신고된 수는 실제 발생 수의 극히 일부분이라고 할 수 있다. 아동성학대의 발생 수는 〈그림 6-1〉과 같이 빙산에 비유될 수 있다. 즉 수면 위로 올라온 부분은 아동보호서비스에 신고된, 알려진 사례들이다. 수면 바로 밑의 영역은 다른 전문가에게 알려지기는 했지만, 공식적 통계에는 잡히지 않는 성학대 사건들이다. 빙산의 가장 넓은 영역은 단지 피해자와 행위자, 그리고 경우에 따라서는 주변의 몇몇 인물들에게만 알려진 학대라고 할 수 있다. 수면 위에 있는 신고된 사례들은 실제 사건 수의 극히 일부분에 불과하다.

학대피해자 및 가족들은 신고하기를 꺼리는데, 대다수의 성인 생존자들은 결코 어느 누구에게도 학대 사실을 밝힌 적이 없었다고 밝혔다. 피해아동이 밝힐 수 없는 이유는 그 아동은 성인 행위자의 영향 하에 있거나 그에게 의존하고 있을 가능성이 크기 때문이다. 그러므로 피해사실을 알린다 해도 훨씬 후에야 알린다. 또한 행위자가 자발적으로 밝힐 가능성을 기대할 수는 없다. 다른 사람들 역시 학대를 발견한다 해도 신고하기를 꺼린다. 그러므로 신고 건수는 실제 사건 수의 극히 일부분에 불과하다고 할 수 있다. 가족 내 성학대, 특히 근친강간 상황에서 나타나는 심리 역동은 힘의 차별성과 강제성이라는 이슈, 가족을 보존하기 위해 비밀을 지켜야 할 필요성, 문화적 금기를 어긴 것과 형사처벌을 받을 것이라는 두려움 등이다. 피해자는 대개 책임감과 죄책감, 많은 수치심을 갖게 된다. 다른 가족원들은 법적 조치와 형사고발은 물론 당면한 고통스러운 문제를 회피하기 위해 이러한 사실을 부인할 수도 있다(Damon & Card, 1999: 184). 이 모든 요인들이 성학대의 비밀을 폭로하지 못 하게 만든다.

출처 : Kemp, 2001: 114.

〈그림 6-1〉 아동 성학대 빙산

그 다음으로 사회과학적 방법으로 연구된 성학대 발생률 조사에 대하여 살펴보고자 한다. 발생률에 대해 알아볼 때 아동인구를 표집하여 현재 피해를 당하고 있는 아동의 비율을 밝힌다는 것은 극히 어려운 일이다. 그렇다면 발생률을 알 수 있는 다른 방법은 성인 인구를 표집하고 그들에게 아동기의 성학대 피해 경험에 관해 회고적인 질문을 함으로써 발생률을 추정하는 방법이다. 성인여성들을 대상으로 회고적 방법으로 조사된 연구들로는 Russel(1983)의 연구, Wyatt(1985)의 연구, Bagley & Ramsey(1986)의 연구가 있다. Russel(1983)은 샌프란시스코에서 900명의 성인 여성을 무작위 표집하여 회고적 방법으로 조사를 실시하였는데, 도시여성의 38%가 18세가 될 때까지 어떤 형태로든 성학대 피해를 경험한 것으로 나타났다. Wyatt(1985)는 로스앤젤레스에서 백인 및 아프리카계 미국 여성들의 약 45%가 아동기에 원치 않은 성적 접촉을 경험했다고 보고하였다. 두 연구에서 다 성학대 피해여성들에 대한 행위자의 대다수는 가족 밖의 사람들이었다(Russel 연구의 83%, Wyatt 연구의 76%). Bagley & Ramsey(1986)의 연구결과에서는 캐나다 칼가리와 알버타에서 표집된 여성의 22%가 아동기 성학대 경험을 보고하였다. 이러한 회고적 연구들에서는 비교적 높은 발생률이 나타났으나, 실제로 대부분의 아동학대 사례는 결코 신고되지 않는 것으로 보인다. Russel(1983)의 연구에 의하면, 가족 밖에서 일어난 성학대의 6%, 가족 내에서 일어난 성학대의 오직 2%만이 경찰이나 아동보호서비스에 신고되었을 뿐이다. 또한 530명의 여자 대학생을 대상으로 한 Finkelor(1979)의 연구에 의하면, 아동기와 청소년기에 성학대를 경험한 사람은 19%로 보고되었다(Wallace, 1996에서 재인용). Damon & Card는 어린 아동에 대한 성학대의 발생빈도에 대하여 사회과학자들 간에 어떠한 합의점도 없으며, 연구들에 따라서 6%에서부터 62%까지 다양하게 나타난다는 점을 지적하고 있다. 이러한 연구결과의 차이는 아동 성학대의 개념 정의, 질문문항, 조사방법, 표본추출방법을 어떻게 하느냐의 차이에서 비롯된 것이다(1999: 185). 또한 성인 여성을 대상으로 아동기 성학대 경험을 질문하는 회상연구에서는 기억에서 발생할 수 있는 왜곡의 문제가 있다는 것 역시 고려해야 할 것이다.

따라서 아동 성학대의 발생률에 대해서 정확한 수치를 제시하는 것은 어려우며 범주라는 측면으로 이야기해야 할 것이다. Kemp에 의하면, 8%에서 38%의 소녀, 그리고 4%에서 15%의 소년이 18세가 될 때까지 성학대 경험이 있다고 추정한다. Bierre는 성학대 발생률을 일반적으로 여성의 경우 20~30%, 남성의 경우 그 절반 정도로 추정하였으며(대학생을 대상으로 조사하면 이보다 낮게 나타난다), Finkelhor(1979)의 연구에 의하면, 여성의 15%, 남성의 6%로 나타났다. 이는 미국의 경우이지만, 다른 나라에서도 대략 비슷한 수준의 연구 결과를 보여 준다(Kemp, 2001: 117-118에서 재인용).

제 2 절 아동 성학대의 정의

아동 성학대는 18세 이하의 아동을 성인의 성적 욕구나 욕망 충족의 도구로 이용하는 것이라고 정의된다(Green, 1996). 가족 내 성학대에 있어서, 일반사람들은 대개 아버지와 딸의 성관계로 본다. 그러나 최근에는 보다 포괄적으로 정의하여, 아동과 부모, 양육자, 확대가족 구성원들 간의 모든 형태의 성적 행위를 포함시키고 있다(Damon & Card, 1999: 184). Kemp(2001)에 의하면, 아동과 성인 간의 모든 성적 접촉은 아동 성학대로 정의된다. 왜냐하면 아동은 성적 행위에 협조하도록 유인되어 겉으로는 동의했다고 보일 수도 있지만, 그것을 진정한 동의라고 볼 수는 없기 때문이다. 진정한 동의란 '정보에 기반을 둔 동의'(informed consent)라야만 하는데, 아동이 진정한 의미에서 성적 접촉 행위에 내포된 결과까지 이해한다고 보기는 어렵다. 또한 아동과 성인 사이에는 권력의 차이가 있으며, 아동은 자신을 돌보는 성인의 지시를 따르도록 훈육된다는 점에 비추어 볼 때, 성인이, 특히 가족 내 성인이 아동에게 성적인 접촉을 요구할 때 아동이 이를 거부하는 것은 거의 불가능하다고 봐야 한다. 따라서 아동은 성인과의 성적 행위에 진정으로 동의할 능력이 없다고 봐야 할 것이다. 그러므로 아동과 성인 간의 모든 성적 접촉은 아동 성학대로 정의된다.

아동이 다른 아동을 성적 행위에 관여시키는 경우까지 고려하면 정의는 더 복잡해진다. 대부분의 전문가들은 비슷한 연령의 형제 또는 사촌 간의 비강제적이며 탐험적인 성적 유희는 근친강간이나 성학대로 보지 않는다(Damon & Card: 1999: 184). 12세 이하의 아동에게는 적어도 5년 정도의 연령 차이가 학대를 구분하는 경계선으로서 일반적으로 수용된다. 만약 강제적인 힘이나 위협이 사용되었으면, 연령 차이에 관련 없이 학대로 간주되어야 한다(Kemp, 2001).

아동 성학대는 다양한 연속선 상에 위치한다. 성인이 아동에게 자신의 성기나 신체를 접촉하게 하거나 아동의 성기를 만지는 행위, 아동을 옷을 벗은 상태에서 보는 행위, 성기에의 구강 접촉, 애무, 질 혹은 항문 성교, 성적 착취(아동을 포르노그라피나 매춘에 관여시키는 것), 가학적 학대 등까지 넓은 범위에 이른다.

아동 성학대는 행위자가 성적 만족의 대상을 얻기 위하여 여러 다양한 "기술"을 사용한다는 점에서 강간과 구별된다. 일반적으로 강간은 강제적 힘이나 공포의 결과로서의 성적 행동을 말한다. 아동 성학대 행위자 역시 힘이나 공포를 이용할 수도 있다. 그러나 그들은 또한 목표 달성을 위하여 다른 종류의 압력이나 영향력을 행사한다. 예를 들면 아동을 기만하는 것(아동이 좋아하는 것으로부터 아동을 심리적으로 고립시키는 것), 강요(어른의 권위나 힘을 아동에게 행사하는 것), 위협이나 공포(만약 다른 사람에게 이야기하면 아무도 아동을 사랑하지 않을 것이라고 말하는 것)이다(Wallace, 1996).

여아는 남아에 비하여 5배 더 많이 성학대의 피해자로 보고된다. 많은 경우 아동 성학대는 반복적으로 일어나며, 수년에 걸쳐서 일어나기도 한다(Green, 1996).

제 3 절 아동 성학대의 지표

이원숙(1998: 68-72)은 Sgroi, Porter & Blick(1985)가 제시한 아동 성학대의 20가지 지표를 재분류하여 다음과 같이 7가지로 정리하였다. 첫째로 수면장애, 우울증, 퇴행적 행동, 위축, 자살충동이다. 수면장애는 아동성학대의 지표가 되며, 피해아동은 자주 악몽을 꾸는 것으로 보고되고 있다. 일부 피해아동은 행위자가 다시 올까 두려워서 잠을 이루지 못 하기도 하고, 어떤 아동은 대조적으로 현실도피를 위하여 장시간동안 잠을 자기도 한다. 또한 우울증을 보이기도 하며 퇴행적 행동을 보이거나 환상으로 도피하기도 한다.

둘째로 성적 행동 및 지나친 성적 지식 노출을 보인다. 부적합한 성적 놀이를 한다거나 지나친 자위행위를 하는 경우 성학대의 가능성을 염두에 둘 필요가 있다. 또한 일부 아동은 성적으로 공격적이 되어서 자신보다 작거나 어린 아동을 대상으로 성학대를 하기도 한다. 또한 일부 아동은 연령에 적합하지 않은 지나치게 상세한 성적 지식을 노출하기도 한다.

셋째로 지나치게 순종적인 행동, 혹은 공격적 행동을 보인다. 일반 아동과는 달리 근친 성학대 피해아동은 지나치게 순종적인 모습을 보일 수가 있는데, 이는 아동이 지나치게 통제된 삶을 살아왔기 때문에 일상생활에서 선택의 여지가 없고 심지어는 자신의 신체에 대한 통제권까지 박탈되었을 수 있기 때문이다. 반면 일부 피해아동은 공격적 행동을 보이는데, 이런 아동은 성인에게 도움을 요청했으나 실패한 경험 때문에 이에 따른 좌절감을 공격적 행동으로 표출하게 된다.

넷째로 가식적 성숙행동이다. 아동이 순종적이건 혹은 공격적 행동으로 행동화하든간에 두 유형의 아동 모두 가식적인 성숙행동을 보인다. 그러나 이들의 성숙은 진정한 성숙이 아니라 외형적 성숙일 뿐이다. 이와 같은 가식적 성숙의 저변에는 죄의식이 자리잡고 있으며, 놀라서 어찌할 바를 모르는 외로운 아동이 있게 마련이다.

다섯째로 학교생활 및 교우관계도 중요한 행동지표이다. 근친 성학대 가족은 아동의 외부와의 접촉을 금지시키는 경향이 있고 이런 점에서 학교는 아동이 접하는 유일한 외부 환경일 수 있다. 가정에서의 학대적 상황에서 도피하기 위하여 아동은 가능한 한 오래 학교에 머무르려는 경향이 있다. 또는 아동이 학교공부에 집중하지 못 하거나 학교성적이 급락하기도 하다.

여섯째로 여성피해아동의 경우, 일반적 남성을 지나치게 두려워하거나 남성에 대해 유혹적 행동을 하는 경우 성학대의 지표가 된다.

일곱째로 어린 피해아동이 사춘기에 이르러 가출하는 경우 성학대의 지표가 된다. 이들이 도움을 어디에서도 받을 수 없다고 느끼면, 특히 가족 내에서 도움을 받을 수 없다고 느끼면 가출은 유일한 해결책이 된다. 가출한 피해아동은 성학대가 그 이유였다고 거의 밝히지 않는다.

이러한 대다수의 지표들은 피해자의 후유증과 비슷하다. 그러나 이러한 후유증들은 성학대 피해아동들만 나타내는 것은 아니며, 성적으로 학대받지 않은 아동들도 다른 원인으로 이런 증상을 나타내기도 한다. Kemp(2001: 124)에 의하면, 위의 여러 지표들 중 성학대의 가능성을 가장 강하게 드러내는 행동은 연령과 맞지 않는 성적 지식과 행동이다. 아동은 병원 놀이를 통하여 연령에 어울리지 않는 성적 지식을 배우지는 않으므로, 이러한 점은 성학대의 가능성을 시사할 가능성이 높다.

또한 이와 함께 앞의 제 2장에서 살펴본 가족에 관련된 위험요인에서 가족 내에 개인을 존중하지 않는 독단적인 지배가 존재한다든지, 의사소통이 부정직하고 간접적이며 모호하다든지, 가족원의 자기존중감이 결여되어 있다든지, 가족 외부와의 연계가 약하고 고립되어 있다면, 그리고 이러한 가족 내 위험요인이 성학대 피해의 지표와 함께 나타난다면 아동 성학대를 강력하게 의심해 볼 수 있다. 학대 가능성을 가장 강력하게 시사하는 가족 신호는 남성 보호자가 아동의 사회적 관계, 특히 데이트 행동에 대해서 지나치게 질투하는 것이다. 성적으로 학대적인 부모는 아동에 대하여 소유적이 되는 경향이 있다(Kemp, 2001). 이는 김보은 사건에서 김보은의 양부가 김보은의 남자친구에게 보였던 반응에서 잘 드러난다.

제 4 절 아동 성학대의 영향

아동 성학대는 피해자와 행위자가 공동으로 거주하거나 일상적으로 대면하므로 피해가 일회적이지 않고 지속적이라는 것이 특징이다. 또한 보통 어린시절부터 시작되며, 피해자는 신뢰하는 사람으로부터 피해를 입기 때문에 심리사회적으로 더욱 심각한 후유증과 어려움을 겪게 된다. 성학대 경험이 피해자에게 미치는 영향은 정확하게 정립되어 있지 않지만, 성학대의 피해자가 보이는 일련의 증상들이 있다. 이는 위에서 살펴 본 성학대의 지표와 유사하다.

Greene(1996: 79-82)은 아동 성학대의 영향을 편집증적 반응과 불신, 낮은 자아상, 우울과 자살 시도, 히스테리성 및 해리성 증상, 동료관계의 손상, 빈약한 학교 성취, 약물 남용, 정상의 범주를 벗어나는 성적인 행동 등으로 개념화하고 있다.

스트레스는 아동 성학대의 가장 일반적인 결과들 중의 하나인데, 이는 급성단계, 2차 단계, 3차 단계로 구분된다. 스트레스의 급성 증상은 학대가 시작되었을 때, 혹은 그런 행동이 타인에게 알려졌을 때 나타난다. 피해자가 보이는 신체적이나 정서적 행동은 급성 스트레스의 증상일 수 있으며, 이는 위에서 알아본 아동성학대의 지표들과 유사하다. 2차 스트레스는 학대가 장기간 지속될 때 나타난다. 피해자는 상황에 적응하고 최소한 겉으로는 정상적으로 기능할 수 있다. 수치, 죄의식, 낮은 자아존중감 등은 2차 스트레스의 증상일 수 있다. 자살 충동이나 공포, 불안, 고립감이 나타날 수도 있으며, 대인관계의 어려움과 성적 부적응 등이 나타난다. 3차 스트레스는 피해자가 행위자와 동일시하는 것이다. 많은 경우 3차 스트레스의 외현적 증상은 없을 것이다(Wallace, 1996: 71-72).

1. 피해아동의 스트레스 및 향후 적응에 영향을 미치는 요인

일부 피해자는 매우 높은 기능 수준을 보이고, 일부 피해자들은 약물 의존이나 심한 부적응 문제를 드러낸다. 무엇이 이를 결정하는가에 대한 설명은 한 가지 원인만으로는 설명할 수 없으며, 다양한 원인이 작용한다. 성학대의 영향과 그 후의 적응에 관련된 보편적인 요인들은 다음과 같다.

Tower는 피해아동이 경험하는 스트레스나 트라우마의 정도에 영향을 미치는 요인을 다음과 같이 7가지로 제시하고 있다(Wallace, 1996: 72에서 재인용). 첫째로 학대 유형인데, 성학대 행위자가 가족성원인 경우 외부인인 경우보다 피해자에게 주는 부정적 영향은 더 크다. 그러나 만약 가족 외부인이 가학적이거나 폭력적인 행동을 했다면 이는 피해자에게 깊은 영향을 줄 수도 있다.

둘째로 행위자가 누구인가이다. 만약 행위자가 피해자에게 가까운 사람이거나 누구인지 아는 사람이라면, 외부인보다 부정적 영향력이 클 것이다. 왜냐하면 행위자에 대해 가졌던 믿음에 대한 배신감이 크기 때문이다.

셋째로 성학대의 지속기간이다. 장기간의 학대는 일회성 사건보다 더 많은 스트레스를 준다. 물론 폭력을 수반하는 일회성 사건은 예외로 봐야 한다.

넷째로 학대행동의 범위이다. 학대의 강도가 강할 때 피해자에게 보다 더 부정적 영향을 준다. 성행위, 동성애 행위, 구강성교는 애무하는 행위나 자위행위보다 더 깊은 상처를 준다.

다섯째로 학대가 시작된 나이이다. 아동의 발달단계에 따라서 어느 시기에 학대가 시작되었는가 하는 것은 아동이 경험하는 스트레스에 차이를 준다.

여섯째로 학대를 드러낸 것에 대한 타인의 반응이다. 아동이 이를 다른 성인에게 알렸을 때 그들이 어떻게 반응하는가 하는 것은 아동이 자기자신을 어떻게 인식하는가에 영향을 준다. 만약 성인이 학대를 믿지 않거나 아동을 비난한다면 아동은 어른이 될 때까지 그 일을 말하지 않을 것이다. 학대를 비밀로 한다는 것은 피해아동의 고통을 배가시키는 것이 된다.

일곱째로 아동의 성격이다. 인간은 각자 독특한 개인이기 때문에 각각의 피해자는 학대에 다르게 반응하고 각각 다른 형태의 고통을 겪는다.

Kemp는 가족 내 성학대 피해아동이 겪는 고통과 스트레스에 영향을 미치는 여러 요인들을 고찰할 뒤, 여러 요인들 중에서 피해자의 고통과 상처에 영향을 미치는 가장 중요한 세 가지 요인은 학대 수준의 심각성, 피해자와 행위자의 관계의 밀접성 정도, 그리고 학대가 발생한 기간이라고 정리하고 있다(2001: 124). 즉 학대의 정도가 심할 때, 아동이 신뢰할 수 있는 사람에 의해서 저질러졌을 때, 지속기간이 길 때 피해아동에게 미치는 영향은 훨씬 더 파괴적일 것이다.

2. 4요인 외상성 모델

Finkelhor & Brown(1986)이 개발한 4요인 외상성 모델은 아동 성학대가 피해아동에게 미치는 영향을 잘 반영하고 있다. 이 모델은 의료모델과는 달리 진단이나 라벨링에 관심이 없고, 관련된 역동성을 이해하는 데에 초점을 둔다. 아동 성학대가 피해자에게 미치는 영향을 이해하는 데 핵심이 되는 4요인을 외상적 성화(性化), 배반, 무력감, 낙인화라고 설명한다. 아동 성학대의 후유증이 가지는 독특성은 이들 4개 요인의 결합에 있다(Kemp, 2001: 130-131에서 재인용).

1) 외상적 성화(性化)(traumatic sexualization)

성학대에 대한 반응으로 발생하는 성화, 즉 아동이 성적 행동을 하도록 훈련되는 것을 말한다. 어떤 아동은 성에 대하여 부적절하게 앞선 지식을 갖고 있거나 난잡한 성행동을 하고, 어떤 아동은 성을 회피하고 정상적으로 성을 즐기는 능력을 상실한다. 이 둘은 동전의 양면과 같은 것으로, 본질적으로 같은 것이다. 외상적 성화는 정상적 성인의 성적인 관계를 즐기는 능력을 상실한 생존자들을 설명하는 데에 도움이 된다.

2) 배반감

의미있는 타인에게 아동이 부여했던 신뢰를 배반당했을 때 초래되는 감정을 의미한다. 또한 학대가 폭로되고 나서 다른 사람들이 아동을 믿지 않는다거나 비난한다거나 아동의 행동에 초점을 두는 방식으로 행동할 경우, 피해아동은 행위자 뿐만 아니라 주변 사람들에게서도 배반감을 경험한다.

3) 무력감

아동이 자신의 신체와 개인적 정체감에 대한 권리가 침해되는 것, 자신이 선택할 수 있는 의지나 능력이 박탈되는 것을 의미한다. 이는 자신의 개인적 정체감에 대한 권리가 침해되는 것을 포함한다.

4) 낙인화

자기 자신과 타인의 판단을 토대로 한, 자아에 대한 믿음을 포함한다. 아동은 성학대의 비밀이 지켜진다 하더라도 이것이 사회적 규범을 위반한 것이라는 것을 알기 때문에, 이러한 행위를 한 자기 자신에게 부정적 의미를 부여한다. 이는 긍정적 자아감에 부정적 영향을 미친다.

이 4요인 외상성 모델은 아동 성학대에 대한 개념을 어떻게 조직화하는지의 방식을 나타내는 개념적 모델이다. 이 모델은 외상후 스트레스 장애 개념과 통합되어 피해자를 치료하는 접근법으로 발전되었다.

제 5 절 아동 성학대의 단계

아동 성학대는 대체적으로 예측 가능한 유형이 있으며, 이는 특히 가족 내 아동 성학대 사례에서 보다 특징적으로 나타난다(Sgroi, Blick, & Porter, 1985를 이원숙, 2003: 74-78에서 재인용; Tower를 Wallce, 1996: 65-67에서 재인용).

1. 접촉단계

행위자가 아동에게 성학대 의도를 가지고 접촉하는 단계이다. 행위자는 자신이나 피해아동의 집이나 방, 혹은 특정장소에서 행위자와 아동이 단 둘이 있는 기회를 포착하고자 한다. 설사 행위자와 피해아동의 첫 번째 접촉이 우발적이었다고 하더라도 그 다음부터 행위자는 아동과의 은밀한 접촉기회를 노리거나 그런 기회를 만들어갈 것이다.

2. 성적 상호작용 단계

행위자가 아동에게 성학대 행위를 하는 단계이다. 성학대 행위에는 비접촉성 행위와 접촉성 행위가 있다. 행위자는 성학대 행위에 있어서 아동에게 위협을 가하기도 하고, 혹은 선물을 주면서 달래기도 한다.

3. 비밀단계

일단 성학대가 발생하고 나면, 행위자의 첫 번째 과업은 비밀을 유지하는 것이다. 비밀유지는 행위자에게 있어서 성학대의 책임회피와 성학대 지속의 수단이 된다. 행위자는 상호적 의무가 없는 아동 성학대의 지속에 강한 동기를 가지게 되고, 이는 성학대의 비밀이 유지될 때에만 가능하다는 점에서 비밀성은 행위자에게 주요한 과업이 된다. 행위자는 비밀을 지키기 위하여 "죽여 버리겠다" "말을 듣지 않으면 혼내 주겠다" 등의 신체적 위협을 하기도 한다. 또는 "엄마가 알면 몹시 화를 내실 것이다", "학교에 알리면 퇴학 당한다" 등의 제삼자의 분노나 처벌을 이용해 위협하기도 하며, "비밀을 지키지 않으면 집에서 쫓겨날 것이다"와 같이 가족으로부터의 분리를 이용해 위협하기도 한다.

4. 폭로단계

폭로에는 우발적 폭로와 의도적 폭로가 있다. 우발적 폭로는 비밀이 외적 상황에 의하여 우발적으로 드러나는 것을 의미한다. 제삼자의 관찰, 피해아동의 신체적 손상, 피해아동의 성병 감염, 임신, 아동의 조숙한 성적 행동화 등에 의해 사실이 폭로되기도 한다.

의도적 폭로는 성학대 관련 당사자가 의도적으로 이를 밝히기로 결심하는 형태인데, 행위자보다는 피해아동이 폭로를 결심하는 경우가 대부분이다. 의도적 폭로의 동기에는 여러 가지가 있는데, 어린 아동이 심적 부담을 덜기 위해서, 이러한 행위로부터 탈출하기 위해서, 어린 동생도 피해자가 될까 하는 두려움으로 인해서 등의 이유가 있다.

5. 억압단계

비밀폭로단계 이후 폭로가 우발적이든 아니든 간에 아동성학대의 역동성은 억압단계로 접어드는 경향이 있다. 설사 행위자가 가족성원에 속하지 않는다고 하더라도 아동의 가족은 외부에 알려지는 것을 기피하는 경향이 있다. 이는 부모들 자신이 사건을 잊고자 하거나 사건발생에 따른 자책감 때문인 경우가 많다. 성학대가 가족 내에서 일어난 경우에 억압현상은 더욱 심하게 나타난다. 행위자는 성학대 사실을 부인하고 아동의 주장의 신뢰성을 떨어뜨리고자 할 것이다. 억압단계에서 일부 아동은 강하게 학대 사실을 주장하기도 하지만, 상당수의 아동은 최초 진술이 거짓이었다고 번복하기도 한다.

제 6 절 성학대 피해아동에 대한 원조

1. 성학대 피해가 밝혀진 후의 지침

성학대 피해가 밝혀진 후, 아동의 부모가 아동을 지지해 주는 지침은 아래와 같다(http://danenet. wicip.org/dcccrsa/saissues/child.html를 이원숙, 2003: 309-310에서 재인용).

첫째, 아동이 말하는 모든 내용을 믿고 있음을 아동에게 재확인시켜 준다.

둘째, 아직도 아동을 사랑하고 있으며 그 상황이 어떠하든 간에 성학대는 아동의 잘못이 아니라는 사실을 재확인시켜 준다.

셋째, 아동이 사실을 밝힌 것은 용기있는 행동이라고 칭찬해 주고, 당신이 기뻐한다는 사실을 알려 준다.

넷째, 외형적으로 드러난 신체적 상처가 없다고 할지라도 의료적 서비스를 받도록 한다. 보다 전문적인 지원을 받기 위해서 성폭력상담소에 연락을 취하는 것도 필요한 일이다.

다섯째, 아동이 안전하게 느끼도록 돕는다. 더 이상의 학대가 일어나지 않도록 아동을 보호하는 데에 최선을 다할 것이라고 설명해 준다.

여섯째, 너무 많은 침묵이 있거나, 혹은 너무 자세하거나 너무 반복이 심하더라도, 아동이 자신의 속도에 따라 이야기할 수 있도록 허용한다.

일곱째, 당신과 아동의 삶이 성학대 발생 이전으로 돌아가기를 바라는 것 외에, 당신은 성학대 행위자에게 보복하기를 원할 수도 있다. 이런 보복심리를 표현해 주면 아동이 안도하고 지원받는 것으로 느낄 것이라고 생각할 수도 있다. 그러나 아동은 당신이 좌절감과 분노를 느낀다는 그 자체에 죄의식을 느낄 수도 있다. 이점에 유의해야 한다.

이러한 점은 Doyle이 그림으로 개념화하여 표현한 '성학대 피해아동에게 도움이 되는 메시지"에 대한 〈그림 6-2〉에 잘 나타나 있다.

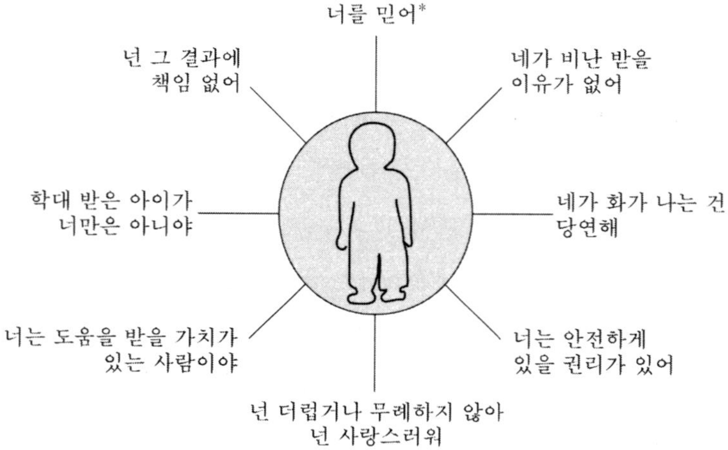

*'너를 믿어'의 의미는 아동이 자신의 관점에서 당신에게 사실을 말한 것을 그것이 설사 진실과 약간 다르더라도 인정한다는 것이다. 예로, 만일 상처를 통해 학대가 있었다는 것을 당신이 알고 있을 때 청소년이 학대자에 대해 '그가 날 아프게 하지 않았어요'라고 말한다면, '너를 믿어'라는 메시지는 '나는 네가 말하고 있는 것이 진실하고 그것이 지금 너에게 어떨지를 이해하고 있다'는 것이다

출처 : Doyle, C. 1995. Helping Strategies for Child Sexual Abuse. 김연옥·박혜영 역. 1998. 『성학대피해 아동과 청소년, 어떻게 도울 것인가』. 하나의학사, 228쪽.

〈그림 6-2〉 성학대 피해아동에게 도움이 되는 메시지

2. 성학대 피해아동에 대한 치료의 이슈들

Porter, Blick & Sgroi는 모든 성학대 피해아동은 정도의 차이는 있으나 치료적 개입을 필요로 한다고 지적한다. 이들에 대한 치료이슈는 다음과 같다(이원숙, 2003: 331-335에서 재인용).

1) 수치심과 죄의식의 해소

피해아동이 경험하는 죄의식과 수치심은 성학대, 비밀폭로, 폭로 후에 나타난 결과, 성적 자극을 즐겼을지도 모른다는 사실, 성학대로 얻었던 이차적 이득 등에 의한 것이다. 이로 인해 아동은 자신이 더럽다거나 무가치하다고 느끼게 된다. 치료자는 성학대의 책임이 성인인 행위자에게 있음을 아동이 이해하고 자신의 잘못으로 성학대가 발생하지 않았음을 받아들이도록 도와야 한다.

2) 학대행위자에 대한 긍정적 및 부정적 감정

많은 피해아동은 학대행위자에 대하여 부정적 감정뿐만 아니라 긍정적 감정도 가지고 있다. 행위자는 성학대의 지속 혹은 비밀유지를 위하여 아동에게 선물 등을 통해 보상해 왔고 이는 아동에게 긍정적 감정을 형성시켰을 수 있다. 이에 따라 치료과정에서 행위자에 대한 부정적 및 긍정적 감정을 모두 인정하고 이를 환기할 수 있는 기회를 제공해야 한다.

또한 치료자는 아동이 신체적 접촉과 애정을 구별하도록 도와야 한다. 성학대 과정에서 성적 접촉은 애정이란 이름으로 주어지므로, 피해아동은 신체적 접촉과 애정을 동일시하는 경우가 있다. 신체적 접촉과 애정의 차이가 명료화되지 않으면, 아동은 성적인 방법을 통해서만 애정이 추구된다고 믿고 성적으로 난잡한 행동을 할 가능성이 있다.

3) 비가해 부모에 대한 긍정적 및 부정적 감정

가해 부모(행위자)에 대한 감정 못지않게 비가해 부모에 대한 감정을 다루는 것 역시 중요하다. 피해아동은 가해부모보다 오히려 비가해 부모에게 더 분노하는 경향이 있다. 비가해 부모가 의식적 수준에서 성학대를 알고 있었는가는 문제가 되지 않는다. 설사 비가해 부모가 성학대 당시 취업이나 가출로 인한 부재로 집에 없었다고 하더라도, 아동은 자신을 보호해 주지 못한 비가해 부모를 원망하고 비난한다. 이런 분노는 아동이 성학대에 관해 비가해 부모에게 이야기했는데 믿어주지 않았을 때 더욱 강하게 나타난다. 따라서 치료자는 아동의 비가해 부모에 대한 감정을 해결할 수 있도록 도와야 한다.

4) 형제자매의 반응에 대한 감정

피해아동의 형제자매에 대한 감정은 관계의 친밀도와 비밀폭로 후 형제자매의 반응에 달려 있다. 자매들이 함께 피해를 입었을 경우, 자매들은 대체로 서로 긍정적 반응을 보인다. 피해아동이 여아일 경우 남자형제는 극단적 반응을 보이는 경향이 있다. 어떤 남자형제들은 여자형제를 보호해 주지 못한 것에 대한 책임을 느끼고 이들과 슬픔을 나누지만, 일부는 여자형제가 성학대를 유발했다고 비난하기도 한다. 때로 어떤 남자형제들은 행위자와 동일시하여 여자형제를 성학대하는 경우도 있다.

5) 동년배의 반응에 대한 감정

피해아동은 가족 이외에 동년배 및 지역사회의 반응에 영향을 받게 된다. 아동은 성학대가 폭로된 후 적응하기 위하여 평소보다 더 많은 사회적 지지를 필요로 한다. 또한 청소년기 피해자는 민감한 시기이므로, 동년배의 놀림이나 괴롭힘, 혹은 호기심에 가득한 질문공세를 받게 되면 상처받고 분노할 수 있다. 따라서 아동이 동년배와 지역사회로부터 어떤 반응을 경험하는지, 그리고 아동이 이에 대해 어떻게 느끼는지를 다루어 줄 필요가 있다.

6) 친구 및 이성관계

피해아동은 성적 정체감을 확립하는 데 어려움이 있다. 피해아동은 동년배와 비교하여 너무 빠른 성적 경험 때문에 친구관계가 원만하지 못한 경우가 많다. 문화적으로 순결에 대한 관심이 높은 우리 사회에서 피해아동에게 '손상된 물건 신드롬'을 극복할 수 있도록 도와야 한다. 또한 치료자는 피해아동이 연령에 맞는 경험을 할 수 있도록 지지하고 격려해야 한다.

7) 성교육

성학대로 인한 성적 경험에도 불구하고, 대다수의 피해아동은 자신의 신체에 대해서 무지한 경우가 많다. 성교육이 지지적 분위기에서 실시되면, 임신이나 성학대의 재발 등을 미연에 방지할 수 있다.

8) 사법체계에 대한 준비

아동은 경찰의 진술이나 법정 증언을 해야 할 수도 있으므로 이에 대한 준비를 갖추도록 돕는다. 아동에게 법정 출두에 따른 감정을 표현하는 기회를 제공함으로써 법정 증언과정에서 상처받지 않도록 한다.

3. 아동 성학대 피해자 치료모델

아동 성학대가 증상 중심으로 고찰되면, 이는 의료모델이라고 불리는 모델의 틀 안에서 접근하는 것이 된다. 그러나 의료모델에 대한 비판과 함께 새로운 치료적 접근이 대두되고 있는데, 여기에서는 이에 대해 알아볼 것이다.

1) 의료모델

의료모델에서 치료나 개입은 진단을 토대로 이루어진다. DSM-IV(미국정신의학협회의 진단통계편람 제 4판)에서는 성학대 피해자들에 대한 별도의 진단명을 부여하지 않고 있는 바, 아동 성학대 및 심한 아동기 심리적 외상을 경험한 사람들에게 진단되는 보편적인 장애들은 외상 후 스트레스 장애, 급성 스트레스 장애, 해리성 장애, 정동장애, 성격장애 등이다. 이러한 진단적 모델은 진단에 초점을 맞춤으로써 피해자를 환자로 간주한다는 비판을 받고 있다. 진단적 라벨에는 부정적 효과가 있는데, 사람들은 개인에게 라벨이 붙여지면 주어진 라벨과 일치되는 방식으로 행동하는 경향이 있다. 의료적 모델로 접근할 때, 환자라는 라벨은 부정적 의미를 함축하고 있으며, 이러한 라벨이 자아존중감에 미치는 부정적 영향, 즉 스티그마를 고려해야 한다. 그러나 진단적 라벨이 주는 장점도 있다. 환자들은 진단을 통해서 그들의 고통에 명칭이 주어짐으로써 증상에 대해서 설명할 수 있으며, 이로써 해소감이나 구제받는 느낌을 가지는 측면이 존재한다(Kemp, 2001: 125-130).

2) 적응 : 새로 등장하는 모델

피해자를 어떻게 볼 것인가에 관해서는 그동안 현저한 변화가 있었다. 과거에는 피해자의 문제나 역기능에 초점을 두었으나, 근래에는 피해자로 보지 않고 "생존자"(survivor)로 보아야 한다는 관점에 초점을 두고 있다. 생존자란 '극단적인 아동기 외상과 그 후 학대와 관련된 어려움에도 불구하고 잘 살아남은 개인들'이다. 즉 외부 전문가가 보는 현실이 아니라, 피해자 자신이 보는 현실에 대한 주관적 경험을 중심으로 한다. 과거에는 생존자의 행동과 증상을 적응적으로 보는 관점은 존재하지 않았다. 그러나 Bierre(1992)는 클라이언트 중심 철학을 기반으로 하여 피해자에게 보다 도움이 되고자 하는 치료철학을 제안한다. 이 모델의 핵심원칙은 생존자는 성장을 추구한다고 보며, 학대의 징후와 증상을 기능적이라고 보는 것이다. 즉 예전에는 병리의 증상으로 라벨링되었던 것들을 적응하려는 시도, 즉 생존자가 과거 학대 경험이나 이에 관련된 문제에 적응하고자 하는 시도의 기능적 표현이라고 간주한다. 이는 현상학적 관점에서 피해자 자신의 현실에 대한 주관적 경험을 중심으로 하는 것이다. 이런 의미에서 피해자가 보이는 증상을 병리적으로 보는 것이 아니라 문제에 대한 적응적 반응, 그리고 생존을 위한 필수적인 기능이라고 보며, 수동적 개념이 아니라 생존자의 적극적 노력으로 재개념화하는 것이다. 예를 들면, 불면증, 혹은 기억의 봉쇄는 무엇이 일어났는지를 회피하는 방법이며, 이는 피해자의 정신을 보호하는 기능을 가진다고 본다(Kemp, 2001: 132-135에서 재인용).

생각할 문제

1. 가족 내 아동 성학대가 노출되었을 때, 피해아동을 면접하는 사람은 이러한 아동면접에 관하여 특별한 훈련을 받은 사람이어야 한다. 이러한 면접자가 갖추어야 할 능력은 무엇인지 논하시오.

2. 가족 내 아동 성학대가 노출되었을 때, 피해아동의 가족은 위기에 빠질 것이다. 이러한 가족을 어떻게 도와야 할지 논하시오.

3. 아동성학대의 지표를 보이는 아동이 있다고 하자. 이에 관해 어떠한 접근, 혹은 어떠한 조치를 취해야 하는지 논하시오.

4. 성학대 피해의 생존자에 대한 의료모델과 Bierre의 모델은 그 기저의 철학, 접근방법 등에서 어떻게 다른지 논하시오.

5. 아동 성학대에 관한 영화를 찾아서 보고난 후, 그 사례에 관하여 영화에서는 어떻게 접근하였는지, 이러한 접근법이 피해아동 및 그 가족에게 어떠한 영향을 미쳤는지, 다른 접근을 할 수 있었다면 어떻게 접근하면 좋았겠는지 논하시오.

제 7 장

우리나라 아동학대의 발생현황

아동학대를 예방하고 대책을 마련하기 위해서 아동학대의 발생현황을 정확하게 파악하는 것은 매우 중요하다. 우리나라에서 아동학대의 발생현황을 가장 우선적으로 알아볼 수 있는 공식자료는 보건복지부·중앙아동보호전문기관에서 매년 보고하는 전국아동학대 현황 보고서이다. 그러나 실제로 신고되는 사례는 발생하는 사례의 극히 일부분이라는 점을 감안할 때 전국 규모의 아동학대 발생실태에 대한 연구조사도 함께 알아볼 필요가 있다. 여기에서는 신고된 공식자료 중 최근자료(보건복지부·중앙아동보호전문기관, 2010), 그리고 전국 규모의 아동학대 실태조사 중 최근 자료(여성가족부, 2008)를 함께 살펴보고자 한다.

제 1 절 신고현황

우리나라에서 아동학대 현황을 파악할 수 있는 신뢰성 있는 통계자료가 생산되기 시작한 것은 2000년 아동복지법의 개정에 따라 주무기관으로 아동보호전문기관(구 아동보호예방센터)이 설립된 이후부터라고 할 수 있다. 여기에서는 보건복지부·중앙아동보호전문기관(2010)이 발표한 『2009년 전국 아동학대 현황보고서』 중 중요부분을 발췌하여 요약한다(http://korea1391.org/).

1. 아동학대의 신고건수

2009년 한 해 동안 전국 아동보호전문기관을 통해 신고된 사례는 9,309건이 보고되었다. 2001년에는 4,133건이던 아동학대신고건수가 10년 만에 두 배가 넘게 신고되었다는 것은 그만큼 아동학대 신고에 대한 우리 사회의 의식이 높아졌다는 증거라고 할 수 있을 것이다. 아동학대가 의심스러워 현장조사를 실시한 결과 아동학대로 판정된 피해아동 보호사례는 5,685건(77.3%), 잠재위험사례 444건(6.0%), 일반사례 1,225건(16.7%)이었다.

아동학대 신고자는 신고의무자와 비신고의무자로 나누어볼 수 있는데, 신고의무자의 신고율은 31.8%였으며, 그 중 사회복지전담공무원의 비율이 가장 높았고(13.3%), 그 다음 교사(7.4%), 아동복지시설종사자(4.9%)의 순으로 나타났다.

2. 피해아동 성별 및 연령

2009년 아동학대사례로 판정된 5,685건의 피해아동 성별은 여아가 2,889건(50.8%), 남아가 2,796건(49.2%)으로 크게 차이나지 않는 것으로 조사되었다. 또한 피해아동의 연령별 분포를 살펴보면, 초등학교 고학년에 해당하는 만 10~12세가 1,481건(26.1%)으로 가장 많았고, 다음으로는 초등학교 저학년에 해당하는 7~9세가 1,249건(22.0%)으로 많아 초등학교 학생이 전체 피해아동의 48.1%를 차지하였다.

〈표 7-1〉 피해아동의 연령

연령(만)	1세 미만	1~3세	4~6세	7~9세	10~12세	13~15세	16~18세	계
건수	139 (2.4)	487 (8.6)	710 (12.5)	1,249 (22.0)	1,481 (26.1)	1,248 (21.9)	371 (6.5)	5,685 (100.0)

3. 아동학대 사례유형

아동학대 사례 유형은 아동복지법 제2조의 학대 정의 내용을 기반으로 신체학대, 정서학대, 성학대, 방임, 유기로 구분하였다. 아동학대는 한 가지 학대유형만 일어나기보다는 여러 유형의 학대가 중복하여 일어나는 경우가 많으므로, 여기에서는 중복학대를 별도의 항목으로 집계한 〈표 7-2〉와 중복학대를 별도로 집계하지 않고 학대 유형에 따라 정리한 〈표 7-3〉으로 나누어서 살펴보기로 한다.

다음 〈표 7-2〉를 보면, 중복학대가 2,238건(39.4%)으로 가장 많았고, 다음으로 방임이 2,025건(35.6%)으로 많았으며, 정서학대가 778건(13.7%), 신체학대가 338건(5.9%), 성학대가 274건(4.8%), 유기사례가 32건(0.6%)의 순으로 나타났다. 이를 볼 때 많은 피해아동들이 두 가지 유형 이상의 학대를 받았음을 확인할 수 있다. 그러므로 피해아동이 발견되었을 때에는 여러 유형의 학대피해를 의심해 볼 필요가 있으며, 다양한 학대행위가 동시에 발생하는 양상에 대한 다각적 사례 개입이 요구된다.

〈표 7-2〉 아동학대의 유형별 발생건수(중복학대 별도 분류)

(단위: 건, %)

유 형	건 수
신체학대	338(5.9)
정서학대	778(13.7)
성학대	274(4.8)
방임	2,025(35.6)
유기	32(0.6)
중복학대	2,238(39.4)
계	5,685(100.0)

〈표 7-3〉은 아동이 중복해서 경험한 학대를 각각의 학대유형에 포함시켜 살펴본 결과로서, 전체 아동학대 유형의 누계는 8,350건이었다. 이 가운데 방임이 2,939건(35.2%)으로 가장 많았고, 그 다음으로 정서학대 2,847건(34.1%), 신체학대 2,095건(25.1%), 성학대 426건(5.1%), 유기 43건(0.5%)의 순으로 나타났다. 방임은 중복학대를 별도 항목으로 분류할 때와 중복학대를 포함하여 살펴볼 때 모두 높은 비중을 차지하였다. 일반적으로 방임은 다른 학대유형에 비해 심각하게 인식되지 않고 있으나, 방임은 보호자가 아동에게 반복적으로 아동양육과 보호를 소홀히 함으로써 아동의 정상적인 발달을 저해하는 행위로 발달단계의 아동에게 미치는 영향력은 매우 크다.

한편 성학대는 중복학대를 별도로 분류했을 때와 그렇지 않을 경우 각각 4.8%, 5.1%로 상대적으로 낮게 나타났다. 이처럼 성학대 비율이 낮은 것은 외부에 드러나지 않는 성학대의 폐쇄적 특성 때문, 그리고 성학대가 아동보호전문기관 외의 다른 기관에 의뢰되는 등 성학대 개입기관이 나누어져 있기 때문으로 보인다.

〈표 7-3〉 아동학대의 유형별 발생건수(중복학대를 별도로 분류하지 않음)

(단위: 건, %)

유 형	건 수
신체학대	2,095(25.1)
정서학대	2,847(34.1)
성학대	426(5.1)
방임	2,939(35.2)
유기	43(0.5)
계	8,350 (100.0)

4. 피해아동 가족유형

피해아동의 가족유형을 일반가정, 모·부자가정, 미혼부·모가정, 재혼가정, 친인척보호 및 가정위탁, 동거가족, 입양가정, 시설보호, 소년소녀가정으로 구분하여 살펴본 결과는 〈표 7-4〉에 제시되어 있다. 그 중 부자가정이 1,615건(28.4%)으로 가장 많았고, 다음으로는 일반가정과 모자가정이 각각 1,599건(28.1%), 919건(16.2%)으로 많았다. 부자가정과 모자가정, 그리고 미혼부·모가정을 합하면 2,666건으로 전체 피해아동 가족의 46.9%가 한부모 가정임을 알 수 있다. 통계청에 따르면, 우리나라 2009년 전체 추계가구 중 한부모 가구가 차지하는 비중은 약 8.7%에 해당하지만, 아동학대사례가 한부모 가정에서 거의 반이 발생하고 있다는 것은 주목하여야 할 현상이다. 부모의 한쪽이 사망, 이혼, 별거, 미혼 등의 이유로 혼자된 부모가 경제적 책임과 함께 자녀양육책임까지 져야 하는 이중부담은 매우 크다고 할 수 있다. 그러므로 한부모 가정에 대한 사회보장 대책을 강화하고 지역사회 관계망을 통해 한부모 가정이 사회에서 고립되지 않고 아동을 잘 양육할 수 있도록 지원하는 다양한 프로그램을 개발해야 할 것이다.

이외에도 낮은 수치이기는 하지만 가정위탁, 입양가정, 시설보호와 같은 아동보호를 목적으로 이루어진 가족유형에서 250건(4.4%)의 아동학대가 발생하였다. 이미 학대로 인해 부모와의 격리를 경험하고 보호된 대리양육형태의 가정 및 시설이 아동의 안전을 위협하는 환경으로 작용한다면 피해아동의 후유증은 더욱 심각해질 수 있다. 따라서 대리양육형태의 가정 및 시설에서 보호되고 있는 아동들에게 학대피해가 발생하지 않도록 보다 체계적인 관리·감독과 교육을 실시해야 할 필요가 있다.

〈표 7-4〉 피해아동 가족 유형

(단위: 건, %)

가족유형	건수(비율)
일반가정	1,599(28.1)
부자가정	1,615(28.4)
모자가정	919(16.2)
미혼모가정	132(2.3)
재혼가정	429(7.6)
친인척보호	347(6.1)
동거(사실혼 포함)	263(4.6)
가정위탁	20(0.4)
입양가정	26(0.5)
시설보호	204(3.6)
소년소녀가장	31(0.5)
파악 안됨	25(0.4)
기타	75(1.3)
전체	5,685(100.0)

5. 피해아동에 대한 조치결과

2009년 한 해 동안 피해아동에게 취해진 초기조치결과는 〈표 7-5〉와 같다. 2/3이상(70.5%)이 원가정에 보호되었고, 격리보호된 아동은 29.0%로 파악되었다. 이외에도 초기에 아동이 사망한 경우가 3건(0.1%), 적절한 서비스 지원을 위하여 타기관으로 의뢰한 경우가 23건

(0.4%)으로 나타났다.

아동학대 사례 10건 중 7건의 피해아동을 가정에 보호하는 이유는 아동학대예방사업의 궁극적 목표인 '가족보존'의 가치를 반영한 것으로, 원가정이 아동에게 최선의 환경이라는 가치를 전제하고 있다. 아동보호전문기관은 비록 학대가 발생하였다 하더라도 아동의 안전에 심각한 위협이 되지 않는 한 피해아동을 보호자로부터 격리시키기보다는 가능한 한 원가정의 기능을 강화하고 학대발생요소를 최소화하여 가족을 보존하려는 정책에 기반을 두고 있다.

한편 피해아동 격리보호 유형은 친족(친인척)보호, 일시보호, 장기보호, 가정위탁, 기타보호로 구분되며, 도합 29%의 아동이 격리보호조치를 받았다.

〈표 7-5〉 피해아동 조치결과

(단위: 건, %)

원가정보호	격리보호	사망	타기관 의뢰	계
4,008(70.5)	1,651(29.0)	3(0.1)	23(0.4)	5,685(100.0)

6. 학대행위자의 성별 및 연령

학대행위자의 성별 분포는 남성이 3,522건(61.9%), 여성이 2,147건(37.8%)으로 나타나 남성이 여성보다 약 1.6배 많았다. 학대행위자 연령 분포는 만 40~49세가 2,567건(45.1%)으로 가장 많았고, 다음으로 만 30~39세가 1,800건(31.7%)으로 많았다. 이는 앞서 학대피해아동의 연령에서 초등학생에 해당하는 아동들의 피해가 많았던 것과 일관된다. 즉 학대행위자는 30~40대의 초등학생 자녀를 둔 부모, 특히 아버지가 주를 이루는 것으로 나타났다. 따라서 초등학교 학부모 교육, 특히 아버지를 대상으로 하는 부모역할 교육이 필요하다.

〈표 7-6〉 학대행위자의 연령

(단위: 건, %)

연령(만)	19세 이하	21 (0.4)
	20~29세	404 (7.1)
	30~39세	1,800 (31.7)
	40~49세	2,567 (45.1)
	50~59세	617 (10.8)
	60~69세	134 (2.4)
	70세 이상	77 (1.4)
	파악 안됨	65 (1.1)
계		5,685 (100.0)

7. 학대행위자와 피해아동과의 관계

학대행위자와 피해아동과의 관계는 〈표 7-7〉에서와 같이 부모, 친인척, 타인 등의 항목으로 구분하여 살펴보았다. 학대행위자가 부모인 경우는 4,734건으로 절대다수(83.3%)를 차지하였고, 타인이 8.2%, 친인척이 6.8%, 기타가 1.6%에 해당하였다. 학대행위자와 피해아동과의 관계를 세부적으로 살펴보면, 친부가 가장 많았고(50.4%), 친모가 그 다음으로 나타났다(28.3%) 결국 친부모에 의한 학대는 총 4,472건으로 전체의 78.7%를 차지하였다.

부모가 아닌 학대행위자 중에서는 시설종사자(3.5%), 친인척(2.5%), 친조모(2.2%)의 순으로 나타났다. 이외에도 낮은 수치이기는 하지만 위탁부모에 의한 아동학대 사례가 나타났다(0.2%). 이들은 아동의 주 양육자로 추측되는 바, 시설종사자는 아동학대 신고의무자이며, 위탁부모는 학대로 인해 부모와의 격리를 경험한 아동을 보호하고 있는 대리양육자이다. 이들에 의한 아동학대 발생은 아동보호체계의 안전망에 문제가 있음을 나타내는 것이므로 아동학대예방을 위한 정규 교육과 체계적인 관리·감독이 반드시 수반되어야 할 것이다.

〈표 7-7〉 학대행위자와 피해아동과의 관계

(단위: 건, %)

구분	관계	건수
부모	친부	2,867(50.4)
	친모	1,605(28.3)
	계부	75(1.3)
	계모	161(2.8)
	양부	15(0.3)
	양모	11(0.2)
	소계	4,734(83.3)
친인척	친조부	54(0.9)
	친조모	127(2.2)
	외조부	10(0.2)
	외조모	39(0.7)
	친인척	141(2.5)
	형제자매	16(0.3)
	소계	387(6.8)
타인	부모의 동거인	88(1.5)
	교사	24(0.4)
	학원강사	13(0.2)
	시설종사자	197(3.5)
	이웃	76(1.4)
	낯선 사람	58(1.0)
	위탁부	2(0.1)
	위탁모	7(0.1)
	소계	465(8.2)
파악 안됨		5(0.1)
기타		94(1.6)
계		5,685 (100.0)

8. 행위자에 대한 조치 결과

〈표 7-8〉은 2009년 한 해 동안 학대행위자에게 취해진 조치 중 가장 최종적인 결과를 제시하고 있다. 가장 많이 취해진 최종 조치는 '지속관찰'이며, 전체 학대행위자의 83.8%에 대하여 지속적인 상담과 교육, 재학대 발생여부에 관한 모니터링이 실시되었다. 한편 학대행위자에 대한 고소·고발 조치는 5.1%로서, 고소·고발 조치가 낮은 비중을 차지

하는 것은 부모의 자녀 양육태도 및 방법 부족과 사회·경제적 스트레스 및 고립 때문에 학대가 유발된 경우 법적 처벌보다는 행위자의 성행교정과 재학대 예방에 주안점을 두는 것이 효과적이기 때문이다. 학대행위자를 만나지 못한 경우도 전체 사례의 7.7%를 차지하였는데, 이는 학대행위자의 주소지가 불분명하고 신원파악이 불가능한 경우와 학대행위자가 피해아동과 동거하지 않고 가출하여 소재파악이 불가능한 경우 등이 해당한다.

〈표 7-8〉 행위자에 대한 조치결과

(단위: 건, %)

지속관찰	고소 · 고발	타기관 의뢰	만나지 못함	계
4,765 (83.8)	289 (5.1)	193 (3.4)	438 (7.7)	5,685 (100.0)

제 2 절 실태조사

우리나라의 아동학대의 실태에 관한 조사연구는 아직 초기단계에 있다고 할 수 있다. 1990년대에는 일부 지역 혹은 일부 집단을 대상으로 아동학대 발생률 및 빈도가 조사되었으며, 2000년대 들어오면서 전국단위의 실태조사가 수행되기 시작하였고, 이를 통해 아동학대발생률 및 학대유형별 아동학대발생률 통계가 분석되었다(여성가족부, 2008).

가장 최근에 이루어진 전국 규모의 실태 조사는 2008년 여성가족부에서 발표한 『2007년 전국가정폭력 실태조사』이다. 이 조사의 목표 모집단은 2005년 현재 대한민국에 거주하는 전체 인구이며, 조사 모집단은 2005년도 인구주택 총조사 90%자료 중 일반 및 아파트조사구로 정의된다. 여기에서는 이 조사결과 중에서 아동학대 부분을 발췌하여 요약하기로 한다(여성가족부, 2008). 이 실태 조사의 아동학대 부분은 18세 미만의 아동 4,439명을 대상으로 하였다.

1. 전체 아동학대 발생률

2007년 8월을 기준으로 지난 1년 이내 발생한 아동학대발생률은 66.9%로 아동 10명당 6.7명 정도가 아동학대경험이 있는 것으로 조사되었다. 전체아동의 반이 넘는 수가 아동학대를 경험했다는 것은 우리사회에서 아동학대의 심각성을 말해 준다고 하겠다.

2. 아동 성별 및 연령별 아동학대발생률

〈표 7-9〉와 같이, 지난 1년간 남아의 아동학대발생률은 69.2%이고, 여아의 아동학대발생률은 64.4%로, 남아가 여아보다 4.8% 높았다. 연령별로는 취학전 아동의 학대발생률은 67.4%로 전체 수준보다 0.5% 높았으며, 초등학교 학생의 아동학대발생률은 89.9%로 취학전 아동보다 23% 높게 조사되었다. 이에 비해 중학생의 아동학대발생률은 49.9%, 고등학생의 아동학대발생률은 32.7%로 초등학생에 비해서 절반 수준에도 못 미치는 것으로 조사되었다. 따라서 아동학대발생률이 연령이 높을수록 낮아지는 특성을 보였다.

〈표 7-9〉 아동특성별 지난 1년간 아동학대발생률

(단위: %, 명)

구 분	아동학대발생률	(분석대상수)
전체	66.9	(4,425)
성		
남아	69.2	(2,315)
여아	64.4	(2,123)
연령(학제)		
취학전	67.4	(1,024)
초등학생	89.9	(1,760)
중학생	49.9	(885)
고등학생	32.7	(769)

3. 학대유형 및 폭력정도별 아동학대발생률

2007년도 전국 아동학대발생률을 학대유형별로 보면 〈표 7-10〉과 같다. 정서적 폭력은 63.3%로 다른 유형에 비해서 가장 높았으며, 다음은 신체적 폭력(49.7%)로 나타났다. 방임은 2.7%로 극히 미미하였으며 성학대는 1.1%로 낮았다. 그리고 신체적 폭력 중에서 경한 폭력발생률[1]은 48.8%, 중한 폭력발생률[2]은 8.7%로 신체적 폭력의 대부분이 경미한 것으로 나타났다.

〈표 7-10〉 학대유형 및 폭력정도별 아동학대발생률의 연도별 비교

(단위: %, 명)

구분	본 조사						
	정서적 폭력	신체적 폭력			방임	성 학대	(분석 대상수)
		경한 폭력	중한 폭력	(경한+중한) 폭력			
전체	63.3	48.8	8.7	49.7	2.7	1.1	(4,425)

4. 아동의 성별 및 연령별 아동학대 유형의 발생률

아동의 성별 및 연령별 아동학대 유형의 발생률을 교차분석한 결과는 〈표 7-11〉에 제시되어 있다. 남아가 여아보다 모든 학대유형별로 아동학대발생률이 높았으며, 남아는 정서적 폭력 발생률과 신체적 폭력 발생률, 그리고 성학대 발생률이 전체보다도 높았다. 또한 초등학생이

1) 신체적 폭력 8개 유형 중에서 경한폭력은 아이를 쥐어박는 행위, 아이를 세게 밀치는 행위, 회초리로 아이의 손바닥이나 엉덩이를 때리는 행위, 손바닥으로 아이의 뺨을 때리는 행위 등 4개 유형이 해당됨(Straus, 1979).

2) 신체적 폭력 8개 유형 중에서 중한폭력은 칼이나 흉기로 아이를 위협하는 행위, 회초리 이외의 물건(벨트, 막대기, 빗자루)으로 엉덩이 이외의 부분을 때리는 행위, 아이를 사정없이 마구 때리는 행위, 고의로 아이에게 화상을 입히는 행위 등 4개 유형이 해당됨(Straus, 1979).

다른 연령층에 비해서 정서적 폭력, 신체적 폭력, 방임, 성학대 등의 발생률이 가장 높았고, 다음은 취학전 아동, 중학생, 고등학생 순으로 높았으며, 정서적 폭력과 신체적 폭력은 아동연령별로 편차가 크게 나타났다.

〈표 7-11〉 아동특성 및 학대유형별 지난 1년간 아동학대발생률

(단위: %, 명)

구 분	아동 학대 발생률	정서적 폭력	신체적 폭력			방임	성학대	(분석 대상수)
			경한 폭력	중한 폭력	(경한+중한) 폭력			
전체	66.9	63.3	48.8	8.7	49.7	2.7	1.1	(4,425)
성								
남아	69.2	65.4	51.0	9.1	52.0	2.7	1.3	(2,315)
여아	64.4	60.9	46.3	8.3	47.2	2.7	0.9	(2,123)
연령(학제)								
취학전	67.4	64.5	50.0	6.7	50.6	1.0	1.2	(1,024)
초등학생	89.9	86.6	69.4	11.1	70.1	4.2	1.7	(1,760)
중학생	49.9	43.8	33.1	8.9	34.6	2.5	0.6	(885)
고등학생	32.7	30.3	17.8	5.9	19.2	2.0	0.4	(769)

5. 아동의 아동기 폭력경험 별 아동학대 발생률

여기에서는 중고등학생만을 대상으로, 과거에 받은 학대경험과 아동학대발생률과의 관계를 살펴보았으며, 그 결과는 〈표 7-12〉에 제시되어 있다. 과거에 학대를 받았거나 가족원이 학대받는 것을 목격한 경험이 있는 아동의 경우 학대발생률은 78.3%로 가장 높았으며, 다음은 학대를 받았거나 또는 학대를 목격한 경험이 있는 아동은 54.1%이었고, 두 가지 모두 없는 아동의 경우는 33.4%로 가장 낮았다. 이는 아동학대발생률은 과거에 경험이 있는 경우 지속적으로 발생하고 있음을 시사하며, 또한 학대허용적인 가정환경에서 반복적으로 되풀이되고 있음을 보여준다. 이와 같은 경향은 학대유형별로도 동일하게 나타나고 있다. 신체적 폭력발생률은 과거에 두 가지 경험이 모두 없는 아동을 기준으로

할 때 한 가지 경험만 있는 아동은 2배, 두 가지 모두 경험이 있는 아동은 3배 높았다. 중한 신체적 폭력 또한 두 가지 경험이 모두 없는 아동을 기준으로 할 때 한 가지 경험만 있는 아동은 3배, 두 가지 모두 경험이 있는 아동은 7배까지 높았다.

〈표 7-12〉 아동기 학대경험여부별 지난 1년간 아동학대발생률

(단위: %, 명)

구 분	아동학대발생률	정서적 폭력	신체적 폭력			방임	성학대	(분석대상수)
			경한 폭력	중한 폭력	(경한+중한) 폭력			
두 가지 모두 없음	33.4	28.8	19.7	5.9	20.8	1.9	0.5	(1,318)
한 가지만 있음	54.1	50.8	39.3	18.0	44.3	3.3	-	(61)
둘다 있음	78.3	73.9	52.2	43.5	65.2	4.4	4.4	(23)

주: 중·고등학생만을 분석대상으로 함.

생각할 문제

1. 아동보호전문기관에 신고된 사례들 중 행위자가 친부모인 경우가 상당히 높게 나타났다. 그 이유는 무엇일까 논하시오.

2. 아동보호전문기관에 신고된 학대 피해아동에 대한 조치결과는 원가정보호 대 격리조치의 비율이 약 7 : 3으로서, 2/3가 원가정보호로 결정되었다. 이러한 조치가 가지는 의미는 무엇이며, 개선할 여지가 있겠는지 논하시오.

3. 아동보호전문기관에 신고된 학대유형별 분포와 전국규모의 실태조사에서 나타난 학대유형별 분포는 상당한 차이를 보이고 있다. 어떠한 차이가 있는지 검토하고, 그러한 차이가 발생하는 이유는 무엇인지 논하시오.

4. 전국규모의 아동학대 실태조사 결과에 의하면, 아동학대발생률은 과거에 경험이 있는 경우 지속적으로 발생하고 있음을 보여준다. 아동학대의 지속적인 발생을 막을 방안에는 어떤 것이 있는지 논하시오.

제 8 장

우리나라 아동보호 제도 및 서비스

이 장에서는 우리나라의 아동보호 제도 및 서비스를 다룰 것이다. 아동 학대의 각 유형에 대해서 따로 다루지 않고, 신체학대, 심리적 학대와 방임, 성학대 등 아동학대 전반에 걸쳐서 논의하고자 한다. 먼저 제 1 절에서는 우리나라의 아동보호제도의 기반이 되는 아동복지법을 살펴보며, 제 2 절에서는 아동보호서비스를 개괄적으로 알아본다. 제 3 절에서는 아동보호서비스의 단계별 개입이 어떻게 이루어지는가를 알아보고, 제 4 절에서는 아동보호서비스의 이슈인 가족유지(family preservation) 대 아동보호의 논쟁에 관하여 논할 것이다. 마지막으로 제 5 절에서는 아동보호서비스의 문제점과 개선방향을 살펴보고자 한다.

제 1 절 아동보호를 위한 법

우리나라의 아동보호서비스는 아동복지법에 근거를 두고 있다. 아동복지법은 1981년에 처음 제정되었으며, 그 당시에는 제 18조(금지행위)만이 유일하게 아동학대에 관련된 조항이었다. 2000년 전면 개정된 아동복지법에서는 아동의 이익을 최우선으로 고려하고 아동을 학대로부터 보호하기 위한 체계의 확립에 가장 중점을 두었으며, 아동학대 관련 조항이 11개로 증·개설되어 가장 많은 변화가 이루어졌다.

우리나라의 아동복지법 제 2조에 의하면, 아동학대란 '보호자를 포함한 성인에 의하여 아동의 건강·복지를 해치거나 정상적 발달을 저해할 수 있는 신체적·정신적·성적 폭력 또는 가혹행위 및 아동의 보호자에 의하여 이루어지는 유기와 방임'을 말한다. 이러한 개념 정의는 학대의 각 유형, 즉 신체적, 정신적, 성적 학대를 포괄하며, 유기와 방임까지도 포함함으로써 학대를 폭넓게 규정하고 있음을 의미한다.

개정 아동복지법에서 아동보호제도에 대하여 강화된 내용은 다음과 같다(김성경 외, 2005; 윤혜미 외, 2010). 첫째, 아동학대의 개념을 법적으로 정의하였다. 구체적으로 신체에 손상을 주는 신체학대, 성희롱·성폭행 등의 성학대, 정신건강 및 발달에 영향을 미치는 정서학대, 아동을 유기하거나 의식주를 포함한 기본적 보호나 양육 및 치료를 소홀히 하는 방임을 학대의 유형으로 명시하고 있다. 둘째, 학대받은 아동의 발견, 보호, 치료, 의뢰의 의무를 지는 전담기관으로서 아동보호전문기관, 그리고 학대받는 아동을 위한 긴급전화 1391을 명기하여 아동보호에 있어서의 국가와 지방자치단체의 역할을 명확히 하였다. 셋째, 아동학대 서비스가 이루어지는 과정으로 신고제도, 현장조사, 아동에 대한 일시보호, 응급조처 등을 명기하고 있다. 특히 학대 피해아동에 대한 응급조치를 의무화하여 아동이 학대상황에서 안전하지 못하다고 판단될 때 치료기관이나 일시보호기관에 아동을 보호조치하게 하였다. 넷째, 아동학대 신고의무자를 규정하고 신고를 의무화하였다. 아동은 미성숙하고 자기보호능력이 없는 경우가 많아서 제3자의 신고 없이는 개입이 불가능하므로, 신고제는 사례를 발굴하는 매우 중요한 법적 장치이다. 아동복지법 제 26조에 의하면, 모든 국민이 신고 의무를 가지지만, 특히 (강제)신고의무자를 지정, 특정 직종에 종사하는 사람들에게 아동학대와 방임의 예방과 치료에 보다 많은 책임을 부과하고 있다. 아동학대 신고의 의무를 가지는 직종은 교원, 의료인, 아동복지시설·

장애인복지시설 · 보육시설 · 유치원 · 학원 및 교습소 종사자, 구급대 대원, 성매매피해 지원시설 및 상담소 · 한부모가족복지상담소 및 시설 · 가정폭력관련 상담소 및 피해자보호시설 종사자, 아동복지지도원 및 사회복지전담공무원 등이다.

제 2 절 아동보호 서비스

우리나라 아동보호서비스 제도는 2000년 개정된 아동복지법에 근거를 두고 있고, 보건복지부가 정책 책임을 맡고 있다. 아동복지법 제 24조에서는 국가와 지방자치단체는 아동보호전문기관을 설치하도록 하고 있다. 아동보호전문기관은 전국 차원에서 아동학대 예방 교육 · 홍보 · 연구 · 국제협력 등의 업무를 수행하는 중앙아동보호전문기관, 그리고 아동학대 신고접수 · 현장조사와 각종서비스 제공 등의 업무를 수행하는 지역아동보호전문기관으로 구분되어 있다. 2009년 현재 중앙아동보호전문기관이 한 개소, 지역아동보호전문기관이 44개소 설치되어 있다.

아동보호전문기관의 업무는 첫째로 긴급전화를 통한 아동학대 신고접수와 현장조사 및 응급보호조치, 둘째로 피학대 아동 및 학대 행위자에 대한 서비스 제공, 셋째로 지역사회 주민과 신고의무자 등을 대상으로 한 예방교육으로 규정되어 있는 바, 아동학대의 판정, 치료, 예방활동을 모두 담당하도록 되어 있다.

아동학대사례 업무진행도는 다음 〈그림 8-1〉과 같다.

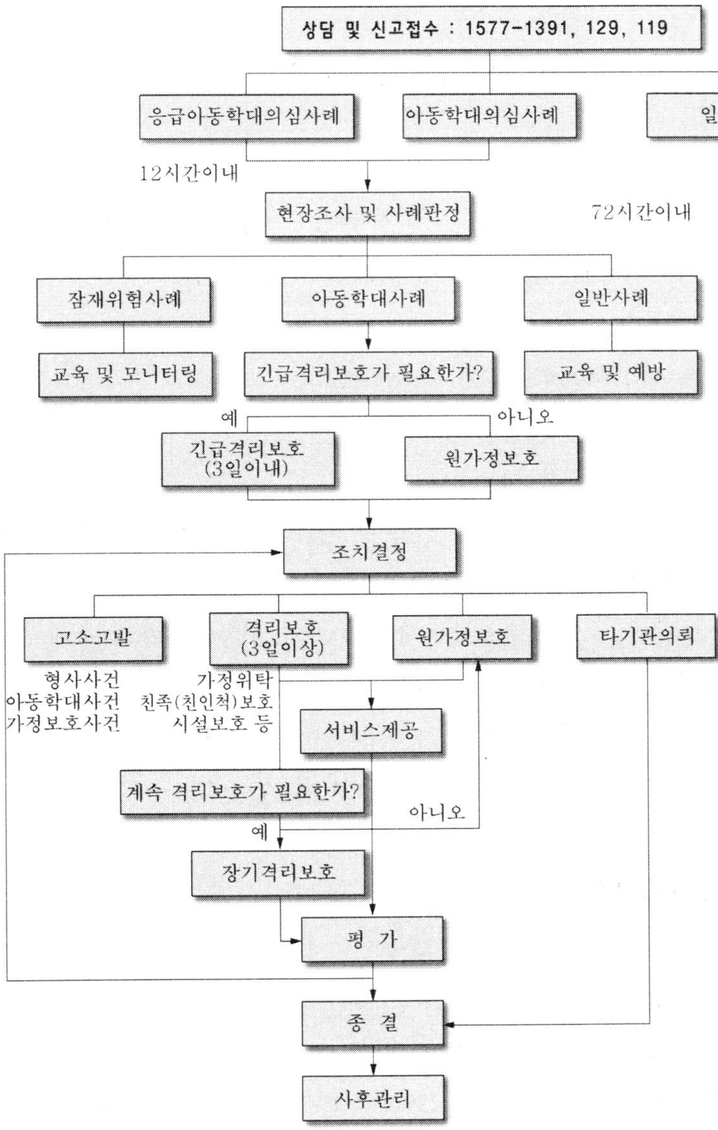

출처 : 중앙아동보호전문기관 http://korea1391.org

〈그림 8-1〉 아동학대사례 업무진행도

제 3 절 아동보호서비스의 단계별 개입

여기에서는 아동보호서비스에서의 개입과정을 단계별로 알아본다(김성경 외, 2005; 윤혜미 외, 2010; Kemp, 2001).

1. 의심되는 아동학대 신고

일반인과 신고의무자를 포함한 모든 국민은 아동학대를 알게 되었거나 의심되는 경우, 아동보호전문기관이나 경찰에 신고할 수 있다. 위에서 살펴본 바와 같이 신고의무를 가진 사람들은 교원, 의료인, 아동복지 관련 종사자 등이다. 비록 신고된 아동학대가 나중에 학대가 아닌 것으로 판명되었다고 하더라도 그 신고가 옳은 신념으로 이루어졌다면, 신고자를 면책특권으로 보호해야 한다. 또한 신고자가 원할 경우 익명으로 신고할 수 있도록 해 주어야 할 것이다.

2. 아동보호서비스의 조사

일단 신고가 접수되면, 아동보호전문기관의 상담원(많은 경우 사회복지사)은 현장조사를 하게 된다. 긴급한 사례는 24시간 이내에 반드시 현장을 방문해야 하며, 경미한 사례인 경우에도 48시간 이내에 현장조사를 통해 조사 내용을 서면으로 작성해야 한다. 이 때 의료전문가에게 진단받는 것이 필요하다. 의료전문가는 아동의 상처가 사고로 인한 것인지, 고의적으로 일어난 것인지(즉 학대가 일어났는지)를 판별한다. 앞의 제 4장 아동의 신체적 학대에서 알아보았다시피, 예를 들어 복합골절이 발견되는 것은 아동신체학대의 전형적인 증거이며, 의료전문가들은 이를 판별할 수 있어야 한다. 이러한 판별은 어떤 조치를 취할지 판단하는 데에 필수적이다. 이 때 사진촬영이 증거로서 도움이 된다. 만약 매우 위험한 상황으로 확인되면 즉각적으로 대처해야 한다.

방임의 경우, 사회복지사들은 집에서의 보호 상태, 즉 아동에게 음식과 안전의 제공 정도, 부모의 보살핌, 아동의 청결상태, 의복 상태가 적절한지를 살펴본다. 의료전문가들은 아동의 굶주림의 정도를 키와 몸무게로 살펴보고, 정신적 건강상태를 살펴본다.

성학대의 경우, 문제의 역동성은 신체학대나 방임과는 다르다. 아동성학대가 심각한 경우에는 아동의 성기에 흔적을 남길 수 있으나, 대부분의 부정적 영향은 정신적이거나 정서적인 것이므로 신체검사를 통하여 잘 발견되지 않는다. 아동 신체학대와 방임의 경우 학대 여부를 판별할 수 있는 직종은 의료전문가(예를 들어 소아과 의사)인 반면, 아동성학대의 경우 판별의 전문가는 정신의료전문가이거나 아동면접기술에 숙련된 아동보호전문기관의 전문가라야 한다(Kemp, 2001). 만약 매우 위험한 상황으로 확인되면 즉각적으로 대처해야 한다.

3. 위기사정 및 초기개입

위기사정은 매우 중요하다. 만약 사회복지사가 즉각적인 개입이 필요하다는 것을 알지 못해 그 아동이 그 다음날 가해부모로부터 끔찍한 일을 당했다면, 그 사회복지사는 비난을 면치 못할 것이다. 반대로 사회복지사가 즉각적으로 개입하여 아동을 부모로부터 데리고 나왔다면, 만약 이것이 적절치 못할 경우 이 또한 비난받을 것이다. 위기사정의 큰 부분은 아동을 부모의 집으로부터 격리시키는가 여부를 결정하는 것이다. 아동보호서비스 상담원은 많은 책임과 업무량을 갖고 있으며, 매일매일 위기 시에 결정을 내려야 하는 스트레스에 직면하고 있다. 이는 '위험에서 아동을 보호하고자 하는 열망'과 '부당한 침해로부터 부모의 권리를 보호하고자 하는 열망' 사이에 어떻게 균형을 이루어야 할지에 대한 문제이다(Kemp, 2001).

아동보호서비스 상담원들은 가정조사를 나가서 아동의 상황이 학대인지 아닌지를 판정하기 위하여 아동본인, 부모(가해부모와 비가해부모), 형제자매, 이웃, 학교친구와 교사 및 담당 의사 등을 면접한다. 이때 아동이 처한 위험의 정도를 아동요인, 행위자 요인, 가족요인, 생활요인으로 나누어 스크리닝 척도를 사용하여 측정한다. 이에 근거하여 일반사례(아동학대가 아닌 사례), 아동학대사례이면서 원가정 보호, 아동학대사례이면서 격리보호로 구분하여 판정한다(윤혜미 외, 2010: 322). 격리 시 위탁가정으로 배치될 수도 있고, 심각한 정서나 행동장애가 있는 아동들은 그룹 홈 등에 배치된다. 이러한 초기결정은 아동에게 어떤 서비스가 제공될지를 결정하는 기반이 되기 때문에 매우 중요하다. 그러나 어떤 사정도구도 아동에 대한 즉각적 위험이나 장기적 위험을 완전하게 예견하지 못하고 있다는 것, 따라서 결국 판단은 도구가 아니라 인간이 하는 것이라는 점을 염두에 두어야 한다(Kemp, 2001).

아동학대의 개념규정에 의거해 볼 때 만약 아동학대가 일어나지 않았다고 판단되면(일반사례), 사례는 종결되고 파일은 보관된다. 만약 아동학대가 일어났다는 충분한 증거가 있다고 확신되면, 무엇보다도 아동의 안전, 혹은 개입으로 발생할 피해 중 어디에 더 비중을 두는가를 결정해야 한다. 아동학대로 판단되는 경우의 조치는 원가정 보호조치와 격리 보호조치로 구분된다. 아동에게 즉각적인 위험의 정도가 낮으면 아동을 집에 그대로 둘 수 있지만, 이 경우에도 계속적인 지도 감독이 필요하다(아동학대사례-원가정보호). 만약 아동에게 즉각적인 위험이 있다고 믿어지면, 아동을 그 집에서 당장 데리고 나와서 쉼터, 위탁가정, 시설 등에서 보호하도록 한다(아동학대사례-격리보호).

격리보호는 피해아동의 보호자가 아동을 보호할 능력이나 의사가 없어 재학대 발생 위험이 있는 경우와 재학대 위험이 높은 학대행위자를 가정에서 격리하지 못하는 경우, 그리고 유해한 생활환경이 아동에게 해가 될 것으로 판단되는 경우 등에 취해지고 있다. 피해아동 격리보호

유형은 친족(친인척)보호, 일시보호, 장기보호, 가정위탁, 기타보호로 구분된다. 친족(친인척)보호는 민법상 친족에 해당하는 8촌 이내의 혈족, 4촌 이내의 인척과 별거 및 이혼한 부 또는 모에게 보호조치되는 것을 말하며, 일시보호는 피해아동을 보호할 수 있는 친족(친인척) 또는 위탁양육자가 없을 때 학대피해아동 전담 그룹홈 또는 일시보호시설에서 일시적으로 보호·양육하는 것을 의미한다. 그리고 장기보호는 피해아동의 장기적 보호가 필요하여 아동양육시설로 입소조치하는 것을 뜻하며, 가정위탁은 공식적 가정위탁 절차를 통해 위탁가정으로 보호조치하는 것을 의미한다. 마지막으로 기타보호는 친족(친인척)보호, 일시보호, 장기보호, 가정위탁의 형태가 아닌 이외의 곳에 보호하는 것인데, 병원, 24시 운영 어린이집 등에 피해아동을 보호조치하는 경우가 이에 해당된다. 아동이 원가정으로부터 격리보호될 때 상당한 심리적 충격과 위축을 경험할 수 있으며 가정해체의 가능성도 있기 때문에 피해아동의 격리보호는 매우 신중한 판단이 요구된다.

4. 지속적 개입

아동학대로 인한 후유증은 매우 심각하기 때문에 피해아동 및 가족에 대한 적절한 개입이 필요하다. 중요한 것은 피해아동 개인에 대한 개별적 개입이 아니라, 지역사회 차원에서 가족 전체에 대한 통합적 개입이 필요하다는 것이다. 이러한 통합적 개입에는 생태체계적 관점의 접근이 필요하다. 그런 의미에서 여기에서는 피해아동에 대한 미시적 수준의 개입, 학대 부모에 대한 미시적 수준의 개입, 가족 수준의 개입, 지역사회 수준의 개입, 거시적 수준의 개입으로 나누어서 알아보기로 한다. 각 수준에서 필요한 것은 아동학대의 위험요인을 감소시키고 보호요인을 증가시키는 것이다(Kemp, 2001: 172-176).

1) 피해아동에 대한 미시적 수준의 개입

피해 아동에 대한 개별치료는 학대 피해에 대한 아동의 감정을 표현하도록 하며 긍정적 자아개념을 형성하도록 돕는다. 또한 아동의 언어능력이 미숙한 경우 놀이치료와 미술치료가 효과적이다. 집단치료는 비슷한 경험을 한 아동들로 구성하여 안정감과 소속감을 제공하고 사회관계를 통하여 자아존중감 향상을 도모한다. 특히 아동을 보살펴 줄 한 명의 성인과 긍정적 관계를 갖는 것이 보호요인으로서 중요하며, 치료자는 이러한 성인이 될 가능성이 높다.

2) 학대부모에 대한 미시적 수준의 개입

학대부모 각자가 갖는 문제에 따라 그들이 적절하게 아동을 양육할 수 있도록 서비스를 제공한다. 알코올이나 약물 문제가 있다면 알코올/약물 남용 프로그램, 부모 양육 기술이 문제라면 부모훈련, 분노의 문제가 있다면 분노조절상담프로그램, 부모 지지모임, 자조집단 등을 제공한다. 특히 집단 프로그램은 비슷한 어려움을 지닌 부모들이 자신의 경험과 느낌을 공유하고 서로 정서적 지지와 충고나 정보를 주고받을 수 있기 때문에 효과적이다.

학대 부모에게 어떤 개입모델이 효과적인가에 대하여는 그들의 성격특질이 무엇인지와 관련하여 논할 필요가 있다. 학대부모에게 어떤 성격특질(정신병리, 성격장애 등)이 있는지에 대한 연구들이 있으나, 정확하게 행위자를 특징짓는 일반적인 윤곽은 없다. Wolfe에 의하면, 아동을 학대하는 부모와 관련되는 네 가지 공통요소는 정서적 스트레스, 아동이 화나게 할 때의 감정적 반응, 아동에 대한 부적절한 기대, 부정적인 생활습관(예: 약물남용, 매춘 등)이다. 이러한 것들은 성격특질이라거나 정신병리가 아니라는 것에 주목해야 한다. 이들은 미성숙하며 학습 능력이 제한되어 있지만, 반드시 심리적 문제를 갖고 있는 것은 아니다. 따라서 이들의 변화를 위해서는 정신치료가 해결책이 아니며,

새로운 행동과 기술을 가르치는 교육적 접근이 효과적이다. 이러한 교육적 접근에는 (1) 부모양육 기술을 돕는 행동주의 프로그램, (2) 인식과 대처능력을 갖도록 돕는 인지주의 프로그램, (3) 양자를 합한 인지행동주의 프로그램이다. 만약 보호자가 이런 프로그램 참석에 불응한다면 어떤 조치가 취해져야 하는가에 관한 논의가 필요하다

3) 가족수준 및 지역사회 수준의 개입

부부사이나 가족관계에서의 불화는 아동학대와 밀접한 관련이 있다고 알려져 있다. 따라서 가족 관계 속에서 대화하는 방식과 문제해결기술을 다루는 가족치료가 필요하다.

지역사회 차원에서는 부모들의 자조집단을 통하여 사회적 고립을 줄이고 사회적 지지망을 확립하는 것이 도움이 된다. 때로는 가사지원, 경제적 지원, 의료적 지원과 같은 지지적 서비스도 필요하다. 특히 3세 이하의 어린 아동의 어머니를 위하여서는 아동보육 서비스 및 방문간호 서비스가 필요하다.

4) 거시적 수준의 개입

거시적 수준의 개입은, 개입책이면서 동시에 예방책이 된다. 앞에서 살펴보았다시피 이는 아동학대의 위험요인을 감소시키고 보호요인을 증가시키는 것이다. 우선 그 사회의 빈곤과 실업 문제에 대한 정책적 차원의 접근, 빈곤가정의 아동을 위한 헤드스타트 프로그램, 아동을 존중하지 않는 문화 및 체벌 관행을 변화시키기 위한 사회교육 등이 이에 해당한다.

요컨대 중요한 것은 아동이 가정에서 정상적으로 성장하도록 지원하는 방법으로서, 보호요인을 향상시키고 위험요인을 최소화하기 위한 방법을 찾는 것이다. 아동학대 사례에 대한 개입을 위해서는 생태체계적 관점에서 여러 수준을 포괄하는 통합적 프로그램이 유용하다. 즉 아동에 대한 치료, 안전한 양육 환경을 위한 자원연결, 부모교육 제공 등

을 통합하는 것이며, 가족사례관리자는 서비스의 통합자로서 기능해야 한다.

제 4 절 가족유지 대 아동보호 논쟁

가족유지(family preservation) 대 아동보호의 논쟁은 오늘날 아동학대 분야에서 중요한 논쟁거리이다. 가족유지를 주장하는 입장은 가족 가치에 대한 신념에 기반을 두고 있다. 이 입장에서는 가족은 아동에게 최선의 환경이라는 가치를 전제하고, 피해아동을 부모로부터 격리시키기보다는 가능한 한 가족의 기능을 강화하고 학대 발생요소를 최소화하여 가족을 보존하는 것을 우선시한다. 이 입장에서는 아동이 자기 가족을 떠나 다른 곳에 보내졌을 때에 심리적 충격과 위축을 경험할 수 있으며, 피해아동의 격리와 함께 가정해체의 가능성도 있다는 것을 우려한다. 또한 현실적으로 훌륭한 위탁가정이나 시설을 구하기 힘들고, 아동이 이 가정, 저 가정으로 배치가 옮겨진다면 아동에 대한 피해는 더 심각할 것이라고 주장한다. 또한 아동을 가족에서 양육하는 것이 사회에서 보호하는 것보다 복지비용이 적게 든다는 점 역시 이 입장을 옹호하는 기반이 된다.

한편 아동의 안전을 그 무엇보다도 우선시해야 한다는 주장 역시 강력하다. 살해된 아동의 30~50%가 아동보호서비스기관이 관여한 후 그 아동의 부모나 보모에 의해 살해되었다는 사실(Gelles, 1993을 Kemp, 2001: 171에서 재인용)은 이러한 입장을 뒷받침한다. 또한 가정에서 나와 다른 곳에 살면서 더 발전하여 더 생산적인 삶을 사는 아동들이 있다는 것 역시 이러한 주장에 설득력을 주고 있다.

Gelles(1993)는 아동들이 반드시 친부모와 함께 있어야 하는 것은 아니지만, 4세~10세의 민감한 발달시기에는 애착을 발달시킬 필요가 있다(Kemp, 2001: 171에서 재인용)고 지적한다. 이는 만약 가족유지 정책이 좋지 않은 가정을 유지시키려 한다면, 그리고 피해아동의 연령이 민감한 발달시기에 있다면 아동에게 되돌릴 수 없는 부정적 영향을 줄 것이라는 의미이다. 그리하여 그 이후 아동보호서비스가 그 아동을 가족에서 데리고 나왔을 때는 이미 그 아동에게는 너무 늦은 것이 될 것이라는 의미를 내포하고 있다. 결국 중요한 것은, 우리가 가족을 보호해야 할지 아니면 아동을 지켜야 할지에 대한 결정이 아니라, "언제" 아동을 보호하고 언제 그 가족을 유지해야 할지며, 이는 풀지 못할 의문점으로 남아 있다(Kemp, 2001: 171-172).

현재 서구에서는 아동격리를 통한 보호에서 가족유지를 통한 가정 내 보호로 전환하는 경향이며, 우리나라의 아동보호전문기관 역시 원가정보호를 우선시하는 정책에 기반을 두고 있다. 가족보존 혹은 원가정 보호 정책은 위에서 살펴본 바와 같은 가치에 기반을 두고 있으나, 자칫하면 가족보존이라는 미명 하에 정부의 예산 절감을 위한 방안으로 사용될 수 있다는 점에 유의해야 한다. 원가정 보호조치로 결정된 경우에, 아동이 추후 아동학대 재발로 인하여 다시 위험한 상황에 처할 가능성은 없겠는가? 혹시라도 위험한 가정에 대하여 적절한 후속조치 없이 피해아동을 방치하는 결과를 초래하지는 않겠는가? 아동보호서비스의 개입에 화가 난 부모가 아동에게 보복을 가하여 아동이 더 위험한 상황에 처하지는 않겠는가? 하는 점에 대하여 면밀히 검토한 후에 결정을 내려야 할 것이다.

제 5 절 아동보호서비스 강화 방안

여기에서는 우리나라 아동보호서비스의 문제점을 몇 가지로 알아보고 그 개선점을 논의하기로 한다(김성경 외, 2005: 여성가족부, 2008: 241-245; 윤혜미 외, 2010: 327-331; Kemp, 2001).

1. 아동학대에 대한 신고체계 강화

아동학대신고에 있어서 신고의무자의 신고가 저조하다는 점은 문제로 지적된다. 아동보호전문기관의 신고사례들 중 신고의무자가 신고한 비율은 2009년의 경우 31.8%이다(보건복지부·중앙아동보호전문기관, 2010). 신고의무자는 교사, 아동시설 종사자, 의료인 등 아동과 관련된 직종의 전문인인만큼 아동보호의 책임이 크다. 그러나 실제로는 인식부족, 신변노출 등의 이유로 신고가 활성화되지 않은 실정이다. 따라서 신고에 대한 책임을 강화하기 위해서 신고의무자를 교육하고, 신고의무를 게을리 했을 경우 벌금을 부과하거나 직업과 관련된 자격을 제한하거나 취소하는 등 적절한 단계적 처벌 조항이 필요하다. 또한 신고를 활성화하기 위하여 신고자에 대한 철저한 비밀보장 및 신변 안전 보장, 보상절차, 신고자에 대한 보복 시 가중처벌에 관한 규정을 신설하여 신고자에 대한 보호조치를 강화할 필요가 있다. 또한 신고의무자를 대상으로 하는 연수과정에 아동학대 이수과목을 제도화시키고 아동학대예방교육을 정기적인 프로그램으로 도입할 필요도 있다.

2. 학대부모에 대한 격리조치 강화

현행 아동학대 관련법이 모호하여 피해아동에 대하여 충분한 보호활동을 하기 어렵다는 점이 문제로 지적된다. 현행법 상으로는 가정으로부터 격리가 필요하다고 판단되는 경우 부모동의 없이 3일간 강제로 일시 격리보호할 수 있으며, 3일 이상의 장기보호가 필요한 경우에는 시·도지사, 또는 시장·군수·구청장에게 보호조치를 의뢰하도록 되어 있다. 그러나 실제로 3일이 지난 후 보호자(가해부모)가 아동을 데리고 집으로 가겠다고 하면 이를 효과적으로 저지하기가 어려운 실정이다. 또한 학대행위를 한 부모가 격리된 아동에게 접근할 경우 이를 차단할 수 있는 법적 뒷받침이 미약하여, 가해부모가 비협조적일 경우 아동보호에 위험이 따른다. 서구에서는 아동의 격리보호 시 명확한 법적처리 절차를 규정하고, 사법기관의 판결에 따라 격리보호를 수행하며, 이때 각계 전문가, 사례관리자, 아동상담소장 등의 의견을 종합적으로 검토하여 결정한다. 따라서 우리나라에서도 가정법원이나 소년법원이 조기 개입하여 격리보호를 명령할 수 있는 제도, 그리고 아동이 일시보호되고 있는 기간동안 가해부모의 아동 접촉을 담당상담원이 결정할 수 있도록 하는 제도적 뒷받침이 필요하다. 또한 필요하다면 법원이 접촉금지 명령을 내리는 제도 역시 필요하다.

3. 학대부모에 대한 제재조치 강화

현행 아동보호제도에서는 심각한 학대를 행하는 부모에 대한 제재조치가 모호하다는 점이 문제로 지적된다. 아동보호전문기관의 상담원이 현장 조사 시 폭력적인 행위자로부터 신변위협이 있을 때 대응방법이 마땅치 않으며, 학대발생여부 및 그 심각성을 사정하기 위해 필수적인 현장조사를 거부할 때 이를 강제할 수 있는 권한이 조사자에게 없다.

아동보호전문기관에서는 학대행위자가 부모일지라도 아동의 건강한 성장 및 발달을 심각하게 저해하거나 생명을 위협하는 사례의 경우 고소·고발 조치를 하게 된다. 2009년 아동보호전문기관이 고소 고발 조치를 취한 사례는 전체 신고 수의 5.5%에 불과하다. 이렇게 고소·고발 조치를 적극적으로 취하지 않는 이유는 검찰이나 법원에서 아동학대사례에 대해 증거 불충분의 이유로 처벌이 내려지지 않는 등 소극적인 태도를 보이는 경우가 빈번히 발생하고 있는 것이 한 원인이 된다. 또한 고소·고발 사례는 법정보고서 작성을 비롯하여 법원 진술, 피해아동조사 및 진술녹화 또는 참조인 조사 등에 동석하는 경우가 발생하므로 상담원이 느끼는 부담감은 매우 크다고 할 수 있다. 궁극적으로 아동의 권익이 최우선되는 조치를 취하기 위해서는 행위자에 대한 임시조치로서 접근금지 및 퇴거 명령 등이 반영되도록 법적 근거를 마련할 필요가 있다.

4. 학대행위자에 대한 상담치료명령제도 도입

현행 아동복지법에서는 학대행위자에 대한 형사처벌(위반 시에 5년 이하의 징역, 또는 1천 5백만원 이하의 벌금)만 규정되어 있을 뿐, 학대행위자에 대한 교육, 상담, 치료에 대한 참여를 의무로 강제하는 조항 및 이를 위반 시 제재할 수 있는 조항이 없다. 이에 따라 현재의 제도는 피해아동에 대한 서비스에 치중하고 가해부모에 대해 개입할 수 있는 법적 근거가 미약한 실정이다. 이로 인해 가해 부모에 대한 접근이 어려우며, 재학대 발생이 우려되고 있다. 학대 재발을 막기 위해서는 가해부모의 근본적인 변화가 필요하다. 따라서 법원에서 배우자학대행위자에게 명령하는 것과 마찬가지로, 아동학대 행위자에 대하여서도 법원의 상담 강제수강 명령이나 최소한의 상담 및 치료시간을 제도적으로 확보할 필요가 있다. 또한 이를 지키지 않을 경우 처벌 규정을 명확히 해야 한다.

상담치료프로그램의 내용은 기본적으로 아동기의 연령별 발달에 대한 이해 및 부모역할훈련, 분노 통제 및 행동관리, 스트레스 완화, 가족의 상호작용 유형 등에 대한 교육 훈련이 포함되어야 한다. 이러한 프로그램의 양식은 개인이나 집단 양식을 활용할 수 있다. 또한 학대부모가 알코올 중독이나 정신분열 등의 정신질환을 앓고 있는 경우 가정으로부터 분리하여 치료받을 수 있는 제도적 뒷받침이 이루어져야 할 것이다.

5. 피해아동에 대한 상담치료 프로그램 강화

학대피해자의 대다수는 신체적 치료 및 정신적 치료를 필요로 한다.

피해아동의 발달상의 부정적인 영향을 최소화하고 학대행동의 세대간 전승을 단절하기 위해서는 보다 전문적인 치료프로그램이 개발・보급되어야 한다. 현재도 학대에 노출된 아동 대상으로 치료프로그램이 시행되는 경우가 많이 있지만, 보다 심화된 개인 및 집단 대상 심리치료 프로그램, 미술치료, 놀이치료, 가족치료프로그램이나 행정수정 프로그램들이 적극 개발되고 보급되어야 한다. 이를 통해 아동의 감정 표현을 지지하고 아동욕구를 표출하여 아동발달상의 부정적인 영향을 완화시킬 수 있도록 한다. 또한 자녀발달 단계에 따라 가정폭력 노출로 인한 행동문제의 특성들이 다르게 나타나므로 가정폭력에 노출된 자녀의 발달단계를 고려한 개입프로그램이 개발되어야 할 것이다.

6. 피학대 아동을 위한 보호시설 및 위탁가정 확충

아동학대사례에서 격리보호의 경우 아동복지법에 의거하여 그룹홈 보호 및 가정위탁보호를 실시하며, 학대로 인하여 격리보호가 필요한 아동을 우선적으로 선정한다. 그러나 당면한 어려움은 보호시설 및 주거시설과 같은 사회적 인프라가 부족하다는 것이다. 실제로 많은 학대피해아동이 일시보호나 장기보호를 필요로 하지만, 영아나 장애아동, 또는 비행아동에 대해 아동보호시설들이 보호를 기피하여 배치에 어려움이 많다. 격리가 필요한 학대피해아동들은 많은 경우 학교 적응문제, 인간관계 문제, 폭력 문제, 성행동 문제들을 보이며, 그 정도가 매우 심각하다. 이러한 아동들은 일반 가정이나 일반 시설에서 감당할 수 없을 만큼 많은 도움을 필요로 하며, 이를 감당할 수 있는 인력이나 위탁부모들은 많지 않다.

따라서 피학대 아동을 보호하고 전문치료서비스를 제공하는 전문 그룹홈 및 전문위탁가정을 양성할 필요가 있다. 그룹홈에서는 전문지식과 기술을 소지한 사회복지사 인력을 확보해야 한다. 또한 전문위탁가정은 전문적인 교육과 관리기술이 필요하므로 집중적인 훈련과 지지가 필요하다. 이러한 전문 그룹홈이나 위탁가정에 대해서는 아동보호전문기관과의 긴밀한 협조를 기반으로 하는 사례관리가 이루어져야 할 것이다.

7. 피학대 아동 보호를 위한 관련네트워크 강화

학대피해아동에 대한 신속하고 효과적인 서비스 제공을 위하여 지역사회 관련기관 간의 네트워크가 아동보호전문기관을 중심으로 보다 긴밀하게 구축되어야 할 것이다. 즉 아동보호전문기관에서는 지역사회의 사회복지기관과의 협조관계를 수립하여 서비스 계획을 수립하고, NGO 및 민간단체와의 협력을 맺어 캠페인 등 필요사업을 상호 지원할 필요가 있다. 그 다음으로 병원, 교육기관, 행정기관 등과의 협력으로 학교사회복지사업을 촉진하고 아동학대예방사업을 활성화한다. 또한 경찰 및 검찰과의 협력체계를 구축하고 아동학대전담수사관과 법률 자문가의 배치, 비상시를 위한 119구급대 및 봉사단체와의 협력, 학대신고에 대한 112와 1391과의 협조 방식 등이 체계적으로 관리되어야 할 것이다.

8. 아동학대 예방교육 강화

우리나라의 아동보호체계는 사후적 보호체계에 집중되어 있으며 예방사업이 체계적으로 이루어지지 않아서 아동학대 발생의 근절에 실효성을 거두지 못하고 있다. 따라서 아동 보호를 위한 예방사업이 체계적이고 지속적으로 실시되어야 할 것이다.

예방사업은 1차 예방, 2차 예방, 3차 예방으로 구분할 수 있다. 1차 예방 프로그램은 일반 사회를 대상으로 하는 바, 우선 정보제공사업을 들 수 있다. 즉 공공장소에 아동학대 관련 정보 게시판을 설치하고, 매스컴을 통해 아동학대에 대한 경각심을 높이며, 사이버상담실을 개설하여 아동학대 보호에 대한 접근성을 높인다. 또한 교육훈련사업으로 초·중·고 교육과정에 폭력교육과정을 추가하고, 어린이집과 학교를 대상으로 부모교육을 실시하며, 병원·보건소의 임산부를 대상으로 폭력에 대한 교육을 실시한다. 그리고 인식변화사업으로 아동학대 예방캠페인을 실시하고, 아동학대예방 주간을 설정하여 관심을 제고하고, 아동학대 모니터링단을 설치하여 아동학대의 발견 및 신고의 모니터 역할을 수행한다.

둘째, 2차 예방프로그램은 아동학대의 고위험 집단 부모를 대상으로 하는 바, 부모교육을 실시하여 아동학대에 대한 인식을 증진한다. 또한 태도 개선을 위하여 사회적 기술 및 자긍심 강화를 위한 교육훈련, 그리고 아동과의 상호작용 향상을 위하여 부모역할 및 효과적인 의사소통방법에 대한 교육훈련을 실시한다.

셋째, 3차 예방프로그램은 이미 발생한 아동학대의 부모 대상으로 재발방지를 위한 교육훈련이 필요한데, 이는 위의 아동보호서비스의 단계별 개입에서 이미 설명한 바 있다.

생각할 문제

1. 아동을 보호하기 위하여 사회가 개입할 필요성과 부모가 아동을 양육할 권리 사이에서 적절한 판단을 내리기는 쉽지 않다. 위험에서 아동을 보호하는 것도 중요하지만, 부모의 권리와 가족생활을 부당하게 침해하는 것 역시 바람직한 일은 아니다. 부모의 권리의 범위와 한계는 어디까지로 보아야 하는지 논하시오.

2. 아동보호 대 가족유지의 논쟁은 우리에게 딜레마를 준다. 사회가 개입을 하지 않으면 아동이 계속 피해를 입겠지만, 잘못 개입했다가는 가족이 와해되면서 아동이 더 큰 피해를 입을지도 모른다. 어느 쪽을 더 중요하게 생각해야 할 것인지 논하시오.

3. 학대부모가 부모교육이나 알코올문제에 대한 서비스를 받기를 거부할 때, 어떻게 하면 좋은지 논하시오.

4. 전문가는 비밀을 지키는 책임과 학대를 보고할 법적 의무 사이에서 갈등을 느낀다. 이러한 딜레마를 해결할 방법은 무엇인가?

5. 전문가가 아니더라도, 사람들은 일반적으로 아동학대사례 신고를 꺼리는 경향이 있다. 신고를 저해하는 요인은 무엇이며, 이를 극복하는 방안에는 어떤 것이 있을지 논하시오.

제3부

배우자 학대

제 9 장 배우자 학대의 이해
제10장 배우자 학대의 피해자
제11장 배우자 학대의 행위자
제12장 배우자 학대에 대한 제도

제 3부에서는 배우자 학대에 관하여 다룬다. 여기에서는 배우자 학대라 할 때, 그 대다수를 차지하는 아내학대를 의미하는 것으로 사용한다. 제9장에서는 배우자 학대에 대한 전반적 이해를 도모하기 위하여 배우자 학대에 관련된 이슈들에 대하여 개괄적으로 알아볼 것이다. 제10장에서는 배우자 학대의 피해자, 즉 아내학대 피해여성의 특성 및 이들에 대한 개입에 관하여 고찰할 것이다. 제11장에서는 배우자 학대의 행위자, 즉 아내학대를 행하는 남성의 특성 및 이들에 대한 개입에 관하여 알아볼 것이다. 마지막으로 우리나라의 배우자학대 문제에 대한 제도와 서비스에 관하여 살펴볼 것이다.

제 9 장

배우자 학대의 이해

〈사례 1〉

1995년 5월 칠순의 할머니(이상희)가 자신의 딸(정미숙)을 상습적으로 구타하고 폭행하던 딸의 동거남(오종근)을 살해한 사건이 발생하였다. 오씨는 정씨를 강제로 추행한 후 남편 아닌 남편으로 행세하며 계속적으로 정씨를 폭행해 왔으며, 정씨는 허벅지를 칼로 찔리고 목을 졸리는 등 생명의 위협을 느낄 정도의 심각한 폭력에 시달려 왔다. 사건이 나기 전에도 동네 주민이 관할 파출소에 여러 차례 신고하였으나 경찰은 아무런 도움이 되지 않았다.

동거남의 폭력을 견디다 못한 정씨가 어머니 집으로 도망오게 되었으나, 오씨는 친정으로까지 쫓아와서 모녀에게 욕설과 폭행을 서슴치 않았으며, 항시 칼을 가지고 다니며 죽이겠다고 위협하였다. 사건이 나던 날도 만취한 오씨가 흉기를 휘두르며 위협과 폭행을 하자 이할머니는 딸을 보호해야겠다는 생각에 순간적으로 오씨를 칼로 찌르게 된 것이다. 이를 알게 된 정미숙씨는 어머니 대신 자신이 동거남을 살해했다고 거짓 자수해 구속되었다. 이상희 할머니는 한국여성의 전화에 와서 법률상담을 하면서 사실을 털어놓았고, 결국 어버이날인 5월 8일 70대 노모는 상해치사로 구속되었다. 이에 이상희 할머니 구명운동이 펼쳐졌으며, 이 사건은 가정폭력방지법 제정에 박차를 가하게 되었다.

출처 : 정춘숙, 2009: 81

〈사례 2〉

강원 춘천경찰서는 16일 자신의 아내를 폭행하고 집에 불까지 지른 혐의 등으로 강모(32)씨에 대해 구속영장을 신청했다. 경찰에 따르면 강씨는 지난 15일 오전 3시 45분께 춘천시 모 아파트 자신의 집에서 '바람을 피우는 것 같다'는 이유로 자신의 아내(31)를 폭행하고 이를 만류하는 경비원(65)과 신고를 받고 출동한 경찰관(42)을 때려 다치게 한 혐의를 받고 있다. 강씨는 폭행을 당한 아내가 2층에서 뛰어내려 달아나자 홧김에 자신의 집 거실에 불을 질렀으나 스프링클러가 작동해 큰 화재로 번지지는 않았다. 조사결과 강씨는 "아내가 바람을 피우는 것 같아 만취해 일을 저질렀다"고 진술한 것으로 알려졌다.

춘천=뉴시스 2011.02.16

〈사례 3〉

경기도 안산 상록경찰서는 31일 가정폭력을 견디다 못해 남편을 흉기로 찔러 살해한 혐의(살인)로 유모(45.여)씨에 대해 구속영장을 신청했다. 경찰에 따르면 유씨는 지난 30일 오전 3시께 안산시 자신의 집에서 남편(45)이 술을 마시고 잠이 들자 주방에 있던 흉기로 남편의 가슴을 찔러 살해한 혐의를 받고 있다. 유씨는 경찰 조사에서 "평소 남편의 폭력에 참고 살다가 죽이게 됐다"고 말했다

연합뉴스, 2010.08.31

제 1 절 배우자 학대의 개념

1. 용어 정리

배우자 학대(spouse abuse)와 유사하게 사용되는 용어에는 여러 가지가 있다. 우선 매우 포괄적인 용어로 '가정폭력'(domestic violence)이

란 용어가 있다. 이 용어 자체의 의미는 가정 내에서 일어나는 모든 유형의 폭력, 즉 아동학대나 노인 학대도 포함하는 포괄적인 뜻을 지니지만, 실제로는 배우자 학대를 의미하는 것이 일반적이다. 이 용어는 가정에서 일어나는 폭력이라는 애매한 표현을 씀으로써 누가 피해자이고 누가 행위자인지 모호하게 만든다는 비판을 받고 있다. 이렇게 볼 때 '가정폭력'이란 용어보다 '배우자(spouse)학대'란 용어는 학대의 대상을 보다 명확히 함으로써 진일보했다고 할 수 있다. 그러나 이 용어 역시 양성평등적 관점에서 비판받고 있다. 즉 '배우자학대'와 같은 중립적인 용어를 사용하는 것은 여성이 남성에게 학대당하는 면이 모호화되고 있다는 지적이다. 즉 배우자 학대라는 용어는 가부장적 사회에서 남성과 여성 간의 불평등한 권력 배분에 의하여 남편에 의한 아내학대가 주로 일어난다는 사실을 모호하게 만들므로, 주체와 객체를 분명히 하는 '아내학대', 혹은 '매맞는 여성'이라는 용어를 사용할 것을 주장한다.

그러나 '아내 학대'라는 용어 역시 법적으로 결혼한 부부에게 일어나는 학대라는 의미로만 제한되므로, 결혼 제도 밖의 남녀 관계에서 일어나는 폭력은 포괄하지 못한다는 점이 지적되고 있다. 여성에 대한 남성의 학대가 반드시 결혼한 법적인 부부 사이에서만 일어나는 것은 아니며, 별거 중이거나 이혼한 전 배우자, 동성의 커플 사이, 데이트 중인 미혼 남녀, 동거하는 사이에서도 많이 일어난다. 따라서 '아내학대'라는 용어는 이러한 경우를 포괄하지 못하므로(이원숙, 1998), 이러한 경우를 포괄하기 위하여 폭넓게 '파트너 폭력'이라는 용어를 사용하기도 한다.

양성평등적 관점에서는 폭력의 주체와 객체를 명확히 한다는 의미에서 남성을 '행위자/학대자'(perpeturator, abuser), 아내를 '피해자/희생자'(victim)로 지칭할 것을 주장한다(Davis, 1991). 그러나 여성을 피해자/희생자의 틀로 가두는 이러한 용어는 여성의 자율성을 해친다는 이의가 제기되기도 하며(Geffner et al., 1989; Muller, 1996), 최근에는 그 대신 '생존자'(survivor)란 용어가 사용되기도 한다.

학대(abuse)와 유사한 용어로서, 폭력(violence), 구타(battering), 폭

행(assault) 등의 용어가 있는데, 폭력은 주로 신체적 공격의 모든 행위를 일컫는 말이며, 구타는 심각한 신체적 상처를 야기하는 폭력, 즉 신체적 폭행의 심한 공격행위를 나타내는 말로 주로 사용된다. 학대는 개인에게 손상을 입히는 행위로서 신체적, 비신체적 행위 모두를 포괄한다. 그러나 이렇게 명확하게 구분되어 사용되기보다는, 경우에 따라서 같은 뜻으로 혹은 다른 뜻으로 사용된다고 할 수 있다(NASW, 1984). 일반적으로 학대란 용어가 신체적, 비신체적 행위를 폭넓게 포괄하는 용어이므로, 여기에서는 학대란 용어를 사용하기로 한다.

이 장에서는 배우자학대라는 용어를 사용하지만, 아내학대에 초점을 맞출 것이다. Dutton(1988)에 의하면, 경찰과 법원 연구에서 밝혀진 바는 절대 다수(95%)의 부부폭력에서 여성이 피해자이고 남성은 가해자인 것으로 나타났다(Sudermann & Jeffe, 1999: 343에서 재인용). 학대받는 남편이 존재하는 것도 사실이지만, 그럼에도 불구하고 절대다수의 피해자가 아내이기 때문에, 여기에서는 주로 아내학대에 관하여 고찰한다.

2. 배우자학대의 정의

Wallace(1996: 164)는 배우자 학대에 관한 명확한 개념 정의는 존재하지 않는다는 것을 전제하면서, "배우자 학대란 배우자에게 상해를 야기하는 의도적 행위(혹은 일련의 행위들)로 정의하며, 이러한 행위는 신체적, 정서적, 성적인 것이고, 배우자란 결혼상태, 동거상태, 별거상태, 진지한 관계를 맺고 있는 상태 등을 포괄한다"고 정의하였다. 또한 Lystad, Rice, Kaplan(1996: 139)에 의하면, 배우자 학대란 "혼인상태나 거주상태나 성적취향에 관계없이 친밀한 관계의 성인들 간의 폭력을 의미하며, 학대는 경미한 공격행동, 즉 던지기, 밀기, 뺨 때리기에서부터 심각한 공격 행동, 즉 구타하기, 성관계 강요, 치명적 무기로 위협하기, 살해까지 포괄한다"고 정의하였다.

학자마다 사용하는 용어는 다르지만, 여러 정의들에는 다음의 세 가지 고려해야 할 기준이 들어 있다. 첫째로 폭력의 관계맥락, 둘째로 폭력이 가지는 기능, 셋째로 행위자의 구체적 행동이다(Schecter & Ganley, 1995를 Kemp, 1998: 225에서 재인용). 즉 배우자 학대란 친밀한 관계를 맺고 있는 두 성인 간에 일어나는 것이며, 행위자가 피해자를 통제하는 기능을 가지는 것이고, 행위자가 피해자를 향하여 구체적인 신체적 공격행동, 혹은 그렇게 하겠다는 위협을 행하는 것이다. 이를 그림으로 표시해 보면, 〈그림 9-1〉과 같다.

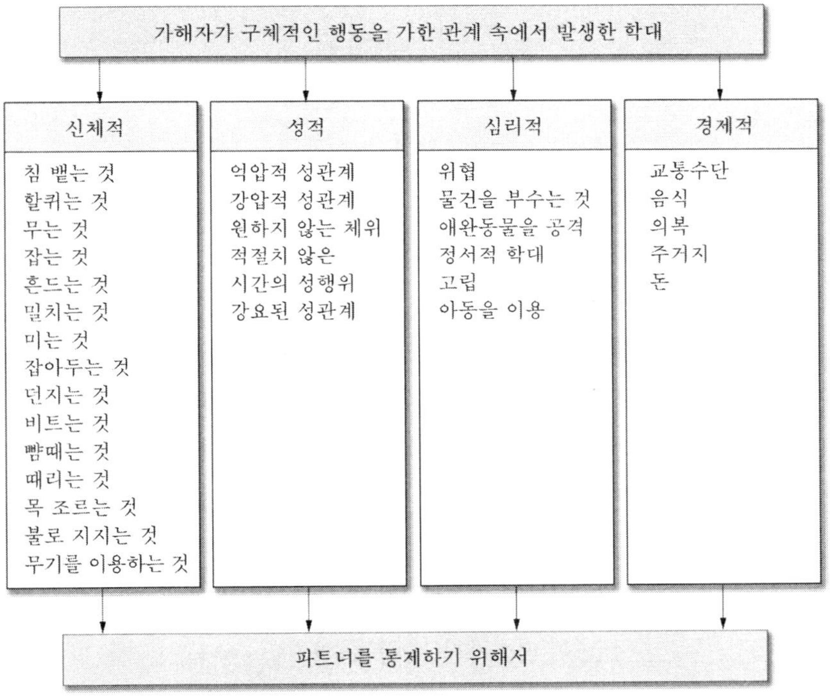

출처 : Schecter & Ganley, 1995를 Kemp, 2001: 228에서 재인용

〈그림 9-1〉 Scheter & Ganley의 학대에 관한 개념정의 모델

폭력에는 신체적 폭력, 성적 폭력, 심리적 폭력, 언어적 폭력, 경제적 폭력, 배우자의 물건 손상 등의 여러 형태가 있는데, 이 모든 형태의 폭력이 다 피해자에게 심각한 손상을 가하고, 많은 경우 여러 형태의 폭력이 혼합되어 나타난다. 대부분의 연구에서는 심리적 폭력의 중요성

을 간과하지 말 것을 강조하면서도 주로 신체적 폭력에 대하여 논하고 있다. 왜냐하면 신체적 폭력은 다른 종류의 폭력을 포함하며, 배우자의 신변안전에 가장 직접적으로 위험하고, 그 행위가 가장 뚜렷하므로 증거가 확실하게 남기 때문이다.

Straus는 신체적 폭력을 등급에 따라 나누면서, 다음과 같은 측정 가능한 8가지 행위를 폭력으로 규정하였다. 이 중에서 K에서 M까지는 가벼운 정도의 학대 행위로, N에서 R까지는 심각한 정도의 학대행위로 분류된다(Straus, 1979).

K: 물건을 던지는 행위
L: 떼밀거나 밀거나 움켜잡는 행위
M: 빰을 때리는 행위
N: 발로 차거나 물어뜯거나 주먹으로 때리는 행위
O: 물건으로 때리거나 때린다고 협박하는 행위
P: 계속 무차별로 때려눕히는 행위
Q: 칼이나 망치, 도끼, 총으로 위협하는 행위
R: 칼이나 망치, 도끼를 실제로 사용하며 구타 혹은 가해하거나 총을 쏘는 행위

여기에서 유의해야 할 것은, 배우자학대는 관계가 끝난 후에도 발생한다는 점, 즉 피해자가 폭력적 관계를 떠나거나 별거 후에 위험이 발생하는 경우가 많다는 점이다. 또한 배우자 학대의 강압적 행동형태들은 다른 사람을 통제하기 위한 것이며, 이것이 배우자 학대의 핵심이다(Kemp, 2001). 그리고 배우자 학대란 신체적 공격행동을 하겠다는 위협에서부터 살해까지 매우 폭넓은 범주의 행동을 포괄한다는 점을 염두에 두어야 할 것이다.

제 2 절 배우자 학대의 역사적 맥락

동서양을 막론하고, 가부장적 전통, 즉 여성에 대한 남성의 공인된 지배는 고대에서부터 시작되어서 현대까지 이어지고 있다. 우선 서양의 경우를 보면, 고대에 여성은 남성의 사유재산으로 간주되었고, 남편은 아내를 때리거나 고문하는 것이 허용되었다. 로마에서는 결혼법이 최초로 제정되었는데 남편은 자기 집안의 모든 재산과 사람을 통제하는 절대적 지배자였고, 아내는 남편에게 복종이 요구되었으며 아내가 잘못한 경우 아내를 처벌하는 법적 권리가 남편에게 있었다. 프랑스의 나폴레옹 법전에서는 여성은 처음에는 아버지의 소유이고, 결혼 후에는 소유권이 남편에게 이전된다고 명시되었다. 영국의 관습법에는 "엄지손가락의 규칙"(the rule of thumb)이 있는데, 이는 남편이 아내를 때릴 때 남성의 엄지손가락보다 더 굵은 막대기로 때려서는 안 된다는 규칙이다. 이러한 전통은 여성을 통제하기 위해 신체적 수단을 사용하는 것을 허용하는 것이다(Wallace, 1996: 162-163). 우리나라를 비롯한 동양문화권 역시 엄격한 삼종지도의 유교윤리 및 가부장제를 기반으로 하여서 아내에 대한 폭력에 매우 허용적인 전통을 가지고 있다.

이렇게 여성을 남편의 종속물로 보는 전통은 1960년대 서구에서 여성운동이 일어나기까지 계속되었다. 서구의 경우 1960년대에 시민운동, 여성운동, 아동옹호운동 등 극적인 사회적 변화를 가져온 운동이 일어났으며, 여성운동의 영향으로 1970년대에 배우자학대에 대한 관심이 생기기 시작했다. 미국과 영국의 경우 1970년대 초부터 여성운동가들이 아내구타의 문제를 제기하여 매맞는 아내들에 대한 쉼터 제공으로 원조가 시작되었다(Wallace, 1996: 164; Kemp, 2001: 223)

전 세계적으로 여성에 대한 폭력에 대하여 인권을 위협하는 심각한 사회문제로 인식하게 된 것은 1975년 '세계여성의 해' 선포와 '유엔여성

10년(1976-1985)' 선포를 통해서이다. 이러한 세계적 동향의 영향으로 우리나라에서도 1980년대 이후에 여성에 대한 폭력이 공론화되기 시작하였다(황창연, 2006; 여성가족부, 2008). 1983년에 설립된 여성의 전화, 1991년에 설립된 한국성폭력상담소 등 여성단체의 꾸준한 사회운동을 통해 여성에 대한 폭력은 사회문제라는 인식이 확산되었다(이미정 외, 2008; 박영란, 2009). 여성계의 꾸준한 노력으로 1997년 가정폭력법이 제정되면서, 배우자학대에 대한 사회적 개입의 법적 기틀이 마련되었다.

제 3 절 배우자 학대의 발생 현황

배우자 학대가 얼마나 일어나는지에 대한 연구결과는 일관되게 나타나지 않는다. 그 이유로는 행위자의 경우에는 자기 행위를 은폐하기 위하여, 그리고 피해자의 경우에는 행위자가 보복할 것에 대한 두려움과 안전에 대한 우려 때문에 진실하게 보고하지 않을 가능성이 크기 때문이다. 그러므로 다양한 조사 방법 및 다양한 정의를 사용하는 연구들이 서로 다른 추정치를 내놓는 것은 놀라운 일이 아니다(Bachman, 1999: 107). 따라서 우리는 정확한 발생 실태를 알 수 없으며, 다만 조사결과를 가지고 추정할 수 있을 뿐이다. 배우자 학대의 발생현황을 추정할 수 있는 자료에는 공식적인 보고자료, 그리고 자기보고식 서베이연구가 있다.

1. 공식 보고

경찰, 가정폭력상담소, 긴급전화와 같은 공식적 기관에서 산출하는 자료는 가정폭력의 현황을 알아볼 수 있는 공식적 출처이다. 그러나 공식 보고자료를 통해서는 신고되거나 외부에 노출된 건수에 대해서만 알 수 있으며, 실제 발생률은 그보다 훨씬 더 많을 것으로 추정된다. 따라서 정확한 발생 건수는 여전히 알 수가 없다. 많은 피해자들이 자신의 신원이 노출되거나 보고하기를 꺼리는 이유는 행위자와의 관계가 지속되기를 원하거나 행위자의 반응에 대한 두려움 때문이다.

여기에서는 여성가족부에 보고된 『2009년도 가정폭력 보호시설 및 상담소 등 운영실적 보고』(여성가족부, 2010)를 통하여, 배우자학대에 대한 최근의 공식적인 보고 수치를 알아보고자 한다. 전국 가정폭력 상담소의 2006년서부터 2009년의 자료에 의하면, 〈표 9-1〉에 나타난 바와 같이 매년 300,000명 내외의 수가 가정폭력 상담소의 상담을 받았다. 상담자는 본인인 경우가 매년 대다수(2009년의 경우 80.2%)를 차지하며, 상담내용이 가정폭력인 경우가 매년 절반 가까이 됨(2009년의 경우 43.1%)을 알 수 있다. 기타 상담내용은 이혼, 부부갈등, 가족문제, 성폭력, 성매매, 성상담, 중독 등이다. 그 중 가정폭력에 대한 상담을 구체적으로 살펴보면, 2009년의 행위자 유형은 배우자가 절대다수를 차지하며(82.8%), 그 다음으로 직계 존속(6.4%), 기타(3.7%), 과거 배우자(2.5%)의 순으로 나타났다. 피해자 지원 내용은 심리·정서적 지원이 가장 많고(68.3%), 그 다음으로 수사 법적 지원(17.8%), 기타(10%), 시설입소연계(2.8%)의 순으로 나타났다.

또한 2009년도 『가정폭력 보호시설 및 상담소 등 운영실적 보고』 중 가정폭력피해자 보호시설에 관한 자료를 살펴보면, 2009년 연중 입소인원은 4,463명으로 나타났다. 입소경로는 여성긴급전화 1366을 통해서가 가장 많으며(31.8%), 그 다음은 가정폭력상담소를 통해서(29.4%)이다.

또한 2009년도 『가정폭력 보호시설 및 상담소 등 운영실적 보고』 중 여성긴급전화 1366에 관한 자료를 살펴보면, 2009년의 총 상담건수는 190,859건이며, 그 중 상담내용이 가정폭력인 경우는 34.1%를 차지하는 것으로 보고되었다(여성가족부, 2010).

〈표 9-1〉 2009년 전국 가정폭력 상담소의 상담자 및 상담내용

연도	계	상 담 자					상담내용	
		본인	가족, 친인척	동료 이웃 교사 등	기타	이주 여성	가정 폭력	기타
2006	283,705	238,264	24,229	8,910	12,302	-	138,949	144,756
	100%	84.0	8.5	3.2	4.3		49.0	51.0
2007	295,825	235,276	26,396	10,103	14,774	9,276	135,386	174,271
	100%	79.6	8.9	3.4	5.0	3.14	43.7	56.3
2008	307,851	246,712	24,703	9,903	15,343	11,190	130,921	176,930
	100%	80.1	8.0	3.2	5.0	3.6	42.5	57.5
2009	307,009	246,257	26,578	8,093	15,149	10,932	132,227	174,782
	100%	80.2	8.7	2.6	4.9	3.6	43.1	56.9

출처 : 여성가족부(2010). 『2009년도 가정폭력 보호시설 및 상담소 등 운영실적 보고』(상담자와 상담내용을 중심으로 재구성함)

한편 가정폭력 발생실태를 알아볼 수 있는 또 다른 공식 자료로서, 친밀한 파트너 사이에서 일어나는 살해사건에 대한 미국의 보고자료를 알아보고자 한다. 〈그림 9-2〉는 미국에서 16세 이상의 아내나 여자친구에 대한 살인, 그리고 남편이나 남자친구에 대한 살인에 있어서 인구 십만명당 발생률의 경향을 1977년부터 1992년까지 나타낸 것이다. 〈그림 9-2〉에 의하면, 여성이 파트너에 의해 살해되는 비율은 매우 안정적으로서, 시대의 흐름에 따른 큰 변화가 없다. 반면 남성이 여성 파트너에 의하여 살해되는 비율은 1977년에 비하여 1992년에 절반으로 감소한 것을 알 수 있다. 여러 연구자들은 그 이유에 대해서, 1970년대 이후에 매맞는 여성들이 폭력 상황을 탈출하는 수단으로서 쉼터를 비롯한 서비스가 제공되었다는 것이 파트너에 의해 살해되는 남성이 감소하는 데에 중요한 역할을 한 것으로 추정된다고 해석하는 의견을 보이고 있다(Browne and Willams, 1989를 Bachman, 1999: 110에서 재인용). 즉 1970년대 이후에는 매맞는 아내가 공적인 서비스를 통하여 남편을 떠날 수 있는 길이 열렸기 때문에 여성들이 절망적인 상황에서

남편을 살해하는 비율이 감소하였다는 해석이 가능하다는 것이다.

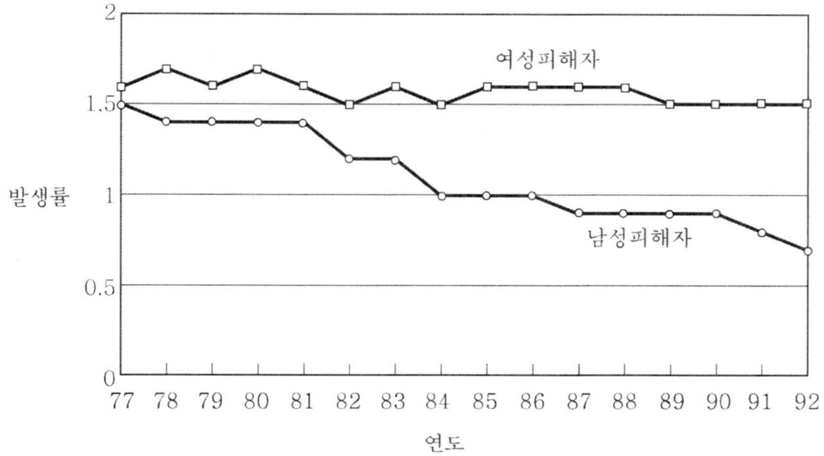

출처 : Bachman, 1999 : 110

〈그림 9-2〉 미국에서 1977-92년에 16세 이상의 인구 10만명당 친밀한 사이에서 일어난 살인발생률을 성별로 본 그림

2. 서베이 연구

서베이 연구란 표본을 대상으로 한 자기보고식 설문조사를 말하며, 일반인을 대상으로 한다. 응답자들의 설문지에 대한 응답 결과를 통하여 전국적인 가정폭력 발생률을 추정하는 것이다. 이러한 조사는 대상자들의 기억력과 인식의 정확성에 의존해야 하고, 설문지의 질문방식이나 응답자들의 이해도가 결과에 영향을 미치는 난점이 있기는 하지만, 가정폭력 발생률을 추정하는 방식으로 널리 활용되고 있다.

먼저 우리나라의 조사자료를 보면, 여성가족부에서 2007년에 실시한 '전국가정폭력 실태조사'가 있다. 이 조사에서는 전국 단위의 10,083가구를 대상으로, 가정폭력발생률의 정의를 '전체 가정 중 최근 1년간 동거 또는 비동거 가족원을 대상으로 정서적 폭력, 신체적 폭력, 경제적 폭력, 방임, 유기, 성학대 등의 가정폭력이 한번 이상 발생된 가정의 비율'로 설정하여 조사하였다. 그 중에서 부부폭력 발생률을 살펴보면 〈표 9-2〉와 같이 40.3%로서 부부 2.5쌍 중 1쌍이 최근 1년간 배우자로부터 폭력을 당한 것으로 조사되었다. 이를 유형별로 살펴보면, 정서적 폭력이 가장 많았고(33.1%), 다음 방임(19.6%), 신체적 폭력(11.6%), 성학대(10.5%), 경제적 폭력(4.1%)의 순으로 나타났다. 부부폭력 중에서도 심각한 행위로 판단되는 신체적 폭력과 성학대를 살펴보면, 신체적 폭력의 발생률(11.6%)은 9명중 1명이 신체적 폭력을 당하고 있으며, 특히 중한 폭력발생률이 4.8%로 주의를 요하며, 부부간 성학대의 발생률(10.5%) 역시 높은 것으로 나타나서 주의를 요한다(여성가족부, 2008: 365-367).

〈표 9-2〉 폭력유형별 부부폭력발생률

(단위: %, 명)

구 분	전체 폭력 발생률	폭력유형별 발생률							(분석 대상 수)
		정서적 폭력	신체적 폭력			경제적 폭력	방임	성학대	
			경한 폭력	중한 폭력	(경한+중한)폭력				
부부폭력	40.3	33.1	11.1	4.8	11.6	4.1	19.6	10.5	(6,561)
남성의 아내폭력	33.1	26.4	7.7	4.5	9.4	3.2	14.3	9.5	(5,976)
여성의 남편폭력	27.1	22.5	5.3	2.6	6.4	1.9	13.8	3.6	(4,114)
상호폭력	19.9	15.9	1.9	2.3	4.2	1.0	8.5	2.6	(3,529)

주: 신체적 폭력유형 중 경한폭력은 손바닥으로 배우자의 빰을 때리는 행위와 배우자에게 물건을 집어던지는 행위이며, 중한폭력은 배우자의 어깨나 목을 꽉 움켜잡는 행위, 배우자의 목을 조르는 행위, 배우자를 칼이나 흉기로 위협하는 행위, 배우자를 물건(혁대, 몽둥이, 칼 등)으로 때리는 행위, 배우자를 사정없이 마구 때리는 행위 등으로 구분함.

출처: 여성가족부(2008). 2007년 전국 가정폭력 실태조사: 366.

그 다음으로 미국의 서베이 연구결과를 살펴보고자 한다. 현재까지 가장 많이 인용되는 대표적인 조사로서, Straus and Gelles가 실시한 '전국 가정폭력조사'를 들 수 있다. 이 조사는 1975년과 1985년에 두 번 행해졌는데, 1985년의 조사에서는 이성과 동거하거나 결혼한 18세 이상의 전국을 대표하는 표본 6,002명을 대상으로 전화로 이루어졌다. 이 조사에서 사용된 척도는 갈등관리척도(Conflict Tactics Scale: CTS)인데, 이 척도는 지난 1년간 가족원과 의견충돌이 있거나 화가 난 상황에 대하여 생각해 보도록 하고, CTS에 포함된 각 행동을 얼마나 자주 행했는지를 표시하도록 요청한다. CTS에 망라된 행동목록은 의논하기, 언어적 공격, 신체적 공격, 폭력 등의 많은 범위를 포괄하며, 신체적 폭력은 다시 경미한 폭력과 심각한 폭력의 두 범주로 나누어진다. 1985년의 조사결과에 의하면, 미국에서 그 전 한 해 동안 신체적 폭력을 경험한 부부의 숫자는 다음 〈표 9-3〉과 같이 나타났다. 경미한 폭력과 심각한 폭력을 합한 모든 폭력을 살펴볼 때, 남편이 행위자인 경우가 11%, 아내가 행위자인 경우가 12%로 나타났다(Bachman, 1999: 112에서 재인용).

〈표 9-3〉 전국가족폭력조사(1985)의 CTS에 의해 행해진, 파트너가 저지른 폭력을 경험한 여성과 남성의 백분율

	연간 행해지는 폭력행동		
	부부의 백분율	연간 1,000명당 비율	폭행 건수
남편이 저지른 모든 종류의 폭력	11%	116	6,250,000
남편이 저지른 심각한 폭력	3%	34	1,800,000
아내가 저지른 모든 종류의 폭력	12%	124	6,800,000
아내가 저지른 심각한 폭력	4%	48	2,600,000

주 : Straus & Gelles(1990)에서 인용. 모든 종류의 폭력이란 경미한 폭력과 심각한 폭력의 항목을 둘 다 의미함. 한편 심각한 폭력이란 심각하다고 명시된 항목들만을 포함함. 이 폭력 발생률은 폭력의 하부척도를 폭력과 비폭력의 범주로 분류하여 0과 1로 부호화함으로써 계산된 것임. 이렇게 할 때, 남편에 의한 모든 종류의 폭력은 "모든 폭력" 척도에서 1로써 부호화되는 결과가 됨. 비슷하게 남편에 의한 모든 종류의 심각한 폭력은 "심각한 폭력" 척도에서 1로서 부호화되는 결과가 됨.

* 폭행 건수는 이 표의 건수를 미국 1986년 통계요약치에 제시된 1984년 인구수치를 곱하여 계산된 것임. 이 인구수는 대략 5,400만 쌍임.

제 4 절 여성의 폭력과 남성의 폭력

부부간 폭력이 발생할 때 대부분의 경우는 여성이 피해자라는 데에 일반적 동의가 이루어진 것으로 보인다. 경찰과 법원 연구에서 절대 다수(95%)의 부부폭력에서 여성이 피해자이고 남성은 가해자라고 밝혀졌다는 것(Dutton, 1988을 Sudermann & Jeffe, 1999: 343에서 재인용)은 이를 뒷받침한다. 그럼에도 불구하고 여러 서베이 조사 결과는 남성 역시 부부폭력의 피해자인 경우가 상당수 있다는 것을 보여준다. 심지어 위에서 살펴본 〈표 9-3〉의 Straus와 Gelles(1985)의 조사에서는 여성의 폭력행사 비율이 남성보다 약간 더 높다고 나타났다. 이러한 결과를 어떻게 해석해야 할까? 실제로 부부폭력의 남성피해자의 비율은 여성 피해자의 비율에 비교하여 어떠할까? 그리고 남성이 피해자가 되는 양상과 여성이 피해자가 되는 양상은 비슷할 것인가, 아니면 다를 것인가? 이에 답하기 위하여, 앞에서 이미 살펴본 우리나라 여성가족부의 전국 가정폭력 실태조사(2008), 그리고 미국의 Straus와 Gelles(1985)의 조사결과를 보다 심층적으로 분석해 보며, 이에 덧붙여 미국의 전국범죄피해조사결과를 살펴보고자 한다.

1. 여성가족부의 전국가족폭력 실태조사에 대한 분석

위의 질문에 답하기 위하여, 〈표 9-2〉에 나타난 우리나라 여성가족부의 조사결과, 즉 폭력유형별 부부폭력 발생률을 폭력의 피해자가 누구인지를 기준으로 다시 살펴보고자 한다. 아내에 대한 폭력발생률(33.1%)은 남편에 대한 폭력발생률(27.1%)보다 높았고 상호폭력 발생률(19.9%)보다 높게 나타났다. 여기에서 상호폭력 발생률 19.9%를 제외하고 살펴보면, 아내에 대한 일방적 폭력발생률(13.2%)은 남편에 대한 일방적 폭력발생률(7.2%)의 1.8배인 것을 알 수 있다. 특히 중한 신체적 폭력의 경우, 상호폭력을 제하고 아내에 대한 일방적 폭력(2.2%)은 남편에 대한 일방적 폭력(0.3%)의 7.3배에 달한다. 이를 통해 남성과 여성 간에 폭력의 피해 양상에 극명한 차이가 있음을 알 수 있다.

상호폭력을 제한 일방적 폭력에 대한 남편과 아내 간의 차이를 폭력유형별로 살펴보면 다음과 같다. 정서적 폭력의 경우 아내에 대한 일방적 폭력(10.5%)은 남편에 대한 일방적 폭력(6.6%)의 1.6배, 신체적 폭력의 경우 아내에 대한 일방적 폭력(5.2%)이 남편에 대한 일방적 폭력(2.2%)의 2.4배, 경제적 폭력의 경우, 아내에 대한 일방적 폭력(2.2%)이 남편에 대한 일방적 폭력(0.9%)의 2.4배, 방임의 경우 아내에 대한 일방적 폭력(5.8%)이 남편에 대한 일방적 폭력(5.3%)의 1.1배, 성학대의 경우 아내에 대한 일방적 폭력(6.9%)이 남편에 대한 일방적 폭력(1.0%)의 6.9배로 나타났다. 이를 볼 때 심각한 행위인 성학대, 신체적 폭력, 경제적 폭력에서 여성의 일방적 피해율이 남성의 일방적 피해율에 비하여 월등하게 높음을 알 수 있다.

이렇게 볼 때 지난 1년 동안의 남성의 폭력피해경험과 여성의 폭력피해 경험을 단순히 비교하지 말고, 상호폭력을 제외한 일방적 폭력을 살펴보면 성별간에 차이가 분명하게 드러나는 것을 알 수 있다.

2. 미국의 전국가족폭력 조사결과 분석

앞에서 언급한 미국의 전국가족폭력 조사결과(Straus and Gelles, 1985)는 여성들도 남성만큼, 심지어는 여성이 남성보다 조금 더 많이 폭력을 저지른다는 결과를 보여주었다. 이는 놀라움으로 받아들여졌고, 그 이유에 대하여 많은 논의가 이루어졌다. 과연 여성도 남성들만큼, 혹은 남성들보다 더 배우자에게 폭력적이란 것인가?

우선 이 조사 결과에 대하여 고려해야 할 것은, 이 조사는 단순히 폭력의 발생률만을 조사하는 양적 조사라는 것이다. 특히 이 조사에서 사용된 갈등관리척도(CTS)를 살펴보아야 하는데, 이는 단순히 개인이 저지른 폭력행동의 횟수를 세는 것이다. 여러 조사들에 의하면, 이 갈등관리척도를 사용한 조사결과는 일반적으로 성의 대칭성, 즉 남성과 여성이 비슷한 폭력발생률을 나타낸다. 그러나 이 척도에 의한 조사결과는 배우자 간 폭력의 결과, 그리고 폭력의 동기나 발생의 상황적 맥락을 전혀 보여주지 않는다는 것이 폭넓게 지적되고 있다(Kemp, 2001; Bachman, 1999; Lystad, rice & Kaplan, 1996). 즉 첫째, 폭력의 결과를 놓고 볼 때, 남성의 체격, 신체적 힘, 공격성 성향이 여성보다 크므로 같은 행동이라도 남성이 여성에게 가한 폭력이 여성이 남성에게 가한 폭력보다 훨씬 더 심한 고통과 상처를 준다는 점을 고려해야 한다. 둘째, 폭력여성은 남편의 폭력에 대하여 자기를 방어하기 위하여 폭력을 사용하는 반면 남성은 지배하고 통제하기 위하여 폭력을 사용하는 경향이 있다. 갈등관리척도에 의한 질문 뒤에 질적인 질문(폭력의 동기를 묻는 질문)을 포함시킨 연구는 많은 여성들이 자기 방어를 위하여 폭력을 사용했다는 것을 보여준다. 이렇게 볼 때 같은 폭력을 당해도 남성의 피해 양상과 여성의 피해 양상은 다르다는 것, 그리고 폭력의 동기나 상황적 맥락 역시 남녀간에 다르다는 것을 반드시 염두에 두어야 할 것이다.

3. 미국의 전국범죄피해조사결과 분석

미국의 전국범죄피해조사결과는 여성은 남성에 비하여 더 자주 파트너가 저지르는 폭력의 피해자가 된다는 것을 보여준다. 미국 법무국의 전국범죄피해자 조사(National Crime Victim Survey)는 층화된 다단계 군집표본추출방법을 통하여 가구단위로 미국에 사는 12세 이상의 사람들을 대상으로 강간, 약탈, 폭행, 절도, 강도, 자동차도난 등과 같은 형태의 범죄 및 범죄 시도에 대한 정보를 수집하였다. 이 조사는 가정폭력만 묻는 것이 아니라 범죄에 대하여 묻고 있는데, 가정폭력의 경우 실제보다 축소 보고되었을 것으로 추정된다. 그 이유는 많은 피해자들이 가족관계가 지속되기를 원하고 관계가 나아지기를 원하며, 행위자를 두려워하는 것으로 추측되기 때문이다. 이 조사결과는 다음 〈표 9-4〉와 같다(Bachman & Saltzman, 1995를 Bachman, 1999: 115에서 재인용). 이 결과에 의하면, 성적으로 친밀한 사이(파트너)에 있어서 남성이 여성에게 가하는 폭력발생(9.3%)은 여성이 남성에게 가하는 폭력발생(1.4%)보다 거의 7배나 높다. 또한 단독가해자에 의한 여성피해자들 중 파트너가 가해자인 경우는 9.3%인 반면, 낯선 사람이 가해자인 경우는 7.4%에 불과하다. 이는 단독가해자에 의한 남성피해자들에게서는 반대의 경향을 보이는데, 파트너가 가해자인 경우는 1.4%에 불과한 반면, 낯선 사람이 가해자인 경우는 19.0%나 된다. 이러한 결과를 통해 말할 수 있는 것은 여성에게 가장 많이 폭력피해를 입히는 가해자는 파트너인 반면, 남성에게 가장 많이 폭력피해를 입히는 가해자는 낯선 사람이다. 그러므로 이 조사결과는 성의 대칭성을 지지하지 않는다.

〈표 9-4〉 피해자 성별 및 피해자/가해자 관계별로 본, 단독 가해자에 의한 폭력 피해의 연간 평균 발생률 및 발생건수(전국 범죄 피해 조사 1992~1994)

	파트너	기타 친족	안면있는 사람/친구	낯선 사람
여성 피해자				
12세 이상 여성 1,000명당 연간 평균 피해 발생률	9.3	2.8	12.9	7.4
연간 평균 여성 피해자 수	1,008,000	304,500	1,402,500	802,300
남성 피해자				
12세 이상 남성 1,000명당 연간 평균 피해 발생률	1.4	1.2	17.2	19.0
연간 평균 남성 피해자 수	143,400	122,000	1,754,000	1,933,100

출처: Bachman & Saltzman(1995)를 Bachman, 1999: 115에서 재인용

이상의 세 조사결과를 살펴본 결과, 겉으로 드러난 수치만 얼핏 보면 폭력에 있어서 성의 대칭성이 존재하는 것 같지만, 이를 좀 더 심층적

으로 살펴보면 폭력의 피해는 양적으로나 질적으로나 여성에게 훨씬 더 심각하다는 것을 알 수 있다. 물론 폭력적인 아내와 매맞는 남편도 존재하며, 폭력적인 부부관계에서는 부부양쪽에 다 관심을 기울여야 필요도 있다. 그러나 가정폭력에 대한 대부분의 권위자들은 모든 학대의 대다수가 남성에 의하여 여성을 대상으로 이루어진다는 것, 그리고 공격성의 유형이나 심각한 정도는 남성과 여성이 다르다는 것에 동의하고 있다(Wallace, 1996). 즉 여성에게 행해진 폭력이 남성에게 행해진 폭력보다 더 심하고 생명을 위협한다는 것이다. 이러한 점은 남성의 폭력을 용인하는 사회문화로 인하여 더욱 더 여성에게 부정적 영향을 미친다.

제 5 절 배우자학대에 대한 잘못된 통념

우리 사회에는 배우자학대에 대한 잘못된 통념들이 상당히 깊이 뿌리박혀 있다. 이러한 통념은 배우자학대를 정당화시키며, 피해자에게 더욱 큰 피해를 입히게 된다. 따라서 이러한 통념이 어떻게 잘못된 것인지를 명확하게 이해하는 것은 피해자를 원조하는 데에 매우 중요하다. 다음은 잘못된 통념들과 이에 대한 반박들이다.

1. "아내만 맞고 사는 것이 아니라, 맞고 사는 남편도 많다"

앞에서 살펴본 바와 같이, 배우자학대에 대한 조사, 특히 갈등관리척도를 사용한 여러 조사에서는 성의 대칭성이 나타나는 경우가 많다. 즉 아내에 의한 남편폭력도 남편에 의한 아내 폭력과 비슷하게 발생하는 것으로 나타나며, 상호폭력도 상당히 존재하는 것으로 나타난다. 그러나 이러한 결과는 조사의 방식이 단순히 폭력의 발생빈도를 양적으로 집계하는 방식으로 이루어졌기 때문이며, 실제로 폭력이 일어나는 상황적 맥락을 고려하지 않았다는 비판을 받고 있다. 남성은 체격, 신체적 힘, 공격적 성향이 여성보다 크므로, 같은 행동을 하더라도 남성이 여성에게 가한 폭력이 반대 경우보다 훨씬 더 심한 고통과 상처를 준다는 점, 그리고 여성이 남성에게 가하는 폭력은 많은 경우 상대방의 폭력에 대한 대응이나 자기방어에 의한 것이라는 점이 지적되어야 한다.

2. "남편은 직장에서의 스트레스 때문에 아내를 때린다"

많은 아내구타 남성들이 직장상사, 경찰, 이웃에게는 분노를 참을 능력이 있다는 것이 관찰되고 있다. 만약 직장에서의 스트레스 때문에 남편이 분노를 참을 수 없다면, 왜 직장에서는 스트레스나 분노를 폭발시키지 않고 아내에게만 폭발시키는가? 그 이유는 아내가 남편보다 힘과 사회적 지위에서 하위에 있기 때문에, 남편이 아내에게 분노를 폭발시켜도 제재를 받지 않기 때문이라고 봐야 한다.

3. "남편은 정신병리 문제 때문에 아내를 때린다"

아내구타 행위자에게 정신병리가 있는 경우도 있지만, 다 그런 것은 아니다. 많은 아내구타자들이 겉으로 보기에는 평범하며, 아내구타 이외의 다른 면에서는 정상적으로 보이는 삶을 살고 있다. 따라서 아내구타의 원인을 남편의 정신병리에서 찾는 것은 남편의 자기 행동에 대한 책임 회피를 방조하는 결과를 낳게 된다.

4. "아내는 병리적 성격(피학대적 성격) 때문에 맞는 것이다"

매맞는 아내가 정서적 문제나 성격특성을 보이는 것은 사실이며, 이는 피해여성 증후군이란 이름으로 불리기도 한다. 매맞는 아내의 이러한 특성을 구타의 원인으로 개념화해서는 안 되며, 이러한 특성은 반복된 학대의 결과로 보아야 한다.

5. “때리는 남편도 문제이지만, 맞는 아내에게도 맞을 만한 이유가 있다 (양쪽 다 잘못이다)”

아내구타 행위자는 아내가 자기를 자극하고 화를 돋구었기 때문에 때렸다고, 혹은 자기는 아내와의 다툼에서 단순히 자기주장이나 자기방어를 했을 뿐이라고 주장하는 경우가 많다. 그들은 자기만 잘못한 것은 아니기 때문에 부부가 다 제재를 받아야 한다고 주장한다. 그런데 상담자들 중 다수도 이런 인식, 즉 부부 양쪽이 다 잘못이라는 전제를 가지고 있다. 그러나 여기에서 지적되어야 할 것은 인간의 어떤 행동도 그 대가로서 맞을만하지 않다는 것이다. 폭력을 사용하는 것은 그 원인이 무엇이든지 간에 행위자의 책임이다. 즉 상대방이 어떠한 행위를 하였든지 간에 폭력행위의 책임은 전적으로 행위자에게 있다는 것을 인식하는 것이 중요하다.

6. “아내의 잘못에 대하여 가르치려고 때린 것이다”

부부는 근본적으로 대등하며, 남편은 아내를 훈육할 위치에 있지 않다는 것을 인식하는 것이 중요하다. 또한 구타는 아내를 변화시키기 위한 효과적 수단이 될 수 없으며, 폭력은 부부간의 문제 해결을 더욱 어렵게 할 뿐이란 것을 인식해야 한다.

생각할 문제

1. 용어의 문제에 있어서, 가족폭력, 가정폭력, 배우자학대, 아내학대, 파트너학대 등이 가지는 의미의 차이에 대하여 논하시오.

2. 우리나라에서 아내나 자녀에 대한 폭력을 용인하는 것을 나타내는 속담이나 예화를 찾아보고 논하시오.

3. 부부폭력에 대한 서베이 조사결과에서 여성의 피해와 남성의 피해가 비슷하게 나온 경우, 이를 보다 심층적으로 분석하기 위해서는 무엇을 알아 봐야 할지를 논하시오.

4. 〈그림 9-2〉에서 남성이 여성 파트너에 의하여 살해되는 비율이 1977년에 비하여 1992년에 절반으로 감소한 이유에 대해, 1970년대 이후에 매맞는 아내를 위한 쉼터가 제공되었기 때문이라는 해석이 제시되었다. 이는 얼마나 설득력 있는지 논하시오.

5. "때리는 남편이나 맞는 아내나 다 잘못이다"는 통념에 대하여 효과적으로 반박하려면 어떻게 해야 하는지 논하시오.

제 10 장

배우자 학대의 피해자

아내학대 피해여성들은 가장 친밀한 사람으로부터 폭력을 당했다는 점에서 다른 범죄들보다 심각한 신체적, 정신적, 사회적 피해를 입게 된다. 여기에서는 제 1절에서 피해여성들의 심리사회적 특성, 제 2절에서 폭력의 사이클, 제 3절에서 피해여성이 결혼관계에 머무는 이유를 알아보며, 제 4절에서는 이들에 대한 개입에 대하여 고찰한다.

제 1 절 피해여성들의 특성

1. 피해여성 증후군

피해여성운동의 개척자인 Lonore Walker는 1979년 '*The Battered Women*'이라는 책을 펴냈다. Walker는 120명의 아내구타 피해여성을 면접한 자료를 토대로 그 책을 썼으며, 이러한 여성들의 공통점을 "피해여성 증후군"(battered women syndrome)이라고 칭하였다. 이 책은 이후 오늘날까지 아내학대 피해여성들에 대한 이해의 토대가 되고 있다.

Walker(1979)에 의하면 피해여성 증후군의 증상은 다음과 같다. 자존감이 낮고, 아내구타 문제에 관련된 통념들을 믿고, 성역할에 대한 규정된 인습과 편견을 믿고, 구타자의 행동을 자기 탓으로 돌리며, 자기가 느끼는 공포나 분노를 부인하면서 죄의식을 가지고 자기를 비난하며, 심리신체적 증상 및 심한 스트레스 반응을 보이고, 친근감을 갖기 위해 성관계를 이용하거나 자신 외에는 누구도 자신의 상태를 해결하지 못한다고 믿는다. 또한 이러한 특성에 덧붙여서 수면장애, 섭식장애, 만성피로 등을 나타내기도 한다. 아울러 두통, 위장장애, 고혈압, 알레르기, 심장 문제와 같은 신체 문제, 우울이나 불안과 같은 정신적 문제를 보이기도 한다. 또한 외상 후 스트레스 장애(PTSD)를 보이는 경우도 있다. 물론 이런 신체나 정신적 문제가 있다고 해서 그들이 모두 아내학대의 피해자는 아니지만, 이런 증상을 보이는 여성에 대해서 아내학대 문제가 있는지 탐색할 필요가 있다.

또한 친밀감과 신뢰를 바탕으로 한 인간관계를 기피하며, 사회적 지지체계로부터 고립되고, 때로는 자진해서 고립되기도 한다. 이는 폭력으로 인해 대처능력이 감소되기 때문이기도 하며, 자신이 구타당하고 있다는 사실이 알려지는 것을 두려워하기 때문이기도 하다(유순옥, 2006).

2. 생존자의 외상

Saunders는 아내학대 피해자를 생존자라고 칭하면서, 그들이 경험하는 외상을 다음의 네 가지로 정리하고 있다(1999: 257-258).

첫째, 피해자 사정의 첫 번째 문제는 자기 배우자를 죽일 가능성을 물어보는 것이다. Browne(1987)에 의하면, 남편 살해 사례들에 있어서 다음과 같은 위험요인들, 즉 여성에게 가한 상처의 심각성, 남성의 신체적 폭행 및 성폭행의 빈도, 남성의 중독 혹은 약물사용 빈도, 죽이겠다는 남성의 위협, 여성의 자살기도 혹은 자살 위협이 높게 나타나는 것을 발견했다. Sauners는 여기에다가 다음과 같은 질문을 첨가하였다.

즉 배우자를 치명적으로 공격하고자 하는 생각이 얼마나 강하고 확실하고 구체적인지, 자신이 무기를 소지하고 있는지, 자신을 보호할 수 있는 수단이 다 소진되었는지를 물어볼 수 있다. 이러한 위험요인이 높게 나타난다는 것은 그만큼 피해자의 외상이 크다는 의미라고 할 수 있다.

둘째, 우울과 자살위험이다. 피해여성에게 우울은 일반적이다. 자녀들에게 폭력이 영향을 미쳤다는 사실을 깨달을 때 우울과 분노를 더 많이 보고한다. 관계를 도저히 떠날 수 없다는 생각을 하는 피해자는 자살을 생각할 것이다. 자원 및 효과적인 원조가 부족하고 남성의 위협이 계속되면, 외상 후 스트레스 장애는 피해여성에게 정신병리를 야기할 수 있다.

셋째, 외상 후 스트레스 장애이다. 피해여성들은 환각재현현상(flash-backs), 악몽과 같은 침해증상, 그리고 학대를 생각나게 하는 것을 회피하는 회피증상을 겪는다. 회피증상은 외상을 억압하고 이는 자기도 모르는 사이에 사회적 기능을 저하시키기 때문에 문제가 된다.

넷째, 폭력에 대한 원인설명을 어떻게 하는가 하는 것은 피해자의 회복과정에 결정적 영향을 준다. 가장 부정적인 것은 피해자 자신을 원망하는 것이다. 만약 자신을 원망하면 그는 더욱 우울해지고 이에 고착될 것이다. 자기원망의 유형에 있어서, 자신의 성격 전체를 탓하면 자신의 행동을 탓하는 것보다 우울을 더 많이 경험하게 된다.

제 2 절 폭력의 사이클

Lenore Walker(1979)는 〈The Battered Women〉에서 120명의 피해여성을 면접한 결과 폭력의 사이클을 제시하였는데, 신체적 폭력 그 자체는 지속적으로 경험하는 것이 아니고 주기를 가지고 있다는 것이다. 한 주기는 세 단계, 즉 상승기, 폭발기, 하강기로 이루어진다(Walker,

1979; Neidig, 1985).

1. 긴장이 쌓이는 단계(상승기)

이 시기는 스트레스와 긴장이 상승하는 단계이다. 상대방과 대화하기보다는 상대방으로부터 떨어짐으로써 문제가 내부에 쌓이며, 이는 내부에서 점점 더 확대된다. 이 때는 모든 사람들이 살얼음을 걷는 때이다. 과도한 구타를 피하기 위해 피해자는 행위자를 어르거나 달래며 그가 희망하는 대로 순종한다. 더 큰 폭력이 일어나리란 것을 알기 때문에 조그만 학대는 참으려고 애쓴다. 피해자는 자신이 조심하면 심각한 폭력은 일어나지 않을 것이라고 생각한다.

2. 폭발기

이 시기는 긴장이 폭발적으로 방출되는 갈등으로 치닫는 단계이다. 긴장이 최고치에 달하면 폭발 혹은 급성단계에 도달한다. 피해자와 행위자는 둘 다 통제능력을 상실하는 양상을 보인다. 행위자는 피해자에게 '본때를 보여주는 것'에 열중하는 것으로 보인다. 이 단계는 피해자가 차라리 불을 당기는 무엇인가를 해서 긴장을 끝내버리려고 할 정도로 두려운 시기이다. 부부는 말로 서로 상대를 공격함으로써 서로를 자극하는 촉발행동을 하게 된다. 그리하여 긴장이 폭력을 통하여 폭발적으로 방출된다. 공격이 끝나면 두 사람 다 일어난 일에 대하여 쇼크를 받는다. 이 단계에서 경찰을 부르게 된다.

3. 하강기/밀월기

폭발이 일어나면 즉각적으로 초기단계동안 쌓였던 긴장은 완화된다. 이 때가 피해자가 상처를 받은 후 긴장이 해소되고 안도하는 단계이다.

긴장이 해소되면 행위자는 자기의 행위를 후회하고 자기가 너무 심했다고 반성하게 된다. 따라서 피해자에게 다시 친절하고, 자기의 행위에 대한 용서를 구하며 피해자에게 사랑을 표현한다. 이 시기동안 행위자는 피해자에게 매력적이고 사랑스러울 수 있다. 부부는 과거 어느 때보다도 가까움을 경험하기도 하며, 이런 일이 다시는 일어나지 않을 것이라고 스스로를 확신시킨다. 이러한 낙관주의는 자기의 잘못을 인정하기보다는 술이나 친구 등 가족 외부의 힘에 잘못을 돌리도록 하며, 따라서 외부의 도움을 거절하게 된다. 이런 낙관주의는 폭력행동을 하게 만든 요인을 현실적으로 분석하지 못하게 하고, 미래의 재발가능성에 관하여 현실적으로 고찰할 수 없게 한다.

또한 이 때는 피해자가 도망치기 쉬운 때이다. 그러나 행위자는 피해자가 돌아오도록 가족과 친구의 도움을 구하고, 아이들을 활용하여 피해자에게 돌아오라고 설득한다. 실제로 배우자학대를 근절시키기 위하여서는 이 단계가 피해자에게 가장 어려운 단계이다. 이 단계에서 쉼터 직원, 병원직원 등이 피해자를 만나게 되며 원조를 제공하게 된다.

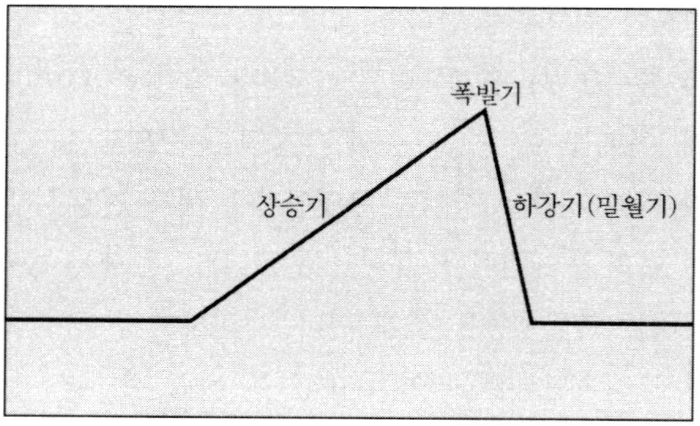

〈그림 10-1〉 폭력의 사이클

이 모델은 많은 경우에 나선형을 그리며 순환적 형태를 가진다. 즉 반복적으로 진행되며, 시간이 지날수록 재발의 주기가 짧아지고 상승기의 기간이 짧아지는 특성을 가진다.

제 3 절 피해여성이 결혼관계에 머무는 이유

위에서 살펴본 대로, 배우자학대는 오랜 세월 은밀하게 반복되며 지속된다. 배우자 학대의 피해는 장기적으로 진행되는 특징을 가지고 있으며, 피해여성들이 결혼관계를 떠나는 데에는 오랜 세월이 걸리는 것으로 나타난다. 폭력의 지속기간은 대개 최초 발생시기를 기준으로 측정하게 되는데, 쉼터 여성을 대상으로 한 조사에서는 피해여성들의 37.7%가 11년 이상 폭력을 당하고 있는 것으로 보고하였다(김선아 외, 2003를 여성가족부, 2008에서 재인용). 또한 가정폭력으로 보호처분을 받고 있는 가해자 부부 22쌍을 대상으로 한 한국가정법률상담소(2006)의 조사에서도 조사대상 부부들의 동거기간은 72.8%가 10년 이상인 것으로 나타나 가정폭력의 장기성을 보여주고 있다(여성가족부, 2008에서 재인용).

가정폭력피해자 보호시설에서 퇴소시 상태에 대한 여성가족부의 통계자료(2010)를 보면, 2009년에 퇴소한 2,756사례 중 결혼관계를 지속하는 경우는 〈표 10-1〉과 같이 43.7%이다. 가정폭력피해자 보호시설에 온 경우라면 폭력이 상당히 심각한 경우라고 할 수 있는데 거의 반수가 결혼관계를 지속하는 것을 보면, 이들에게 있어서 결혼관계를 떠나는 것이 매우 힘든 결정임을 알 수 있다. 또한 퇴소 시 거주상황 중 독립이 21.3%에 불과한 것 역시 이들의 독립이 매우 어렵다는 것을 말해준다고 할 것이다.

〈표 10-1〉 가정폭력피해자 보호시설의 퇴소시 상태

연도	혼인관계						거주상황						
	계	결혼관계지속	별거	이혼	이혼소송중	기타	계	남편과 동거	타 시설	재 입소	아는 사람집	독립	기타
2008년	3,129	1,444	668	360	312	345	3,129	1,342	293	86	474	586	348
	100%	46.1	21.3	11.5	10.0	11.0	100%	42.9	9.4	2.7	15.1	18.7	11.1
2009년	2,756	1,205	581	324	306	341	2,756	1,144	284	69	408	587	264
	100%	43.7	21.1	11.8	11.0	12.4	100%	41.5	10.3	2.5	14.8	21.3	9.6

출처 : 여성가족부(2010). 『2009년도 가정폭력보호시설 및 상담소 등 운영실적보고』

미국의 경우, 300명의 쉼터이용자를 대상으로 한 연구에 의하면, 이들이 쉼터에 오기까지 평균 59번의 폭행을 당했다는 보고가 있다(Okun, 1986을 이승열, 1995에서 재인용). 배인숙(2007)의 쉼터 여성들을 대상으로 한 조사결과를 보면, 가정폭력이 지속되는 것은 피해여성들이 주변에 도움을 요청하지 않고 참고 사는 것과 관련된다. 피해여성들은 학대 상황에 대해서 참을 수 있을 때까지 견뎌내다가 어떤 한계점에 이르렀을 때, 즉 자신이 자살 충동을 느끼거나 가족 안에서 범죄가 발생할 것 같은 상황 등 절박한 상황에 이르러서야 쉼터를 찾게 된다는 것이다.

이러한 조사결과를 볼 때 아내학대 피해자들은 결혼관계를 떠나는 것을 매우 어려워한다. 그렇다면 왜 아내학대 피해여성들은 이러한 고통 속에서 오랜 세월 머무는 것인가? 그 이유는 여러 연구마다 다양하게 설명되는데, 피해자가 속한 사회문화적 배경과 개인의 특성이 복합적으로 작용한다고 할 수 있다. 이를 정리하면 다음과 같다(변화순 외, 1993; 박미은, 1998; 이혜경, 1999; 이미영, 1999; 배인숙, 2000; 장혜경·민가영, 2002; 박숙희, 2004; 이영주, 2007; 이원숙, 2010; Wallace, 1996; Kemp, 2001)[1].

1) 이 부분은 한애경·이은주(2010)의 연구의 일부분을 요약정리한 것이다.

1. 개인의 특성

개인적 특성으로 가장 많이 인용되는 것이 "학습된 무기력감"의 개념이다. 이는 원래 Seligman의 실험에서 통제 불가능한 전기충격에 노출된 개가 나타내는 반응을 묘사하기 위해 사용되었던 개념으로서, 나중에 인간을 대상으로 한 연구가 후속적으로 진행되었다. Seligman에 의하면, 인간은 통제할 수 없는 혐오적인 사건에 직면하여 자신의 반응으로 미래의 결과를 통제하지 못하리라는 예측에서 무기력이 발생한다고 하였다.

학습된 무기력감의 개념은 매맞는 아내의 심리상태를 잘 나타내 준다. 아내 학대 피해자의 무기력감은 후천적인 학대 경험으로 학습된 것이며, 아무 것도 할 수 없다는 생각 및 감정은 우울과 불안을 가져온다. 이들은 학대의 결과로서 두려움, 죄의식, 좌절감, 수치심, 자기불신, 능력에 대한 자신감 상실, 그리고 자기 자신과 환경에 대한 통제감 상실로 인해 무기력해진다. 이들은 익숙한 것에 안정감을 느끼며 변화에 대해서 위험을 느끼기 때문에, 비록 결혼생활에서 파괴적인 관계 안에 묶여도 이를 벗어나기가 극도로 어려운 것이다. 구타당하는 아내들은 남편에게 대단히 의존적이기 때문에 외부의 도움이나 보호를 받을 방도가 없다고 믿음으로써 학대 관계에 더욱 더 묶이게 된다.

2. 자녀 양육 문제

피해자들이 폭력상황에서도 사력을 다해 인내하는 중요한 이유는 자녀에 대한 책임감 때문인 경우가 많다. 이들은 이혼하면 자녀를 안전하게 보호하지 못할 것이라는 두려움을 가지고 있다. 이들이 이혼 후 생활에 대하여 두려움을 느끼는 부분은 자녀양육의 부담감 및 아버지가 없다는 사실이 자녀에게 끼치는 영향이다. 이 때 아버지가 자녀에게 미치는 영향은 구체적이고 실제적인 면이 아니라 '아빠 없는 아이'라는 꼬리표 그 자체이다. 혹은 반대로 결혼관계를 떠나면 자녀를 잃게 될 것이라는 두려움 때문에 남편에게 묶이기도 한다. 특히 그들은 낮은 자아존중감이나 우울증으로 인하여 어머니 역할을 잘 해내기 어렵고, 남편으로부터 이에 대한 비난을 받을 때 아주 취약해진다.

3. 경제적 문제

우리 사회의 성별분업적 구조는 결혼 제도 밖의 여성의 경제적 자립에 중요한 장애 요인이며, 이는 결국 남편에 대한 경제적 의존을 초래한다. 여성의 경제적 의존성은 아내학대 피해여성이 결혼관계를 떠나지 못하는 중요한 이유이다. 대부분의 여성들은 전업주부로 생활하는 경우가 많고, 설사 직업을 가진 여성이라고 하더라도 가부장제 사회에서 여성이 남편을 떠나 독립한다는 것은 많은 경제적 사회적 자원을 잃는 것을 의미한다. 이혼여성들의 빈곤문제는 "빈곤의 여성화"라는 표현이 생겨날 정도로 심각하므로, 이는 여성이 학대적 관계를 떠나지 못하는 주요 원인이다.

4. 사회적 고립의 문제

사회적 지지체계는 개인이 가지고 있는 문제에 보다 잘 대처할 수 있도록 스트레스에 대한 완충역할을 하는 것으로 알려져 있다. 사회적 지지의 완충역할은 개인이 스트레스를 받는다고 인식하는 것을 예방하거나 부적응 반응을 억제시키므로, 행위자들의 공격행동 발생 가능성이 적어지고, 피해자들의 자아존중감 향상과 적극적인 대처에 도움이 되는 것으로 나타났다.

사회적 지지는 크게 두 가지로 나누어 볼 수 있는데, 가족, 친척, 친구, 이웃, 동료와 같은 비공식적 자원으로부터의 지지, 그리고 경찰, 법원, 쉼터, 사회적 서비스와 같은 공식적 자원으로부터의 지지가 있다. 이러한 개인과 지지체계와의 연계, 그리고 지지체계들 간의 연계가 중요하다.

그러나 학대가 지속되는 동안, 피해자들은 흔히 친구나 가족과 같은 비공식적 지지체계로부터 격리되며, 공식적 지지체계에 대한 신고를 기피하는 경향이 있다. 이는 경제적, 심리적으로 행위자에게 의존하는 결과를 낳는다. 피해자들이 신고를 기피하는 원인, 그리고 관계에 머무르는 원인은 행위자에 대한 두려움(신고로 인하여 안전이 더 위협당할 것이라는 두려움), 외부로 알려지는 것에 대한 수치감 등이다. 실제로 폭력이 자주 일어나는 가족은 변화를 위한 잠재적 자원으로 기능하는 친척, 이웃, 친구 등과 유리되어 있는 경향이 있다. 그러한 의미에서 사회적 고립은 아내학대의 원인인 동시에 결과라고 할 수 있으며, 이들이 관계를 떠나지 못하는 주요 원인이 된다.

5. 사회문화적 특성

우리나라의 전통적 가치관이나 사회적 통념은 이혼에 대하여 부정적인 인식을 갖고 있다. 혈연관계로 이루어진 핵가족을 정상적인 가족의 모델로 상정하는 사회 속에서 이혼한 여성과 자녀들은 비정상적 가족이라는 편견에 놓이게 된다. 이러한 편견으로 인하여 이혼의 이유가 무엇이든지간에 일단 가정을 깬다는 것에 대한 두려움이 크고, 여성이 관계 속에 머물기를 권하는 문화적, 종교적, 가족적 믿음으로 인하여 피해 여성들은 고통스런 관계 속에서 머물게 되는 경우가 많다.

제 4 절 피해여성에 대한 개입

과거에는 수많은 정신건강 전문가들이 피해여성들의 병리와 역기능에 초점을 맞추고 피해자를 '병자'로 취급하였다. 이러한 전통적인 병리 모델, 혹은 문제 중심적 접근은 이들의 부적응 문제를 부각시키고 이들을 치료대상으로 간주하였다. 많은 피해자들이 행위자로부터 '미쳤다'는 소리를 들어 왔기 때문에, 피해여성들의 문제를 심리내적이고 병리적으로 보는 접근은 이러한 메시지를 강화시킬 우려가 있다. 그러므로 최근에는 이러한 모델을 대신하여 피해자들의 역량강화를 강조하는 추세에 있다. 여기에서는 Biere의 '학대관련 적응'개념, 적응유연성, 여성주의적 접근에 대하여 알아보고자 한다.

1. 학대관련 적응 개념

Biere의 '학대관련 적응' 개념에서는 '클라이언트에게 호의적인' 태도를 취해야 한다는 것, 그리고 클라이언트를 피해자나 환자가 아니라 '생존자'라고 봐야 한다는 것을 기본 전제로 하고 있다. 여기에서는 증상으로 라벨링되었던 것을 생존자가 과거 학대경험 자체, 그리고 이후 나타난 학대에 관련된 문제에 적응하고자 하는 시도의 기능적 표현이라고 본다. 즉 증상은 생존을 위해서 필수적인 기능이었던 것이다. 예를 들어 자살시도, 자기파괴적 행동과 같은 클라이언트 행동(증상)에 대해 병리적 관점으로 보기보다는, 이를 생존을 위한 자연스러운 행동이라고 이해할 필요가 있다는 것이다. 예를 들어 알코올, 약물중독, 자살시도는 '도피'라는 적응적 행동이고, 반항적이거나 공격적 행동, 지나친 수동적 위축적 행동 등은 관계상의 긴장 완화 행동이라고 보는 것이다. 또한 면도날로 자해하는 사람의 이야기를 주의 깊게 경청한다면, 여러 해 동안의 학대로 인한 정신적 고통보다 스스로 면도날로 그은 상처가 덜 아프다고 말할 것이다. 이 모델을 인정한다면 세 가지의 기본신조를 인정해야 한다. (1) 생존자의 행동은 수동적이라기보다는 적극적이고 실용적이다(즉 그 행동이 그에게 효과가 있었다는 것이다), (2) 그러한 행동이 그 상황에서는 기능적이었기 때문에, 역기능적이라고 생각될지라도 포기하기 어렵다, (3) 그 행동은 삶에 대한 적응이었기 때문에 그 자체가 클라이언트가 지나온 자취에 대하여 우리에게 알려줄 수 있다. 이 모델은 원래 아동학대 생존자들을 돕는 작업에서 나온 것으로서, 아내학대 생존자들에게도 적용될 수 있다(Kemp, 2001: 238-239). 이렇게 현상학적 접근에 기반을 두고 의미를 재구성하는 작업을 통하여 그들은 자기의 과거 경험을 보다 긍정적으로 바라볼 수 있게 된다. 또한 치료자 역시 그들을 병리적으로 바라보지 않고 그들의 주관적 경험을 보다 심층적으로 이해할 수 있게 된다. 이러한 과정을 통하여 생존자들의 역량이 강화될 수 있다.

한편 폭력으로부터 벗어나고자 하는 여성들의 노력에 대한 연구는 최근 이루어지고 있다. 이러한 노력은 단순한 한 가지 사건이라기보다는 과정으로 보아야 한다. 폭력에 대한 그들의 반응도 사건에 대한 의미와 더불어 사회적 맥락 속에서 복합적으로 평가되어야 한다. 최근의 질적 연구들은 변화 단계에 대한 범주를 제공한다. Landengerger(1993)는 변화 단계를 굴레, 학대에 대한 인내, 분리, 회복으로 개념화하였다. 여성들은 이러한 각 단계에서 폭력의 원인 및 해결의 원인 찾기, 사회적 기대, 도움을 구하는 것에 어떠한 관점을 가지는가 등에 관하여 각기 다른 의미를 부여하는 것으로 보인다(Saunders, 1999: 256-257에서 재인용).

2. 아내학대 피해자의 적응유연성

앞에서 살펴본 바와 같이, 적응유연성이란 개념이 처음 연구된 분야는 발달심리학으로서, Rutter(1987)와 Garmezy(1993)는 역경에서 놀랍게 잘 기능하는 아동들을 발견하여, 이들의 특성에 적응유연성이란 용어를 사용하였다. 이후 이 개념은 사람들이 생활변화를 어떻게 다루고 힘든 상황에 관하여 무엇을 하는가에 대한 개념으로 발전하였다(Humphrey, 2003).

적응유연성의 개념은 아내학대의 피해자들에게도 역시 적용되는데, 쉼터에 입소한 여성들을 대상으로 연구한 Werner-Wilson et al.(2000)은 적응유연성의 개념의 공통요소를 다음과 같이 추출하였다. 즉 힘들고 부정적인 생활상황에 적응하거나 상황을 변화시키는 능력, 부정적 전망에 대하여 후퇴하지 않는 능력, 위험요소에 대하여 회피보다는 단호하게 맞서는 능력이다. 적응유연성에 관한 여러 연구들에서 보이는 공통적인 특성은 고위험 상황에 있는 사람들의 적응과 발달에 있어서 부적응을 일으키게 하는 위험 요인들에 초점을 맞추는 것이 아니라, 지속되는 위험과 스트레스에 직면하여 어떻게 탄력있게 적응하고 발달해 가는지에 초점을 맞춘다는 점이다(송사리, 2007).

아내학대 피해여성들의 적응유연성에 관한 연구들은 이들이 결혼관계를 떠나는 결정(쉼터입소 혹은 별거나 이혼)을 하도록 하는 요인에 관한 연구(Werner-Wilson, Zimmerman & Whalen, 2000), 이들의 이혼 후 적응 및 경험에 관한 연구(Hay-Yahia & Eldar-Avidan, 2001), 쉼터입소 여성들의 적응유연성에 영향을 미치는 요인에 관한 연구(유순옥, 2006; 송사리, 2007; Humphreys, 2003; Schultz, Roditti & Gilette, 2009), 아내학대를 이유로 이혼한 여성들의 적응유연성에 영향을 미치는 연구(한애경 · 이은주, 2010) 등이 있다. 위의 연구들에서 나타나는 적응유연성에 영향을 미치는 요인들은 대체로 개인의 성격특질,

가족과의 유대나 자녀와의 애착, 사회적 지지, 경제적 안정감 등으로서, 여러 차원의 요인이 복합적으로 작용함을 알 수 있다.

3. 여성주의적 접근

피해여성에 대한 서비스의 기본 관점에는 여성중심적 관점과 가족중심적 관점의 두 가지가 있는데, 여성중심적 관점의 실천모델에서는 여성이 독립적으로 살 수 있게 도와주는 구체적인 서비스, 그리고 자원에 대한 여성의 접근을 보장하는 법적 권리가 중요하게 부각되며, 따라서 여성이 자기의 삶을 스스로 통제할 수 있는 환경적 조건을 만들어 주는 데에 초점을 맞춘다. 반면 가족중심적 관점의 실천모델에서는 개인의 폭력행동을 종식시키고 부부의 상호관계를 개선시켜 가족이 함께 살 수 있도록 하는 데에 초점을 맞춘다(Davis & Hagen, 1992: 15-17). 오늘날 아내학대 피해여성에 대한 접근은 여성중심적 관점에 보다 기반을 둔다.

아내학대에 대한 여성주의적 접근에서는 아내학대의 원인을 아내나 남편의 심리내 적인 원인에서 찾는 접근을 비판하며, 그 근본 원인을 성차별적 사회질서 및 가부장적 문화구조에서 찾는다. 여성주의적 관점에서 '개인적인 것은 정치적이다'라는 개념은 아내학대 문제가 가부장적 사회에 의해 강화된다는 것을 의미한다. 따라서 이 문제를 해결하기 위하여 여성주의적 실천가는 억압적인 사회체계와 고정적인 성역할 관념을 변화시키는 데에 관심을 둔다. 그리하여 아내학대 피해자가 전통적인 성역할에 고착되는 것을 벗어나서 여성의 독립심과 능력을 개발하는 것에 중점을 두고 있다(신은주, 1995). 여성주의적 실천가는 전통적인 권위적인 위치가 아니라 클라이언트와 평등한 위치에 서며, 개인의 문제와 사회문제를 연결시키는 접근을 통하여 클라이언트가 자기비난 및 무력감에서 벗어나서 역량을 강화하는 것을 돕는다. Wood & Middleman(1992)에 의하면, 역량강화 집단은 일반적으로 상호원조, 의식고양, 행동수행의 세 단계로 이루어진다(조흥식 외, 2000: 250에서 재인용).

이런 프로그램들은 많은 경우 쉼터에서 이루어진다. 쉼터는 무엇보다도 안전하게 머물 수 있는 장소라는 의미가 크다. 그러나 그것만으로는 부족하며, 지지집단, 상담, 직업훈련프로그램, 경제적 지원 및 주거 연계 등의 프로그램을 통하여 여성들이 스스로 능력이 있다고 느낄 수 있도록 하는데에 중점을 둔다. 이를 위해 주로 여성주의 접근에 기반을 둔 집단 집단프로그램을 통하여 역량강화를 강조한다.

한편 Kemp(2001)에 의하면, 쉼터에 가기를 원치 않는 여성들은 다양한 지역사회 지지집단으로 의뢰해야 하는데, 지지집단들에는 지역사회 정신건강센터, 상담소, 교회 등이 있다. 그들은 일단 자기 집으로, 혹은 친구나 친척 집으로 가는데, 이들이 안전계획을 세우도록 돕는 것이 필요하다. 안전계획에는 자신이 위험에 처했다는 것을 알 수 있는 방법, 위기 시 전화할 수 있는 방법, 경찰을 불러 달라고 이웃에게 신호를 보내는 방법, 자신이 갈 수 있는 곳이나 도망치는 길을 확인하는 것, 응급 시 가지고 갈 가방(돈, 은행통장, 중요한 서류 등을 넣어 놓은 가방)을 챙겨 놓는 것 등이 포함되어야 한다.

생각할 문제

1. 아내학대가 장기적으로 지속되면서 폭력의 사이클의 주기가 어떻게 변형되는지 논하시오.

2. 아내학대 피해여성이 스스로를 '피해자'라고 부르는 것, 혹은 '생존자'라고 부르는 것이 그에게 어떠한 차이를 가져올지 논하시오.

3. 아내학대 피해여성이 결혼관계를 떠나지 못하는 이유들에 관하여 논하시오.

4. 주변에서 적응유연성을 보여주는 아내학대 피해여성의 사례를 찾고, 그 사례에서 적응유연성을 가져온 요인에 관하여 논하시오.

5. 아내학대 피해여성에 대한 서비스의 기본 관점에는 여성중심적 관점과 가족중심적 관점의 두 가지가 있다. 두 가지 관점의 강점과 약점에 관하여 논하고, 자신은 어느 관점을 채택할 것인지 논하시오.

제 11 장

배우자 학대의 행위자

배우자 학대의 행위자들은 대부분 남성이다. 여기에서는 남성 행위자들에 초점을 맞추어서 제 1절에서는 행위자의 특성, 제 2절에서는 행위자의 유형 분류를 살펴볼 것이다. 또한 제 3절에서는 학대행위에 대한 원인설명 및 각 원인 설명에 기반하여 행위자에 대한 개입모델을 알아보고, 제 4절에서는 행위자들에 대한 실제적 개입에 관하여 고찰할 것이다.

제 1 절 행위자의 특성

배우자학대 행위자가 어떤 사람인지 그 윤곽을 그려보기 위해 여러 연구들이 이루어져 왔다. 그 결과 행위자들은 다양한 집단에 속하며, 어떤 한 가지 모습만을 나타내지 않는다는 것이 인정되고 있다. 일단 행위자의 명백한 신체적 특성이란 존재하지 않는다. 또한 심리적으로도 명백한 진단이 이루어진 적이 없다. 학대행위를 하는 개인이 정신장애가 있을 수는 있지만, 학대 행위가 정신장애로 분류되지는 않는다. 그러나 연구자들은 행위자들의 일반적 특징들이 어떤 것인지를 밝혀보려고 노력해 왔으며, 연구 결과들이 조금씩 다르기는 하지만 행위자들의 특징이 어떤 경향성을 보이기도 한다(Wallace, 1996).

Wallace(1996)는 배우자 학대 행위자들의 특징을 연구한 Rosenbaum & Maiuro(1990), Pagelow(1984), Anderson et al.(1991)을 비교하였다. 이 연구들이 제시한 배우자 학대 행위자들의 특징들이 일치하지는 않지만, 세 연구가 공통적으로 제시하는 특징은 어릴 때 학대에 노출된 경험, 알코올 남용, 낮은 자부심이다. 여기에서는 이 세 가지 특징을 중심으로 살펴보고자 한다.

1. 아동기에 학대에 노출된 경험

아버지가 어머니에게 폭력을 행사하는 것을 목격하거나 직접 학대를 받은 경험이 있는 아동은 성장하여 가정폭력 행위자가 될 위험이 높다는 예견, 즉 폭력의 세대간 전수는 폭넓게 주장되고 있다. 아동기에 가정에서 폭력행동에 노출된 역사, 즉 폭력행동을 목격하거나 당하거나 행사한 경험은 미래의 폭력행동에 대한 가장 좋은 지표라고 하였다(Walker, 1984). 또한 Gelles(1993)는 아동기의 학대경험이 배우자 학대 행위자나 피해자에게 모두 역할모델이 된다고 하였으며, Martin(1986)은 폭력가정에서 자란 아동은 부모의 대처방법을 보고 배움으로써 성인이 되어 분노를 표출할 때 폭력 이외의 대안적 방법을 찾지 못하고 자녀들에게 폭력을 대물림하는 악순환을 거듭하게 된다고 하였다(장희숙 외, 2003a에서 재인용).

그러나 Gelles(1997)는 어릴 때의 경험이 반드시 그 사람의 폭력성을 미리 결정하게 되는 것은 아니라고 주장하며, 비록 양자가 어느 정도의 연관성은 있지만 아동기에 폭력을 경험하지 않은 사람도 커서 폭력을 행사할 수 있고 그 반대의 경우도 있으므로 '학대받은 아동은 자라서 학대행위자가 될 것'이라는 단정적인 진술은 위험하다고 경고한다.

2. 알코올 및 약물 남용

알코올 및 약물과 같은 물질은 인간에 내재하는 폭력적인 성향을 방출시키고 탈억제 요인으로 작용한다. 즉 약물은 초자아의 금지를 무너뜨리고 인간의 생득적 또는 학습된 폭력 성향을 발산하도록 만든다고 전제한다. 그러므로 알코올은 배우자학대와 밀접한 상관관계를 가지고 있고, 음주량이 증가할수록 직접적인 약물학적인 음주효과로 인하여 폭력이 증가한다는 보고들이 많다(장희숙 외, 2003a). 알코올 및 약물과 같은 물질 남용은 배우자 학대의 높은 위험요소로서, 배우자학대 사례의 85%에서 알코올 섭취, 30%에서 코케인 섭취, 20%에서 두 종류를 합해서 섭취했다는 보고가 있다(Lystad et al., 1996: 146).

3. 낮은 자부심

자존감이 낮은 남성들은 우울, 질투의 특징을 보이고, 남의 비판에 민감한 반응을 보이는데, 이러한 특징을 보이는 사람은 아동기에 학대를 경험했을 가능성이 크고, 상처와 두려움이 쉽게 분노로 바뀌며 공격행동을 표출하게 된다(Saunders, 1984를 장희숙 외, 2003a에서 재인용). 자아이미지가 손상된 남성들은 긍정적인 자아이미지를 가진 남성들보다 더 공격성을 표출할 가능성이 크다. 자부심이 낮은 남성들은 배우자의 행동이 자기의 자아이미지를 손상시킨다고 해석하는 경향이 크다(Wallace, 1996).

그 외의 특징들로서, 취약한 언어적 표현능력, 정신병리, 전통적 성역할관, 정서적 표현을 하지 않는 경향, 취약한 자기주장, 고립, 권위적 태도, 우울, 아내에 대한 과도한 집착, 힘이나 통제에 대한 욕구, 고용상의 문제 등의 특성도 제시된다.

여기에서 주의해야 할 것은, 행위자들은 단일한 집단이 아니므로 모든 행위자들이 이러한 특징들을 가졌다고 일반화하지 않아야 한다는 점이다. Gondolf는 아내학대 행위자의 프로필을 폭넓게 연구한 대표적인 연구자인데, 그는 아내 학대자를 “표현적이지 못하고 충동적이며 보수적이고 낮은 자아존중감을 가진, 경직된 인성, 술과 약물 문제를 가진 사람”으로 묘사하면서도, 결론적으로 아내구타자의 프로필은 존재하지 않는다고 했다. 그는 “대다수의 아내학대 행위자들은 정상적인 ‘좋은 남자’와 구별할 수 없으며, 실제로 그들 중 많은 수는 다른 모든 면에서 좋은 남자일 수 있다”라고 언급하고 있다(Kemp, 2001: 28에서 재인용). Gondolf의 이러한 언급은 많은 행위자들이 겉으로 보기에는 평범하고 부부관계 이외의 다른 면에서는 정상적으로 보인다는 임상적 관찰(Fleming, 1979: 301; Adams, 1989: 80)에서도 뒷받침된다.

또한 Gondolf에 의하면, 행위자의 특성을 조사한 연구들은 제한된 숫자의 임상적 표본에 의거하거나 연구결과들이 서로 상반되기 때문에 행위자의 특성에 대한 명확한 결론은 존재하지 않는다는 점을 지적하고 있다(Goldolf, 1993: 233). 이러한 Gondolf의 지적은 행위자들의 특성을 논할 때 지나친 일반화를 경계해야 한다는 의미로 받아들여야 할 것이다. 또한 행위자의 특성으로 거론된 요인들은 아내학대 행위의 위험요인이 될 수 있을 뿐, 아내학대 행위의 원인이 되지 않는다는 점 또한 명확하게 인식해야 할 것이다.

제2절 행위자의 유형 분류

위에서 밝힌 대로 행위자의 단일 프로필이 존재하지 않는다고 하더라도, 행위자들의 다양한 특성을 파악하여 유형을 분류하려는 노력이 행해지고 있다. 행위자의 유형을 분류하기 위하여 노력하는 이유는 폭력남성과 비폭력남성의 차이를 밝히는 연구에서 더 나아가서, 폭력남성들 간의 차이를 밝힐 수 있다는 점에서 의의를 찾을 수 있다. 행위자의 유형을 밝히는 작업은 배우자학대가 진행되는 방식에 대한 이해를 높여줄 뿐만 아니라, 각 유형의 행위자들에게 보다 적합한 치료프로그램을 각각 구분하여 적용할 수 있는 가능성을 높여준다는 점에서 의미가 크다(장희숙 외, 2003a). 현재 진행되는 행위자 대상 프로그램들은 표준화된 형식으로 모든 참석자들에게 일괄적으로 적용되고 있지만, 만약 행위자의 유형에 맞추어서 차별화된 프로그램이 제공된다면 보다 효과적인 개입이 이루어질 수 있을 것이다. 현재까지 행위자의 유형을 분류하고자 한 연구는 다수 이루어졌지만, 여기서는 비교적 널리 알려지고 인용되는 분류, 즉 Gondolf의 분류와 Saunders의 분류를 알아보고자 한다.

1. Gondolf의 분류

Gondolf(1988)는 쉼터에 있는 525명의 여성들을 대상으로 84개의 자기보고식 설문을 실시하여 군집분석을 실시하였고, 이를 바탕으로 행위자들을 세 가지 유형으로 분류하였다. 첫째, 사회병질적(sociopathic) 집단인데, 이는 여성에게 심각한 상처를 입힌, 가장 폭력적이라고 묘사된 집단이다. 대부분이 가정 밖에서도 폭력을 행사하고 아내와 자녀에게 극단적인 학대를 행하고 무기를 사용하기도 하며, 알코올, 약물중독, 절도 등 다양한 원인으로 체포된 경력을 가진다. 표본의 7%가 이에 해당한다.

둘째, 반사회적(antisocial) 집단으로서 신체적이나 언어적으로 심한 학대를 행하지만 사회병질적 집단에 비하여 법적으로 구속되는 비율은 낮은 것으로 나타났다. 표본의 41%가 이에 해당한다.

셋째, 전형적(typical) 집단으로서, 가장 덜 심각한 행위자 유형이며 무기를 사용하는 경우도 드물고 범죄로 구속되는 일도 적다. 폭력사건 후에는 아내에게 용서를 구하는 일이 많기 때문에 피해자가 돌아갈 가능성이 가장 높다. 이들은 행위자의 가장 다수를 차지하며 표본의 52%가 이에 해당한다.

Goldolf는 사회병질적 집단이나 반사회적 집단의 경우에는 심각한 반사회성과 여러 복합적 문제를 지니고 있으므로, 현재 행위자 대상 프로그램에서 주로 다루는 분노통제기법 교육만으로는 효과가 불충분하다는 것을 지적하고 있다. 따라서 이들에게는 단기간의 수감이나 상담 명령보다는 집중적인 장기 거주를 통한 개입을 실시하는 것이 필요하다고 제안하였다(Kemp, 2001에서 재인용; 장희숙 외, 2003a에서 재인용; Gondolf & Fisher, 19991에서 재인용; Goldolf, 1993에서 재인용).

2. Saunders의 분류

Saunders(1992)는 배우자폭력으로 개입프로그램에 참석하고 있는 165명의 남성을 대상으로 군집분석을 실시하여 대상자들을 유형 1, 유형2, 유형 3으로 분류하였다. 첫째, 유형 1은 '가족에게만 폭력을 행사하는 유형'으로서, 가장 덜 학대적이다. 이들은 정신병리나 성격장애를 가질 위험이 적고, 분노, 우울, 질투의 수준이 낮다. 가정 밖에서는 폭력을 행사하지 않는 것으로 나타났으며, 결혼관계에 만족하고 갈등 수준이 최소한이며, 심리적 학대도 거의 없는 것으로 기술되었다. 표본의 52%에 해당한다.

둘째, 유형 2는 '일반적으로 폭력을 사용하는 유형'으로서, 세 집단 중 가장 많이 가정 밖에서도 폭력적이고 심각한 형태의 폭력을 사용하는 유형이다. 이들은 많은 경우 아동기에 학대경험을 지니며, 폭력은 알코올과 연관되어 나타나고 음주운전이나 폭력으로 구속 경험이 많은 편이다. 여성의 성역할에 대하여 보수적인 태도를 가지며 심한 폭력의 빈도는 세 유형 중 가장 높다. 다른 두 집단에 비하여 결혼만족은 중간 수준이다. 표본의 21%가 이 유형에 속한다.

셋째, 유형 3은 '정서적으로 폭발하기 쉬운 유형'으로서, 분노, 우울감, 질투심의 정도가 가장 높고 죄책감과 자살에 대한 생각도 많다. 두 번째 유형보다 덜 폭력적이지만 심리적으로 가장 많이 학대하며 결혼 관계도 만족하지 않는 사람들이다(Kemp, 2001에서 재인용; 장희숙 외, 2003a에서 재인용)

Saunders(1992)에 의하면, 유형 1은 폭력성이 낮고 부부관계 지속에 대한 동기가 높은 경우로서 부부상담에 가장 적합한 조건을 갖추었다고 볼 수 있다. 또한 자신의 감정을 억누르는 경향이 있으므로 의사소통을 강조한 개입이 효과적일 수 있다. 유형 2는 아동기에 경험한 학대의 상처를 치유하고 알코올 남용을 금하며 인지재구조화를 통해 충동성 통제능력을 길러야 한다. 또한 성역할 고정관념이 자신과 주변사람들에게 해가 될 수 있음을 인식하도록 해야 하며, 6개월 이상의 개입이 제공될 필요가 있다. 유형 3은 질투나 우울 같은 감정을 분노로 전환시키지 않고 받아들이는 방법을 배워야 하며, 공격적이 아닌 방법으로 감정을 표현할 수 있어야 하고, 탈감각화 훈련이나 인지 재구조화가 도움이 될 수 있다(장희숙 외, 2003a에서 재인용).

아내학대의 심각성은 Saunders의 유형 2, 즉 '일반적으로 폭력을 사용하는 유형'에서 가장 심한데, 이는 Gondolf의 반사회적, 그리고 사회병질적 집단을 포함한다. 이 범주의 행위자들은 아내학대에 대한 사전 경향성이 비슷하며, 이들의 알코올 및 약물 남용, 정신병리, 폭력적 하위문화는 배우자 학대 문제를 더 악화시킨다. 그리고 행위자 프로그램의 효과 역시 악화시키는 경향이 있다(Gondolf, 1993: 234).

제 3 절 학대행위에 대한 원인설명 및 개입모델

다른 모든 사회문제와 마찬가지로, 배우자학대 문제 역시 실천가 및 그 사회의 가치관에 따라서 문제의 원인이 다르게 설명되고, 이에 따라 개입방법이 달라지며 개입결과가 달라지게 된다. 가정폭력의 원인이나 해결방법에 대한 논의에서 그 책임은 누구에게 있는가, 즉 전적으로 행위자의 책임인가 아니면 피해자가 폭력을 유발했기 때문에 책임을 나누어야 한다고 보는가에 따라 접근 방법이 달라지게 된다. 그리고 이혼이 아니라 가정을 보호하는 것을 우선시하는가 아니면 개인(특히 여성)의 자유가 더 중요한가에 대하여 어떤 입장을 취하는가에 따라서도 접근방법이 달라지게 된다. 배우자학대에 대한 가장 보수적인 입장은 여성이 피학대적 성격 및 가정에서의 기능 실패로 인하여 남편으로부터 구타당하는 것이며 그 해결방법은 여성의 기능수행을 강화하도록 변화시키는 것이라고 보는 입장이다. 반면 이에 가장 반대되는 입장은 배우자학대의 근본원인은 여성에 대한 사회의 통제 및 가부장 제도이므로 피해자가 남편을 떠나고 가부장적 사회문화가 변혁되어야만 문제가 해결된다고 보는 입장이다. 이러한 양 극단 사이에 배우자학대를 보는 다양한 입장들이 있으며, 이러한 입장들은 각 개입 모델의 기반을 이루고 있다(이은주, 2000a: 161). 여기에서는 행위자에 대한 원인설명 및 개입모델에 대하여 다음의 네 가지로 구분하여 알아보기로 한다.[1)]

1. 정신분석모델

가정폭력에 대한 전통적 접근으로서, 행위자의 병리적 성격, 즉 손상된 자아기능과 이를 겉으로 포장하고 있는 과장된 남성다움을 폭력행동의 근본원인으로 본다. 이는 부모로부터의 거부, 폭력가정에서의 성장과 같은 아동기 발달상의 트라우마에 기인한다고 본다. 또한 많은 피해여성의 성격 역시 병리적으로 규정되고, 이것이 히스테리로 표현될 때 남편의 폭력을 야기한다고 설명된다(Weitzman & Dreen, 1982: 260). 피해여성의 문제를 배우자학대의 원인이라고 보는 정신의학적 설명은 1970년대 이후에 사회문화적 관점의 비판을 받았지만 여전히 강

1) 제 3절에서 정신분석모델, 인지행동모델, 여성주의모델은 이은주, 2000a에서 발췌・요약하였으며, 가족체계 모델은 이은주, 2000b에서 발췌・요약하였다.

하게 남아 있다(Breines & Gordon, 1983). 이러한 관점은 통찰치료로 연결된다. 통찰치료모델의 목표는 행위자가 과거 경험의 영향을 어떻게 받았는지를 깨닫고, 자기 내면에 대한 이해를 통해 현재의 관계에 보다 적절히 반응하는 것을 배우는 것이다.

이 모델의 강점은 성격개조를 통해서 가장 근본적인 변화를 가져올 수 있다는 것이다. 그러나 다음과 같은 비판을 받고 있다. 첫째, 원인설명의 면에서 행위자가 다 정신병리가 있는 것은 아니며, 사실상 아내구타 현상이 사회에 만연된 것을 볼 때, 이를 특정개인의 정신병리라기보다는 보편적인 사회현상이라고 봐야 한다고 주장된다(Bograd, 1984; 1988). 둘째, 아내학대 피해자의 성격특성이 학대를 유발한다고 설명함으로써 피해자를 비난하는 논조를 가지는 점이 비판되며, 사실상 피해자가 나타내는 성격특성이나 정서적 문제는 학대의 원인이 아니라 반복된 학대의 결과(Fleming, 1979: 80; Walker, 1984; Gondolf & Fisher, 1991: 285; Lystad et al. 1996: 156)라는 점이 지적되고 있다. 셋째, 이 모델의 핵심은 통찰력 개발인데, 이는 시간이 너무 많이 걸리며 배우자학대와 같이 시급하고 때로는 피해자의 생명이 걸린 경우에는 적절하지 않다고 비판된다(Adams, 1988: 181).

2. 인지행동모델

폭력과 같은 문제행동을 사회적으로 학습되고 강화되었다고 보며, 따라서 비폭력도 학습될 수 있다고 본다. 즉 폭력은 행위자에게 스트레스나 불안 감소방법으로서 강화되며, 이들의 비이성적 인지작용 및 사회기술 결핍 및 분노통제능력 결핍이 근본원인이라고 설명된다. 이 모델의 목표는 폭력이 자기파괴적 결과를 가져온다는 것을 지적하고 대안적 학습을 습득하도록 하는 것이다. 이를 위해 자기관찰을 통한 분노일지 쓰기, 타임아웃, 체계적 이완훈련, 인지의 재구조화, 분노통제훈련, 의사소통 훈련 등을 통한 기술습득에 초점을 둔다(Jennings &

Jennings, 1991: 357-359; Edleson, 1984: 237-241).

이 모델의 강점은 명확하고 구조적이며 평가가 쉽다는 점, 방법이 구체적이고 기법 위주이므로 행위자의 저항이 비교적 적고 프로그램 간 전이가 쉽다는 점, 폭력이 학습된 행동이라고 개념화함으로써 변화에 대한 희망을 보다 쉽게 가질 수 있다는 점(Saunders, 1989: 89). 단기간에 비교적 쉽게 배울 수 있으며 경제적이라는 점(Deschner, Mcneil, Moore, 1986: 59)이다. 그러나 다음과 같은 비판을 받고 있다. 첫째, 원인설명의 면에서 왜 자기통제가 어려운 남성이 스트레스를 받았을 때 아내만을 선별적으로 때리는지 설명하지 못한다. 따라서 남편의 폭력은 기술결여를 반영한다기보다는 남편과 아내의 힘의 차이, 남편이 아내를 통제하려는 시도, 그리고 남편은 아내를 때려도 된다는 믿음에서 그 원인을 찾아야 한다고 주장된다(Adams, 1988: 190-191). 둘째, 개입의 면에서 이 모델은 통찰모델과는 달리 폭력행동을 치료의 중심 초점에 두기는 하지만, 배우자를 통제하려는 남편의 의도를 다루지 않는다는 점이 지적받는다. 즉 성차별이나 여성통제에 대한 태도변화를 수반하지 않는 분노통제기법은 단순히 '기법' 차원에만 머물 우려가 있다는 점이 지적된다(Muller, 1996: 230; Goldolf, 1993: 243).

3. 여성주의 모델

가정폭력에 대한 원인설명에서 위의 두 모델 자체를 부인하지는 않지만, 가부장적 사회정치문화구조 및 양성불평등 외의 어떤 원인도 부차적이라고 본다. 폭력은 남성이 아내를 통제하려는 목적으로 의도적으로 힘을 사용하는 것이라고 본다. 이를 폭력의 기능적 효용성이라고 칭하며, 부부관계에서 남편의 아내에 대한 지배와 통제의 기제가 가정폭력의 핵심이라고 설명한다. 따라서 폭력은 개인의 과거력, 분노, 기술부족 때문이 아니라, '선택'이라고 본다. 그러므로 순수하게 개인의 심리적 차원이나 가족 기능 면에서 개입할 때에는 실패하게 된다는 비판에 근거하여 여성주의 개입모델이 대두되었다. 이 모델에서는 교육을 통한 태도변화, 즉 남편의 신념체계('남편이 아내를 폭력사용을 통하여 통제해도 괜찮다')에 도전하고 변화시키는 것, 자기각성과 사회적 각성을 둘 다 촉진시키는 것을 강조한다(Pence & Shepard, 1988: 285; Bograd, 1988). 이 모델은 남편이 자기의 통제유형을 깨닫도록 통제일지를 쓰는 것, 그리고 이들의 폭력에 대한 태도, 기대, 느낌에 초점을 맞춘다. 이를 통해 이들이 아내를 이해하려 하기보다는 무시해 왔다는 것, 그리고 그들의 말과 행동 사이에 모순이 있다는 것을 비판적 성찰을 통해 깨닫도록 한다. 이러한 태도변화는 부인, 평형의 붕괴, 결단의 3단계를 거친다. 상담자는 지시적 역할을 하며, 도전과 직면에 대한 필요성도 강조한다(Adams & McCormick, 1982; Adams, 1988; 1989).

이 모델의 강점은 폭력의 근본원인이라고 할 수 있는 사회문화적 태도를 개입의 초점으로 함으로써 근본적인 변화를 도모한다는 것이다. 그러나 다음과 같은 점에서 비판받고 있다. 첫째, 원인설명의 면에서 왜 같은 사회문화권에서 자란 남성들 중 많은 수가 폭력을 행사하지 않는지를 설명하지 못한다고 지적된다(허남순, 1993: 282). 둘째, 인간의 태도는 행동처럼 명시적이지 않으므로 많은 행위자들이 자신이 성차별적 태도와 통제의도 자체를 부인하는 것이 변화의 가장 큰 걸림돌이다(Adams, 1989: 83). 셋째, 이 모델에서 주요한 방법으로 제시하는 도전과 직면이 참석자들에게 거부감을 줄 수 있으며, 참여 자체를 감소시킬 우려가 있다.

4. 가족체계 모델

가족체계이론에서는 가족체계의 항상성 및 순환적 인과론에 기반을 두고, 폭력을 가족의 연속되는 역기능적 패턴의 맥락에서 파악한다. 즉 폭력을 남편과 아내간의 순환적인 상호작용에 기반을 둔 행동패턴(Geller, 1982)으로 보며, 관계의 문제에 관해 누가 통제를 하느냐에 대한 상호 투쟁이 폭력으로 폭발하는 것(Weitzman & Dreen, 1982: 262)으로 설명한다. 이러한 관점에서 볼 때 폭력은 부부체계의 일부이고, 긴장해소, 갈등해결, 부부로서의 정체성 유지, 정서적 거리 유지 혹은 친밀감 증가 등의 기능이 있다고 설명된다(Neidig & Friedman, 1984; Douglas, 1991: 528-531).

따라서 가정폭력을 해결하기 위해서는 부부간의 의사소통 및 문제해결기술을 향상시켜야 하며, 그 가장 효과적 방법은 부부체계를 함께 만나는 것이라고 본다(Geller, 1982; Taylor, 1984). 치료의 목적은 남편과 아내가 각자 관계의 역기능적 상호작용에 자기가 공헌한 부분을 알아내고 이 부분에 책임을 지고 함께 변화시키는 것이다(Jennings & Jennings, 1991: 352). 남편을 가해자(악당)로, 아내를 희생자로 보는 이분법보다는 '폭력이 일어나는 부부관계'라는 표현을 쓰며, 부부공동의 책임을 강조하고 성에 관해 중립적이다. 위의 세 모델들은 행위자를 대상으로 하고 있는 데 반하여, 가족체계모델에서는 부부가 함께 상담에 참여하는 것을 원칙으로 하며, 이것이 위의 세 모델과 근본적으로 다른 점이다. 기법 면에서는 다양한 인지행동 기법, 즉 폭력의 신호(cue)에 대한 관찰 및 타임아웃 사용에 대한 훈련, 인지의 재구조화, 분노를 적절한 방법으로 표현하는 자기표현 및 의사소통 훈련, 스트레스관리 훈련, 문제해결 기법이 사용된다(Eisikovits & Edleson, 1989: 389; Weidman, 1986: 212-217; Neidig & Friedman, 1984).

이 모델의 강점은 부부를 함께 대상으로 함으로써 가족보존을 위해 유용한 양식이라는 점이다. 그러나 여성주의 관점에서 볼 때 다음과 같은 비판이 제기된다. 첫째, 가족체계 모델은 체계의 각 구성원이 체계의 유지 혹은 역기능에 동등하게 공헌하며 상호보완적이라는 전제를 갖는데, 이는 남성과 여성 간의 신체적 힘과 권력의 불평등 문제를 무시하며, 힘있는 자의 책임을 최소화시킨다는 비판이다(Ganley, 1989; Dell, 1989; Boss & Thorne, 1989; Avis, 1986). 따라서 아내구타와 같은 문제는 순환적 인과론으로 볼 것이 아니라, 양자간의 힘의 불평등을 내포하는 단선적 현상으로 보아야 한다는 주장이다. 둘째, 아내구타의 근본원인인 남성통제와 아내구타를 용인해 온 사회문화적 전통을 고려하지 않고 개별가족의 역기능만을 다룬다는 것은 불완전하다는 지적이다(Bograd, 1984; Bograd & Mederos, 1999; Avis, 1992). 셋째, 실제로 부부상담 세션 후 화가 난 남편에 의해 아내가 더 큰 위험에 처할 수도 있다는 점으로 인하여 사용에 주의를 기울여야 한다는 점이 지적되고 있다(Dobash & Dobash, 1992: 244; Adams, 1988: 163).

위에서 살펴본 바와 같이, 배우자 학대에 대한 원인과 개입방법에 관해서는 서로 갈등을 일으키는 여러 모델들이 있으며, 이들은 각각 강점과 약점을 가지고 있다. 어느 모델이 보다 적절할지에 대해서는 많은 논쟁이 있어 왔다. 그러나 어떤 이론도 배우자학대를 설명하는 단일 이론이 되지 못하고 있으며, 어떤 치료모델이 효과적인가에 대해서도 명확한 답은 없다(Deschner et al., 1986; Davis, 1984). 따라서 행위자에 대한 개입은 어느 한 모델만으로는 성공하기 어려우며 통합적 접근이 필요하다. 가정폭력과 같이 개인, 가족, 사회문화 및 가치의 문제가 복잡하게 뒤얽힌 문제에 대해서는 심리, 사회, 문화적 차원을 다 고려하는 다차원적 접근이 요구된다(Rosenbaum & Maiuro, 1989: 166).

제 4 절 행위자에 대한 개입

위에서 살펴본 바와 같이 우리나라에서는 1980년대 후반부터 쉼터 등의 민간 차원의 보호 및 상담서비스가 생겨서 피해자에 대한 서비스는 이루어졌지만, 행위자에 대한 개입이나 상담은 거의 이루어지지 않았다. 행위자에 대한 개입이 이루어진 것은 1998년 7월 1일부터 '가정폭력범죄 처벌 등에 관한 특례법'이 시행됨에 따른 것이었다. 이 법이 시행됨에 따라서 경찰 및 사법기관이 개입하여 행위자를 피해자, 또는 주거공간으로부터 격리시키고, 행위자에게 사회봉사 수강명령, 보호관찰, 감호위탁, 치료위탁, 상담위탁 등의 보호처분을 내릴 수 있게 되었다(가정폭력범죄 처벌 등에 관한 특례법 제 40조).

여기에서는 행위자에 대한 개입으로서 집단개입과 부부상담을 알아보기로 한다. 집단개입이란 법정명령을 받은 남성을 대상으로 하는 구조화된 집단 양식을 의미하며, 부부상담은 가족체계이론에 근거를 두는 부부상담양식을 의미한다. 이 두 양식은 행위자에 대한 개입에서 가장 보편적으로 사용된다.

1. 집단개입

학대의 피해자만을 원조의 대상으로 하지 않고 행위자의 변화를 목표로 하는 개입이 필요한 이유는 첫째, 구타당한 아내들 중 많은 수가 다시 귀가하는데 귀가 후 다시 폭력이 재발하는 일이 반복되고, 둘째, 현재의 부부관계가 끝난다고 하더라도 행위자는 다른 여성을 다시 구타하는 경향이 있기 때문이다(Edleson, 1984: 237).

집단형태의 접근법을 활용하는 이유는 집단구성원으로부터 대리학습 및 피드백을 받을 수 있고, 폭력에 대한 책임부인에 효과적으로 도전받을 수 있으며(Eisikovits & Edleson, 1989: 393; Beninati, 1989: 63; Kerlin & Brandell, 1997: 363), 집단과정을 통해서 존중, 지지, 직면을 결합할 수 있기 때문이다(Mattew, 1995). 실제로 가장 널리 사용되고 효과적인 양식이 집단양식이라는 것에 모델의 종류에 상관없이 동의되고 있다(Pressman & Sheps, 1994; Sakai, 1991: 537).

1) 생태학적 접근의 필요성

행위자 집단 프로그램의 모델은 앞에서 살펴본 대로 크게 정신분석모델, 인지행동모델, 여성주의 모델로 구분된다. 중요한 것은 여러 다른 모델들을 상호배타적으로 볼 것이 아니라, 폭력행동의 다양한 차원을 상호보완적으로 반영해야 한다는 것이다(Ganley, 1989: 197; Rosenbaum & Maiuro, 1989; 166). 가정폭력이란 과거에 뿌리를 둔 감정과 인간관계, 학습된 행동 및 이와 관련된 사고과정, 그리고 사회체계 내에서 남성과 여성의 역할에 관한 가치와 문화가 얽힌 다요인에 의하여 발생하는 것이므로(Muller, 1996: 228), 개입 모델 역시 통합적으로 접근해야만 할 것이다.

생태학적 개념틀은 이러한 통합적 접근의 개념적 근거로서 적합하다. Dutton(1985)은 Bronfenbrenner의 생태학적 설명틀을 기반으로 배우자 학대를 유발하는 다양한 요소를 미시적, 외적, 거시적 체계요인으로 설명하고 있다.[2] 이러한 여러 수준의 요인들의 상호작용이 중요하며, 이를 반영하기 위해서는 여러 개입모델들이 한 프로그램 안에서 통합되는 것이 필요하다.

위의 네 모델들 중 가장 폭넓게 통합되는 것이 여성주의 모델과 인지행동 모델이다. 여성주의 모델은 가정폭력을 이해하는 데에 필요한 사회문화적 관점을 제공해 주었으며, 인지행동모델은 폭력행동에 대한 구체적 개입에 유용한 통찰을 주었고 오늘날 가장 널리 행해진다(Edleson, 1984; Eisikovits & Edleson, 1989). 따라서 넓은 윤곽을 제공해 주는 여성주의모델과 구체적인 기법을 제공해 주는 인지행동모델은 상호보완적이다(Ganley, 1989: 196-197). 오늘날 가장 널리 행해지는 행위자 개입모델은 주로 인지행동모델과 여성주의모델을 통합한 형태이며, 차이가 있다면 양쪽 중 어느 것에 보다 비중을 두는가 하는 것이다. 우리나라의 여성부에서 개발된 행위자 개입프로그램 역시 여성주의와 인지행동 접근법을 활용하고 있다(장희숙 외, 2003b: 9).

그동안 사회복지실천에서는 사회문화적인 거시적 관점보다는 심리적

---

2) 미시적(micro) 체계요인은 개인 가구 내의 일을 말하며, 남편 및 아내의 개인적 특성 및 가족 간의 역동을 말한다. 외적(exo) 체계요인은 가족이 소속한 사회체계 내에 작동하는 힘, 즉 직업세계(실직 여부, 직업만족)와 이웃과의 관계(소외나 고립 여부)를 말한다. 거시적(macro) 체계요인은 미시적 체계와 외적 체계에 영향을 주는 문화적 믿음과 가치, 즉 아내에 대한 남편의 폭력을 용인하는 사회적 가치를 말한다.

접근모델이 전통적으로 주류를 차지해 왔다는 비판과 함께, 여성주의와 사회복지실천을 접목할 필요가 있다는 주장이 점점 대두되고 있다(Wilson, 1980; Bergh & Cooper, 1987; Lowenstein, 1983; Valentich, 1996). 특히 이는 배우자학대와 같이 성차별적 가치가 얽혀 있는 분야에서는 반드시 필요한 접근법이다.

그런 의미에서 여기에서는 대표적인 여성주의 모델이면서 인지행동적 모델을 혼합한 둘루스(Duluth) 모델을 살펴보고자 한다. 미국의 둘루스 모델(DAIP)의 가장 큰 특징은 반(反)성차별적 교육에 우선순위를 두면서도 인지행동적 모델을 혼합하고 있다는 것이다(Adams & McCormick, 1982; Pence & Shepard, 1988).

2) Duluth 모델

이 모델은 미국의 미네소타 주 둘루스에서 개발된 모델이다. 1980년 둘루스에서 끔찍한 가정 내 살인사건이 일어난 후, 둘루스 지역사회는 배우자학대를 근절시킬 방법을 강구하기 위하여 둘루스 가정학대 개입 프로젝트(Duluth Domestic Abuse Intervention Project: DAIP)를 지원했다.

이 모델의 이론적 근거는 여성주의이다. 따라서 프로그램 내용은 행위자와 피해자 간의 힘의 불균형을 변화시키고 양성 간에 보다 건강한 관계를 형성할 수 있도록 행위자를 돕는 것으로 고안되었다. 이 모델에서는 행위자의 책임을 강조하며, 이를 위해 행위자의 태도와 가치 변화를 중요하게 다룬다. 이 프로그램의 기본전제는 폭력 행위자는 사회, 가족, 학교, 이웃, 그리고 어디에선가 이를 배웠기 때문에 그렇게 되었다는 것이다. 그러므로 올바른 동기와 정보, 새로운 행동을 통합시킬 수 있는 기회가 제공되면 배운 것을 벗어날 수도 있다는 것이다.

둘루스 모델에서 개발된 '힘과 통제의 바퀴'(〈그림 11-1〉), 그리고 '평등의 바퀴'(〈그림 11-2〉)는 오늘날 많은 행위자 프로그램에서 활용되고 있다. 힘과 통제의 바퀴는 기존의 통제형태, 즉 배우자와의 관계에서 통제를 확인하고 유지하기 위하여 개별 학대자가 사용하는 일차적인 전략과 행위들을 나타낸다. 한편 평등의 바퀴는 평등한 관계에서의 행위와 양상을 나타내고 있으며, 여성과 평등하고 독립적인 관계를 유지하도록 남성들에게 제안된 모델이다. 남성이 새로이 배워야 할 것은 보다 평등한 방식으로 여성과 관계를 맺는 것이다. 이는 바퀴 상에서의 부정적인 방식을 둘의 관계 속에서 서로가 기여하고 존경하는 긍정적 행동으로 바꾸는 것을 의미한다.

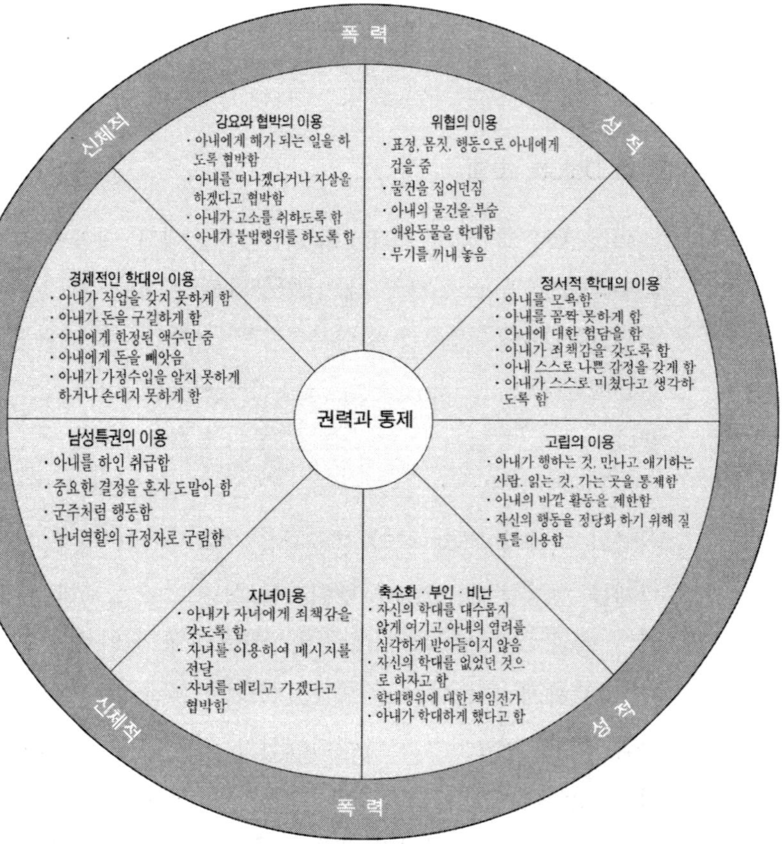

출처 : Pence E. & Paymar, M. 1993. *Education Group for Men Who Batter: the Duluth Model*. 윤경자 · 공미혜 역. 2001. 가정폭력 가해자 교육 프로그램 - 남성 가해자를 위한 Duluth 모델. 3쪽.

〈그림 11-1〉 권력과 통제의 수레바퀴

교육과정의 목적은 다음의 5가지이다. 즉 첫째, 자신의 폭력행위가 배우자의 행동, 생각, 감정을 통제하기 위한 수단이었다는 것을 이해하도록 돕는다. 둘째, 참가자가 배우자에게 폭력을 사용하게 된 문화적이고 사회적인 맥락을 검토함으로써 폭력의 원인에 대한 이해를 높인다. 셋째, 참가자가 배우자, 자녀, 친구, 자기자신과의 관계에서 폭력 행위의 부정적인 결과를 검토함으로써 자신의 행동을 변화시키려는 의지를 증진시킨다. 넷째, 참가자가 자신의 학대행위를 인식하고, 배우자 및 다른 사람들에게 미친 영향에 대한 책임을 수용하며, 변화를 위한 구체적인 조치들을 취하도록 도움으로써 폭력 사용으로 상처받은 사람들에게 책임을 지도록 격려한다. 다섯째, 참가자가 여성들과의 관계에서 비통제적이고 비폭력적인 방식들을 탐색하도록 하여 학대행위를 변화시킬 수 있는 방법에 대한 실질적인 정보를 제공한다.

프로그램은 24주동안 진행되며, 교육과정은 한 주제마다 3주가 소요되는 8개의 주제로 구성된다. 각 주제는 비폭력적으로 서로 존중하는 관계의 측면을 나타낸다. 8개의 주제는 비폭력, 비위협적 행동, 존중, 신뢰와 지지, 정직과 책임, 성적 존중, 파트너십, 타협과 공정성으로 이루어져 있다(자세한 내용은 Pence E. & Paymar, M. 1993. Education Group for Men Who Batter: the Duluth Model. 윤경자·공미혜 역. 2001. 『가정폭력 가해자 교육 프로그램 - 남성 가해자를 위한 Duluth 모델』을 참조할 것).

여기에서 중요한 것은 행위자 대상 프로그램은 법원과 보호관찰관의 역할이 무엇보다도 중요하다는 것이다. 즉 이러한 프로그램은 지역사회의 통합된 제도 내에서 이루어져야 효과를 볼 수 있다. 행위자에 대한 구속이 재발률을 낮춘다는 연구결과가 있으며, 행위자 교육치료 프로그램이 종결될 때까지 보호관찰관의 적극적 개입이 필요하다(Edleson & Tolman, 1994).

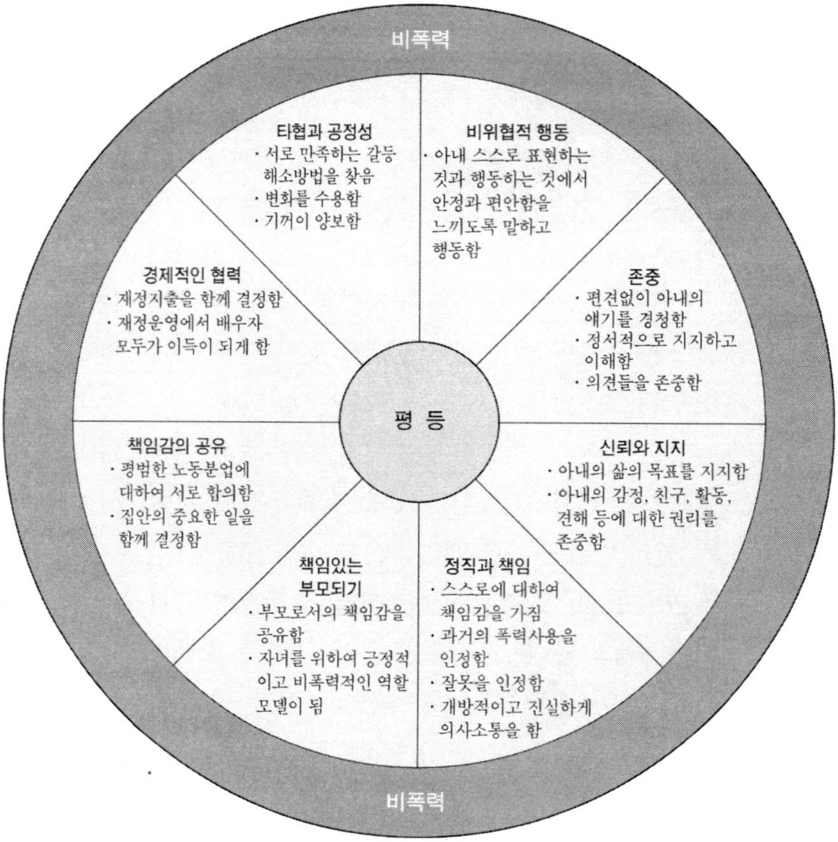

출처 : Pence E. & Paymar, M. 1993. *Education Group for Men Who Batter: the Duluth Model*. 윤경자 · 공미혜 역. 2001. 가정폭력 가해자 교육 프로그램 - 남성 가해자를 위한 Duluth 모델. 10쪽.

〈그림 11-2〉 평등의 수레바퀴

2. 부부상담

1) 부부상담 접근법

앞에서 살펴보았다시피 배우자학대문제에 대한 부부상담은 가족체계이론에 기반을 두고 있다. 부부상담을 옹호하는 사람들은 여성주의자들과는 달리 상호적 관점, 혹은 체계론적 관점에 기반을 두고, 폭력이 관계상의 갈등의 표현이므로 부부 양쪽을 다 만나야 한다고 본다. 실제로 많은 임상실천가들이 부부상담의 필요성을 주장하고 있다(Geller, 1982; Weitzman & Dreen, 1982; Talor, 1984; Weidman, 1986; Douglas, 1991; Lipchik, 1991). 이들이 부부상담이 필요하다고 주장하는 이유는, 첫째, 많은 여성이 쉼터에서 집으로 돌아가기를 원하며, 이유 여하를 막론하고 부부가 함께 살게 되기 때문이다. 둘째, 피해자도 폭력 상황에 대하여 부분적으로 책임이 있다고 보며, 여성이 위험상황에서 어떻게 행동해야 하는지 알 필요가 있다고 보기 때문이다.

부부상담 양식의 지지자로 대표적인 사람이 Neidig와 Friedman이다. 이들은 부부를 위한 치료 프로그램을 개발하였으며(Neidig & Friedman, 1984), 주로 부부합동 집단을 대상으로 하고 있다. 프로그램은 인지행동과 사회학습 원칙에 근거하며, 폭력의 사이클에 대한 이해 및 타임아웃 기법, 분노조절, 스트레스 관리, 의사소통 및 자기표현, 갈등 다루기, 의사결정, 질투 등을 다루는 구조화된 내용으로 이루어져 있다.

그러나 부부상담 양식은 앞에서 살펴보았다시피 여성주의자들에게 비판받고 있다. 즉 아내에게 필요한 것은 실질적이고 정서적인 원조 제공이지 변화를 목표로 하는 개입이 아니라는 점(Ganley, 1989: 200), 실제로 많은 피해여성들이 부부합동세션 후에 집에 돌아가서 화가 한 남편으로부터 다시 맞았다고 보고하므로, 부부상담 양식은 아내를 더 큰 위험에 처하게 수 있다는 점(Dobash & Dobash, 1992: 244; Adams, 1988: 163), 부부상담이 결혼생활 유지의 가치를 우위에 둠으로써 아내학대 종식의 목표가 손상된다는 점(Bograd, 1984: 566), 근본 문제는 의사소통이 아니라 폭력문제라는 점(Adams, 1988: 187)이 지적되고 있다.

부부상담 양식에는 여성주의적 관점에서의 이러한 위험성이 심각하게 제기되므로, 실천 현장에서 이를 활용할 경우에는 위험성을 고려하여 적절성 여부를 판단해야 할 것이다. 어떤 부부에게는 부부 분리 접근이 반드시 필요하며, 어떤 부부는 부부합동양식을 통해 도움을 받을 수도 있을 것이다. 이는 아내의 신체적 안전에 직결된 문제이므로 매우 중요하다. 따라서 중요한 것은 부부가 합동상담에 적합한지를 사정하는 것이며, 여기에는 엄격한 기준이 필요하다.

2) 부부상담 적합성에 대한 사정기준[3)]

일반적으로 행위자가 법정 명령을 받은 경우에는 남편과 아내가 따로따로 프로그램에 참여하여 폭력이 일정기간 일어나지 않은 연후에야 부부상담을 시작하는 것이 좋다(Sakai, 1991: 536; Pressman & Sheps, 1994: 477; Eisikovits, 1989: 389). 한편 정신건강센터나 가족서비스 기관에서는 폭력남편에 대한 특화된 프로그램보다는 부부상담이 주로 행해지는 경향이다(Caesar & Hamburger, 1989: xxxiii).

가정폭력이 있는 부부에게 부부상담 양식이 적절한지를 판단하기 위해서는 그 부부가 그 시점에 어떤 욕구를 가지고 있으며 어떻게 개입하는 것이 가장 안전하고 효과적인지를 판단하는 것이 중요하다. 부부를 분리하든지 합동으로 만나든지 간에, 가장 근본적 목표는 폭력의 중단이며(Gondolf & Fisher, 1991: 285), 따라서 폭력재발가능성에 관하여 정확하게 사정해야 한다. 이를 사정하는 기준은 다음과 같다(Bograd & Medros, 1999).

첫째, 양 배우자가 다 부부합동상담에 자유로 동의하여야 한다는 것은 필수적 전제조건이다. 특히 아내의 의사가 존중되어야 하며, 아내에게 부부합동상담양식에 대한 압력을 가해서는 안 된다.

둘째, 남성의 신체적 폭력의 정도는 멍이나 상처를 남기지 않는 경미한 정도, 그리고 제한된 횟수인 경우에 한해서 부부합동상담을 고려할 수 있으며, 심각한 폭력의 경우에는 부부상담이 아니라 피해자에 대한 구체적 원조(쉼터 및 경제적 법적 원조) 및 지지집단을 연결해 주는 것이 필요하다.

3) 이 부분은 이은주, 2000b의 일부를 발췌・요약한 것이다.

셋째, 남성의 심리적 학대가 빈번하지 않고 경미해야 하며, 여성이 이로 인해 끊임없이 화나거나 위축되거나 두려워하지 않아야 한다.

넷째, 폭력의 치명성에 대한 위험요소가 없어야 하며, 여성이 보복을 두려워하지 말아야 한다. 치명성 사정에서 알아보아야 할 위험요소는 남성의 물질남용, 폭력의 역사, 폭력범죄나 접근금지명령을 위반한 역사, 무기사용 위협, 배우자에 대한 강박적 소유욕 등이 있는지 여부이다.

다섯째, 남성이 자기의 폭력을 인정하고 책임을 받아들여야 한다. 남성이 폭력 사용을 정당화하지 않고 책임을 인정하는 것은 폭력 근절에 가장 중요한 열쇠이다.

여섯째, 남성이 폭발적 감정을 다른 사람을 비난하거나 행동화하지 않고 처리하기 위하여 계속 노력하는 모습을 보여야 한다.

3) 표현적 폭력과 도구적 폭력의 구분

여기에서 대두되는 것이 폭력의 연속선 상에서 표현적 폭력과 도구적 폭력을 구분하는 것이다. 표현적 폭력과 도구적 폭력은 정도 및 의도에서 연속선 상의 양 극단에 위치해 있다고 개념화된다. 표현적 폭력은 부부의 정서적 생활에서 발생하며 결혼생활의 이슈들에 얽힌 스트레스와 분노에 대한 부적응적 반응으로서, 많은 경우 남편은 자기의 폭력에 대해 진심으로 후회하며 자기가 변화해야 한다고 믿는다. 표현적 폭력 후에는 행위자의 후회나 슬픔의 기간이 따르며 이는 Walker(1979)가 제안한 폭력의 사이클과 일치한다(Kemp, 2001: 259).

반면 도구적 폭력은 의도적으로 아내를 통제하고 위협하며 자기의 폭력이 야기하는 가족의 고통에 대해 정서적 반응을 보이지 않으며, 간혹 후회하는 것처럼 보일지라도 위장일 가능성이 많으며, 폭력은 반복된다(Neidig & Friedman, 1984). 이렇게 분류할 때 양 극단에 위치한 남편들의 성향은 매우 다르며(Brown & O'Leary, 1997: 195), 표현적 폭력은 부부상담이 가능 혹은 적절한 반면, 도구적 폭력은 이에 적절하지 않다(Neidig & Friedman, 1984; Douglas, 1991). Neidig와 Friedman(1984)은 부부상담을 옹호하는 대표적인 인물이지만, 도구적 폭력에서는 부부를 분리하는 것이 필요하다는 것에 동의하며, 표현적 폭력일 때는 부부중심 모델이 적절하다고 본다. 그러나 연속선 상에서 볼 때 표현적 폭력과 도구적 폭력 사이에서 어느 쪽에 속하는지를 명확히 구분하기 어려운 경우가 실제로는 많이 있다. 따라서 겉으로는 표현적 폭력으로 보인다고 하더라도 부부상담 활용에 신중을 기해야 할 것이다.

생각할 문제

1. '많은 아내학대 행위자가 다른 모든 면에서 좋은 남자일 수 있다'는 Goldolf의 언급에 대하여 당신은 어떤 견해를 가지는가? 이에 대하여 논하시오.

2. 배우자 학대의 원인 설명 및 개입방법에서 정신분석모델, 인지행동모델, 여성주의모델, 가족체계모델이 제시되었다. 당신은 이 모델들 중 어느 것이 가장 설득력 있다고 생각하는가? 이에 대하여 논하시오.

3. 아내학대 사례에 있어서 부부가 함께 만나는 양식이 왜 위험할 수 있는지, 그리고 이러한 위험을 피하기 위해서는 어떻게 해야 하는지 논하시오.

4. 표현적 폭력과 도구적 폭력의 차이는 무엇인지, 이 둘을 구분하는 방법은 무엇인지 논하시오.

5. 힘과 통제의 바퀴, 그리고 평등의 바퀴의 8개의 부분을 각각 연결하여 비교해 보고, 어떻게 힘과 통제에서 평등 쪽으로 변화할 수 있을지 논하시오.

제 12 장

배우자 학대에 대한 제도

배우자 학대에 개입하기 위해서는 제도적 뒷받침이 있어야 하며, 우리나라의 배우자 학대에 대한 제도는 가정폭력방지법에 기반을 두고 있다. 우리나라에서 가정폭력방지법은 여성단체들의 활발한 입법운동과 맥을 같이한다. 1983년에 창립된 여성의 전화, 그리고 1991년에 설립된 한국성폭력상담소등 여성단체의 꾸준한 사회운동을 통해 여성에 대한 폭력은 사회문제라는 인식이 확신되었으며, 이는 입법의 기반이 되었다. 그리하여 1997년 12월에는 '가정폭력방지 및 피해자 보호 등에 관한 법률', 그리고 '가정폭력범죄의 처벌 등에 관한 특례법'이 제정되었다. 양자를 통칭할 때는 가정폭력방지법, 혹은 가정폭력특례법이라고 한다.

이는 가정폭력이 더 이상 개인적 문제, 혹은 가족 내의 문제가 아니라 사회적 범죄임을 명백히 하고 여성폭력에 대한 국가의 책임을 명시하였다는 점에서 획기적인 일이다. 이러한 법률 제정을 통하여 그동안 개인적, 사적인 문제로 치부되었던 가정폭력을 명백한 범죄행위로 인식하고 국가의 사법체계 및 사회공동체가 적극적으로 개입해야 할 공적인 문제로 만들었다. 가부장적 가족 질서가 강고한 우리 사회에서 이는 공사의 엄격한 구분에 균열을 내는 사건임에 분명하다(이미정 외, 2008; 박영란 외, 2009; 정춘숙, 2000: 98).

여기에서는 먼저 피해자와 행위자를 구분하여, 먼저 피해자를 위한 법·제도 및 서비스를 알아본 후, 행위자를 대상으로 하는 법·제도 및 서비스를 알아보고자 한다.

제1절 피해자 지원을 위한 제도

1. 피해자 지원을 위한 법

'가정폭력방지 및 피해자 보호 등에 관한 법률'은 피해자의 보호를 위한 조치로서 상담소와 보호시설의 설치 및 운영을 주된 내용으로 하고 있다. 이는 정부가 가정폭력 행위자를 처벌하고 폭력피해여성을 보호하는 책무를 가짐을 천명하고 이를 지원할 수 있는 법적 장치를 마련하였다는 데에 큰 의의를 가진다. 이 법률에 근거해 설치된 상담소와 보호시설의 활동은 가정폭력 피해자의 보호와 안전에 큰 역할을 하였다. 가정폭력방지 및 피해자 보호 등에 관한 법률의 주요 의의는 다음과 같다.

첫째, 가정폭력에 대한 국가 및 지방자치단체의 책임을 명시함으로써 가정폭력이 사회문제라는 것을 명시하였다는 점이다.

둘째, 국가의 책임으로 가정폭력에 관한 신고체계의 구축 및 운영, 가정폭력 예방과 방지를 위한 연구·교육·상담의 실시, 피해자에 대한 보호시설의 설치와 운영 및 지원서비스 제공, 가정폭력의 실태조사 및 홍보, 가정폭력 예방과 방지를 위한 법령의 정비 및 각종 정책의 수립 및 시행과 이에 필요한 예산상의 조치 강구, 그리고 시·군·구에 가정폭력의 예방과 방지 업무를 담당할 기구 설치 등 국가가 가정폭력을 예방하고 근절하는 실질적인 조치를 취하도록 강구하고 있다는 점이다.

셋째, 가정폭력 피해자를 위하여 상담소의 설치와 일시보호시설을 설치하여 치료보호를 하도록 하였고, 그 비용을 가정폭력 행위자에게 구상토록 하고 있다는 점이다.

그러나 이 법은 가부장제 이데올로기가 지배적인 사회분위기에 발맞추어 가정보호를 우선한다는 점에서 근본적인 한계를 지닌다는 비판도 제기되었다(여성부, 2008; 김은경 외, 2009). 이는 2006년의 개정을 통하여 상당한 개선을 가져왔다. 개선된 부분은 다음과 같다.

첫째, 이전 법률은 입법목적을 '피해자 보호를 통한 건전한 가정의 보호·육성'으로 하고 있었으나, 개정을 통하여 법의 목적에 '가정폭력 예방 및 피해자 보호와 지원'을 첨가하였다(개정법 제 1조). 둘째, 이전 법률은 보호시설의 기능에 대하여 '일시보호'에 초점을 두고 있다는 점에서 보호시설이 피해자의 가정복귀를 전제로 하고 있었으나, 개정법 제 8조에서는 보호시설의 업무에 심리적 치료, 의료 및 법률 관련 지원은 물론 자립자활교육과 취업지원에 대한 내용을 포함함으로써 가정폭력 피해자들의 일시보호 중심의 욕구뿐만 아니라 자립자활이라고 하는 욕구를 적극 반영하는 방향으로 개선되었다(박영란, 2009). 물론 앞으로 더욱 개선을 요하는 부분이 여전히 남아 있기는 하지만, 이러한 개정은 여성의 개인적 권리 신장 면에서 진일보한 것이라고 할 수 있다.

2. 피해자 지원을 위한 정책 추진동향

가정폭력 피해자 지원을 위한 정부의 정책 추진 동향은 여성부의 삼차에 걸친 여성정책 기본계획을 통하여 살펴볼 수 있다(이미정 외, 2008: 44-50; 박영란, 2009; 여성가족부, 2008).

1) 제 1차 여성정책기본계획(1998~2002)

제 1차 여성정책 기본계획에서는 6개의 기본전략과 그에 해당하는 20대 정책과제를 선정하였는데, 가정폭력·성폭력에 대하여, '다양한 여성 가족복지서비스의 확충'이라는 기본 전략 내에 '여성에 대한 폭력근절'이라는 정책과제로 다루어졌다. 1997년 12월에 제정된 가정폭력방지법에 따라 그 이듬해인 1998년 7월에 가정폭력상담소를 설치할 수 있게 되었으며, 1999년 1월부터 정부가 가정폭력상담소 및 보호시설에 운영비와 가정폭력피해자 일반치료비를 지원하기 시작하였다.

가정폭력방지법이 제정되던 당시 가정폭력 피해자 보호 정책은 원래 보건복지부 여성복지과의 업무였으나, 2001년 여성부가 신설되면서 소관 부처가 여성부로 바뀌었고, 가정폭력관련 대응정책이 통합적으로 접근된 시기로서, 같은 해에 가정폭력근절 종합대책이 마련되었다. 그 내용으로는 국민의 인식개선과 함께 관련법·제도의 정비, 가정폭력 지원서비스의 확충 및 연계체제 구축을 통한 긴급구호체계를 확립하고, 여성긴급전화 1366의 운영, 가정폭력 상담소·보호시설의 확충 등의 시책을 추진하게 되었다.

2) 제 2차 여성정책기본계획(2003~2007)

제 2차 여성정책기본계획에서는 가정폭력과 성폭력에 대하여, '여성에 대한 폭력예방 및 인권보호 강화'라는 정책과제로 다루어졌다. 가정폭력상담소 및 보호시설의 질적 향상과 기능 강화를 위하여 시설기준과 종사자 자격 기준을 강화하여 통합상담 서비스 체계구축을 추진하였다. 또한 피해자의 재활 및 사회복귀지원 프로그램으로 직업재활교육 강화 및 의료지원서비스를 확충하였다. 2004년에 89개의 가정폭력상담소에서 가정폭력행위자 교정치료 프로그램을 운영하기 시작하였다. 2004년 1월에는 가정폭력방지법의 개정이 이루어지고, 상담소 및 보호시설의 설치 신고·인가권이 여성부 장관에서 시·군·구 자치단체장에게 부여되었다.

3) 제 3차 여성정책기본계획(2008~)

제 3차 여성정책기본계획에서는 가정폭력에 대하여, '여성의 복지와 인권강화'라는 정책과제로 다루고 있다. 상담, 의료, 법률, 수사의 통합 지원시설인 ONE-STOP 지원센터와 아동성폭력전담센터를 설치하여 피해자 맞춤형 서비스 제공이 가능해졌으나, 시설 확충 및 운영의 내실화 방안이 필요하다. 또한 상담소와 보호시설 등 피해자 지원시설의 수는 늘어나고 있으나, 전반적으로 지원서비스의 수준이 낮으므로 내실화가 필요하다.

3. 피해자 지원 서비스 체계

위에서 살펴본 바와 같이, 2001년 여성부가 신설되면서 가정폭력 피해자 정책은 요보호 여성문제 해결에서 여성인권보호의 패러다임으로 바뀐 것을 알 수 있으며, 지원 서비스의 단편성을 극복하고 통합적인 지원체계를 구축하기 위한 노력을 하였다. 이에 따라 피해자 보호 및 지원을 위한 서비스 전달체계가 구축되었으며, 피해자 지원을 위한 정부예산이 증가되었다.

배우자학대 피해자를 위한 서비스 체계는 피해자를 위한 서비스 제공을 1차적 기능으로 하는 조직(피해자보호시설, 가정폭력상담소, 1366 등), 그리고 피해자에 대한 서비스 제공이 부차적인 조직(병원, 법률기관, 경찰·검찰, 사회복지기관, 직업훈련 및 알선기관, 교육기관 등)으로 이분할 수 있다.

1) 피해자를 위한 서비스 제공이 1차적인 조직

(1) 가정폭력 상담소

가정폭력상담소의 업무내용은 가정폭력을 신고받거나 이에 관한 상담에 응하는 일, 가정폭력으로 인하여 정상적인 가정생활 및 사회생활이 어렵거나 그 밖에 긴급히 보호를 필요로 하는 피해자에 대하여 임시보호를 하거나 의료기관 또는 가정폭력피해자보호시설로 인도하는 일, 행위자에 대한 고발 등 법률적 사항에 관한 자문을 얻기 위해 법률기관에 필요한 협조와 지원을 요청하는 일, 경찰관서 등으로부터 인도받은 피해자 등을 임시보호하는 일, 가정폭력의 예방 및 방지에 관하여 홍보하는 일, 기타 가정폭력 및 피해에 관하여 조사·연구하는 일이라고 명시되어 있다(가정폭력방지법 제 6조).

가정폭력상담소는 1998년부터 설치 운영되기 시작하였으며, 그 당시 17개소에 불과하던 것이 2009년 말 기준으로 전국에 275개소, 상근직 종사자는 693명으로 증가하였다(여성가족부, 2010). 상담소 설치규정이 허가제에서 신고제로 전환되면서 급속히 상담소 수가 확대되었으나, 2006년에 상담소의 설치·운영기준이 강화됨에 따라 2007년부터는 감소하는 추세를 보이고 있다.

(2) 가정폭력피해자 보호시설(쉼터)

가정폭력피해자 보호시설의 업무는 숙식의 제공, 심리적 안정 및 사회적응을 위한 상담 및 치료 제공, 질병치료 및 건강관리를 위한 의료기관에의 인도 등의 의료 지원, 수사기관의 조사 및 법원의 증인신문에의 동행, 법률구조기관 등에 필요한 협조와 지원 요청, 자립자활교육의 실시와 취업정보의 제공, 다른 법률에 의하여 보호시설에 위탁된 사항의 수행, 그 밖에 피해자의 보호를 위하여 필요한 업무의 이행 등으로 명시되어 있다(가정폭력방지법 제 8조). 개정법률에는 피해자의 심리적 치료, 의료 및 법률 관련 지원은 물론 자립자활교육과 취업지원에 대한 내용을 포함함으로써 가정폭력 피해자들의 일시보호 중심의 욕구 뿐만 아니라 자립자활이라고 하는 욕구를 적극 반영하는 쪽으로 개선되었다(박영란, 2009).

쉼터는 처음에는 여성운동가들의 자원봉사적 차원에서 시작되었으나, 이제는 많은 쉼터가 유급직원들에 의해 운영되고, 국가나 지방정부로부터 운영비 지원을 받는다. 단기보호시설은 6개월 이내(3개월의 범위 내에서 연장 가능), 장기보호시설은 2년 이내의 보호기간이며, 임시보호의 경우 3일 이내(필요시 7일까지 연장 가능)의 보호기간이 규정되어 있다(여성부, 2009).

가정폭력피해자 보호시설은 1987년 한국 여성의 전화에서 처음 개소한 이래, 2009년 말 기준으로 전국에 66개가 개소되어 1,094명이 입소해 있으며, 상근상담원은 211명이다. 2009년 말을 기준으로 연중 입소인원은 4,463명(입소자 2,780명과 동반아동 1,683명)이고, 퇴소인원은 4,402명으로 집계되었다(여성가족부, 2010).

(3) 여성긴급전화 1366

여성긴급전화 1366은 가정폭력, 성폭력, 성매매 등으로 긴급한 구조, 보호, 또는 상담을 필요로 하는 여성들이 언제라도 무료 전화를 통해 안내와 상담을 받을 수 있도록 전국적으로 통일된, 국번 없는 특수전화 1366을 365일, 24시간 운영하여 여성인권을 보호하는 목적을 가지고 있다. 주요 임무는 피해자에 대하여 1차 긴급상담, 서비스 연계 등 위기개입 서비스를 제공하는 것이다.

1998년 1월 1일 개통되었으며, 1998년 12월에는 120권역으로, 2000년 6월에는 144권역으로 확대 실시되다가, 2000년 12월에는 전화권역의 광역화에 따라 56권역으로 통합 조정되었다. 2001년에는 전화권역(시·도)별인 16개 권역으로 정비되었으며, 전담직원 144명이 배치되고 인건비의 신규지원이 이루어짐에 따라 365일 24시간 운영체계가 구축되었다. 또한 2006년 11월에는 이주여성 긴급전화 '1366'센터가 설치되었다.

2) 피해자에 대한 서비스 제공이 부차적인 조직

아내학대 피해자의 욕구는 매우 다면적이니만큼, 다양한 서비스가 필요하고 이를 위패서는 관련 기관들 간의 연계가 필수적이다. 즉 의료기관, 경찰 및 사법기관, 법률기관, 보호시설, 사회복지기관 등 지역사회 내 다양한 기관과의 네트워크를 통한 자원 연계가 매우 중요하다.

여성부에서는 1366을 여성폭력관련기관의 중추기관으로 삼아서, 지역 내 관련기관 간 협의체 구축 및 운영활성화를 도모하고자 하였다(이미정 외, 2008). 1366은 위기개입 서비스 제공을 기본 사명으로 하므로 서비스 연계를 위한 통합적 접근을 필요로 하였고, 이에 따라 1366을 중심으로 하는 네트워크 체계가 추진되었다. 여성부의 '2008 여성권익증진사업 운영지침'에 의하면 정부가 가정폭력·성폭력 피해자를 지원하는 서비스 모형의 핵심은 아래 그림과 같이 1366이 그 중심에 있고, 제 1차 네트워크로는 상담소, 보호시설을 연결하고, 제 2차 네트워크로 사회복지서비스, 경찰 및 사법서비스, 법률구조서비스, 의료서비스가 연결되는 서비스 체계이다. 이를 그림으로 표시하면 〈그림 12-1〉과 같다.

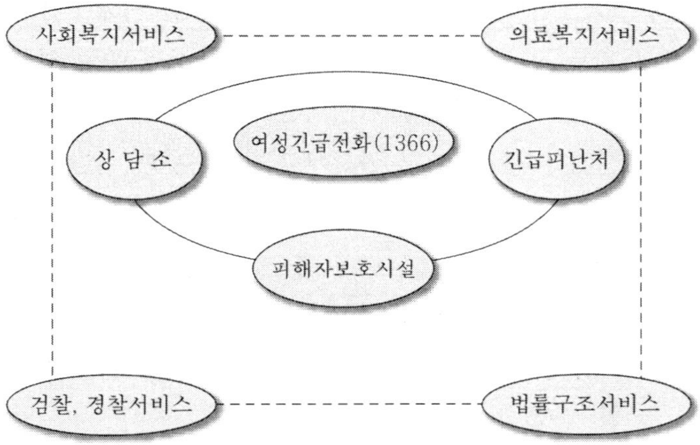

출처 : 여성부(2008). 『2008 여성권익증진사업 운영지침』 : 198을 이미정 외(2008) : 54에서 재인용.

〈그림 12-1〉 가정폭력 피해자 지원 네트워크 운영 체계

또 한편으로 정부는 가정폭력 피해자에 대한 서비스 연계의 활성화를 위하여 두 가지 기구를 조성하였는데, 이는 ONE-STOP지원센터, 그리고 아동·여성보호지역연대(구 여성폭력방지협의체)이다.

ONE-STOP지원센터는 여성폭력·학교폭력 피해자를 위한 통합적 지원을 위해 2005년 설치되었는데, 경찰, 상담원, 의료진이 24시간 상주하면서 의료·상담·수사·법률 서비스를 한 장소에서 통합 제공하는 것이 특징이다. 이는 다양한 서비스를 한 번에 해결함으로써 피해자의 시간과 비용을 절약하고 상담·수사과정에서 반복 진술로 인한 2차 피해를 방지함을 목적으로 하며, 주체는 병원에서 담당하고 있다. 그러나 ONE-STOP지원센터의 서비스는 기존의 가정폭력·성폭력 피해자 지원기관, 특히 1366과 기능의 중복 문제가 지적되고 있다. 따라서

ONE-STOP지원센터와 1366의 기능 중복을 피하고 지역사회 자원과의 연계를 보다 효과적으로 이루기 위해서는 두 기관의 기능의 전문화와 상호연계를 강화하기 위한 방안 논의가 필요하다(이미정 외, 2008).

또한 정부는 여성폭력방지협의체(현재는 아동여성보호 지역연대로 바뀜)를 구성하도록 하여 여성폭력피해자 지원기관들 간의 연계 강화를 통한 네트워크 구축, 그리고 이를 통한 피해자 지원서비스 전달체계의 효율화를 도모하였다. 이를 위하여 정부 주도 하에 실비 수준의 예산을 정부에서 지원하고, 실질업무는 시·도지사를 주축으로 16개 시·도 단위와 시·군·구 단위에서 운영하도록 하였다. 이 협의체는 2008년에 아동여성보호 종합대책이 발표되면서 아동여성보호지역연대로 전환되었고 현재 전국의 모든 시군구에 구축하는 것을 목표로 추진 중에 있다. 그러나 이 연대는 운영이 형식적이란 평가를 받고 있으며, 제대로 기능하기 위해서는 앞으로 보다 많은 노력과 개선이 필요하다(이미정 외, 2008).

4. 피해자 지원제도 강화 방안

이상에서 살펴본 바와 같이, 가정폭력방지법이 시행된 이래 배우자학대 지원체계는 양적인 팽창을 가져왔다. 그러나 아직도 개선을 위하여 노력할 점이 많이 남아 있다. 여기에서는 이에 대하여 알아보고자 한다(여성가족부, 2008; 이미정 외, 2008; 박영란, 2009; 김혜래 외, 2005).

1) 피해자 지원 서비스에 대한 접근성 향상

피해자 지원 서비스에 관한 접근성이 향상되어야 한다. 이를 위하여 상담소가 전국적으로 적절한 수준에서 배치되어야 한다. 현재 상담소의 양적 확대에도 불구하고 지역적인 불균형 분포로 인하여 접근성이 떨어지는 지역이 있으므로, 대도시나 중소도시에 밀집되어 있는 상담소들이 상담소가 없는 인근지역으로 이전하는 것을 유도할 수 있는 정책이 필요하다. 또한 상담소 서비스에 대한 홍보를 통해 지역의 인지도를 높이는 것도 접근성을 높이는 방법이 될 수 있다.

2) 피해자 지원을 위한 서비스의 전문성 강화

가정폭력 피해자들은 우울증, 불안감, 불면증, 자책감, 대인관계 회피 등 심리적으로 매우 위축되어 있으며, 다양한 형태의 폭력 후유증을 경험하고 있는 것으로 나타났다. 따라서 피해자들에 대한 치료서비스는 신체적 치료와 함께 정서적 상담에 이르기까지 포괄적으로 필요하다. 따라서 피해자들에 대한 상담 전문 프로그램을 활용한 치유 서비스가 다양하고 지속적으로 제공되어야 할 것이다. 현재 정부는 가정폭력 피해자 지원체계의 표준운영모델과 표준서비스 프로그램을 제시하고 있다(여성부 홈페이지 참조). 그러나 실제로 현장에서는 각 기관의 특성에 따라 상이한 접근이 이루어지고 있는바, 이에 대한 심층적인 평가자료가 부족하다. 따라서 현장에서 피해여성들에게 이용자 중심의 전문적인 서비스가 제대로 전달되는지 구체적으로 점검할 필요가 있다.

3) 피해자의 자립·자활 지원 강화

폭력피해여성이 폭력의 초기단계에 적극적으로 대응하지 못하거나 문제가 미해결된 상태에서 행위자에게 다시 돌아가는 것은 경제 및 주거에 있어서 행위자에 대한 의존을 벗어날 수 없는 것과 관련된다. 따라서 피해자 자립을 위한 자립능력 배양, 그리고 행위자의 폭력을 피해 있는 동안 기초적인 생활을 안정적으로 보장할 수 있는 지원책이 마련되어야 할 것이다. 이를 위해 취업을 통한 자활지원 및 주거지원에 대한 제도를 보완하는 것이 필요하다.

우선 취업을 위한 지원방법으로는 취업적성 검사, 취업훈련, 취업관련 정보의 제공 및 취업알선 등의 방안이 필요하다. 또한 경제력이 없는 피해자들이 많으므로, 자립을 준비하는 동안 생활비 지원, 자녀양육비 지원 및 학비지원, 취업훈련에 필요한 지원, 자립을 위한 대부지원,

자격증 획득 시까지 쉼터거주 보장 등이 필요하다. 또한 현재 일부 피해자에게만 제공되고 있는 임대주택 제공을 여성가족부와 건설부 간 부처간 협조를 통해 확대하는 등, 주거지원 방안을 보다 적극적으로 마련하는 것이 필요하다.

4) 피해자 자녀에 대한 지원 강화

가정폭력 피해자에 관한 지원은 자녀에 대한 지원이 반드시 포함되어야 한다. 배우자 학대 피해자들의 대다수가 미성년 자녀를 가지고 있으므로, 피해아동들이 불안정한 양육환경에 방치되지 않도록 해야 할 것이다. 따라서 자녀의 보육과 양육, 학업과 관련된 서비스 및 정서적 서비스 등 자녀에 관한 다양한 서비스가 개발 및 확대되어야 할 것이다. 특히 가정폭력 피해여성이 남아 동반시 보호시설 입소가 어려우며, 입소한 경우에도 주거문제와 경제력 부재 등으로 인해 자활에 어려움을 겪고 있어 이에 대한 지원책 마련이 필요하다.

5) 피해자 치료 및 보호 비용을 국가가 부담할 필요성

현행 '가정폭력 방지 및 피해자 보호 등에 관한 법률' 제 18조는 피해자에 대한 치료보호의 비용을 행위자가 부담하는 것을 원칙으로 규정하면서, 국가나 지방자치단체가 행위자를 대신하여 의료비용을 지급하고 행위자에게 구상권(求償權)을 행사할 수 있도록 규정하고 있다. 그러나 이는 가정폭력은 가정 내의 일이고 가정폭력 피해의 치료 역시 가해자와 피해자가 알아서 해야 할 사적인 일이라는 인식을 전제로 한 것이다. 또한 이는 성폭력특별법 제33조에서 구상권 규정 없이 국가와 지방자체단체가 피해자의 치료비용을 부담하도록 규정하고 있는 것과 대비된다. 범죄의 가해자가 피해자에게 치료비 등 손해를 배상하는 것은 일반 법원칙 상 당연하지만, 그리고 성폭력과는 달리 가정폭력에서는 가해자가 누구인지 명백하기는 하지만, 그럼에도 불구하고 오늘날 범죄피해자의 보호를 위한 국가의 의무는 국가가 가해자를 대신하여 피해자의 치료비 등을 적극적으로 지원하는 방향으로 나아가고 있으며, 그것이 바람직한 방향이다(여성가족부, 2008: 250). 가정폭력이 국가적·사회적으로 대처해야 할 범죄라는 인식에서 출발한다면, 가정폭력 피해자의 치료에 있어서도 국가가 일차적으로 치료비용을 부담함으로써 가정폭력이 사회적 대가를 지불하는 범죄라는 인식과 정책방향을 분명히 할 필요가 있다.

제 2 절 행위자에 대한 제도

1. 행위자 처벌 및 치료 제도

배우자학대 행위자에 대한 제도의 기반은 가정폭력방지법의 다른 한 축인 '가정폭력범죄의 처벌 등에 관한 특례법'에 있다. 이 법률제정의 의미는 첫째로 가정폭력 문제가 더 이상 사생활의 영역이 아닌 사회적인 문제이자 범죄행위라는 인식을 확인하였다는 점, 둘째로 가정폭력의 특수성을 감안하여 기존의 형법적 대응과는 다른 절차를 규정하였다는 점, 셋째로 기존에는 이혼소송을 제기하고 형사고소를 하는 것이 관례였으나 가정 유지를 위하여 형사처벌 이전에 행위자를 개선·교화시키는 법적 장치를 마련하였다는 점, 넷째로 종전에는 가정폭력을 형사처벌하거나 불기소하였던 데 반해 중간적 제재 형태인 보호사건으로 처리할 수 있게 되었다는 점이다(오지용, 2006: 120). '가정폭력범죄의 처벌 등에 관한 특례법'의 주요 내용을 사법처리 절차에 따라서 살펴보면 다음과 같다(김덕용, 2003; 오지용, 2006; 박선영 외, 2007).

1) 신고의 의무화

이 법은 가정폭력으로 인하여 직접적으로 피해를 입은 자 외에도 누구든지 신고할 수 있도록 규정하고 있다. 특히 폭력피해자를 교육, 보호, 치료, 상담하는 개인 및 기관의 장에게는 가정폭력의 신고의무를 법제화하고 있다. 그러나 위반에 따른 구체적인 제재가 따르는 것이 아닌 만큼 실제적인 강제성보다는 윤리적인 강제로 이해할 수 있다.

2) 경찰의 즉각적 개입 의무화

이 법은 진행중인 가정폭력범죄에 대하여 신고를 받은 사법경찰관리는 즉시 현장에 출동하여 다음과 같은 응급조치를 취해야 할 의무가 있다고 규정하여 초기개입을 의무화하고 있다. 즉 폭력행위의 제지 및 범죄수사, 피해자의 가정폭력관련 상담소 또는 보호시설 인도(피해자의 동의가 전제됨), 긴급치료가 필요한 피해자의 의료기관 인도, 폭력행위시 폭력행위자를 주거 또는 방으로부터 퇴거시키거나 피해자에 대한 접근금지조치를 청구하도록 검사에게 신청할 수 있음을 통보하는 등의 임시조치를 취해야 한다.

3) 검사의 사건 처리

(1) 법원에 대한 임시조치의 청구

경찰에서 사건을 송치받은 검사는 수사에 착수한다. 경찰의 응급조치에도 불구하고 가정폭력 범죄가 재발할 우려가 있다고 인정되는 경우 법원에 임시조치를 청구할 수 있다. 검사가 청구할 수 있는 임시조치는 ① 피해자 또는 가족구성원의 주거, 또는 점유하는 방실로부터 퇴거 등 격리(2개월 이내), ② 피해자의 주거, 직장 등에서의 100미터 이내의 접근 금지(2개월 이내)의 두 가지이다.

(2) 가정보호사건으로 처리하기에 적합하지 않다고 판단되는 경우 형사사건으로 처리하여 형사법원에 공소를 제기할 수 있다.

(3) 검사는 행위자의 성행교정을 위하여 필요하다고 인정하는 때에는 상담조건부 기소유예를 할 수 있다.

4) 법원의 사건 처리

(1) 관할

검사가 형사사건으로 기소한 경우에는 형사법원이 재판한다. 반면 가정보호사건으로 송치한 경우에는 가정법원이 재판한다.

(2) 조사, 심리

법원은 가정보호사건을 조사, 심리한 후 보호처분을 하거나 불처분 결정을 내릴 수 있다. 법원은 조사, 심리를 위하여 가정보호조사관을 두고 조사관으로 하여금 가정폭력범죄의 동기, 원인 및 실태 등의 조사를 시킬 수 있고 의학, 심리학, 사회학, 사회복지학 등의 전문가의 조력을 받아 조사심리할 수 있다.

(3) 법원의 임시조치

판사는 가정보호사건의 원활한 조사, 심리 또는 피해자의 보호를 위하여 결정으로 행위자에게 임시조치를 할 수 있다. 임시조치 처분은 검사의 청구에 의해서도 할 수 있다.

① 피해자 또는 가족구성원의 주거 또는 점유하는 방실로부터 퇴거 등 격리

② 피해자의 주거, 직장 등에서 100미터 이내의 접근 금지

③ 피해자 또는 가족구성원에 대한 전기통신을 이용한 접근금지

④ 의료기관 기타 요양소에의 위탁

⑤ 경찰관서, 유치장, 또는 구치소에의 유치

5) 법원의 종국 결정

(1) 불처분 결정

가정법원이 가정보호사건을 심리한 결과 ① 보호처분을 할 수 없는 경우(행위자에 대하여 가정폭력 범죄사실을 인정할 수 없거나 행위자의 소재를 알 수 없거나 사망한 경우), 혹은 보호처분을 할 필요가 없

다고 인정한 경우(가정폭력범죄가 우발적으로 야기되어 사안이 경미하거나 피해자가 행위자와 원만한 합의를 하여 행위자에 대하여 어떠한 처분도 원하지 않는 경우), ② 사건의 성질·동기 및 결과, 행위자의 성향·습벽 등에 비추어 가정보호사건으로 처리하는 것이 적절하지 않은 경우에는 불처분의 결정을 하도록 하고 있다.

(2) 검사에게 송치결정

심리결과 가정보호사건으로 처리함이 적당하지 않다고 인정한 때에는 처분을 하지 아니한다는 결정과 함께 사건을 관할법원에 대응하는 검찰청 검사에게 송치해야 한다.

(3) 보호처분

판사는 조사, 심리의 결과 보호처분이 필요하다고 인정한 때에는 7가지의 보호처분을 할 수 있다.

① 행위자가 피해자에게 접근하는 행위의 제한

② 행위자가 피해자 또는 가족구성원에 대한 전기통신을 이용하여 접근하는 행위의 제한

③ 친권자인 행위자의 피해자에 대한 친권행사의 제한

④ 사회봉사, 수강명령

⑤ 보호관찰

⑥ 보호시설에의 감호위탁

⑦ 의료기관에의 치료위탁

⑧ 상담소에의 상담위탁

형법상의 사회봉사명령은 500시간의 범위 내로 하도록 규정되어 있으나, 사회봉사, 수강명령은 100시간을 초과할 수 없고, 나머지 기간은 6월을 초과할 수 없다. 또한 ⑦ 의료기관에의 치료위탁 혹은 ⑧ 상담소에의 상담위탁을 받은 행위자는 위탁 또는 보호처분에 필요한 비용을 부담한다. 다만 행위자가 지급할 능력이 없을 때는 국가가 이를 부담할 수 있다.

(4) 보호처분을 불이행하는 경우

1, 2, 3호의 접근금지 제한 및 친권행사 제한을 따르지 아니하는 경우, 2년 이하의 징역이나 2,000만원 이하의 벌금 또는 구류에 처한다. 또한 제 4호 내지 8호의 처분에 대한 집행에 응하지 아니하는 경우, 보호처분을 취소하고 사건을 대응하는 검찰청 검사에게 송치하여야 한다. 또한 보호처분이 확정된 때에는 그 행위자에 대하여 동일한 범죄사실로 다시 공소 제기할 수 없다.

6) 배상신청제도

특례법은 피해자에게 가정보호사건을 처리하고 있는 제 1심 법원에 가정폭력으로 인한 피해에 대하여 행위자로 하여금 배상하도록 명령을 내려줄 것을 신청할 수 있도록 하고 있다.

이러한 절차를 그림으로 표시하면 다음 〈그림 12-2〉와 같다.

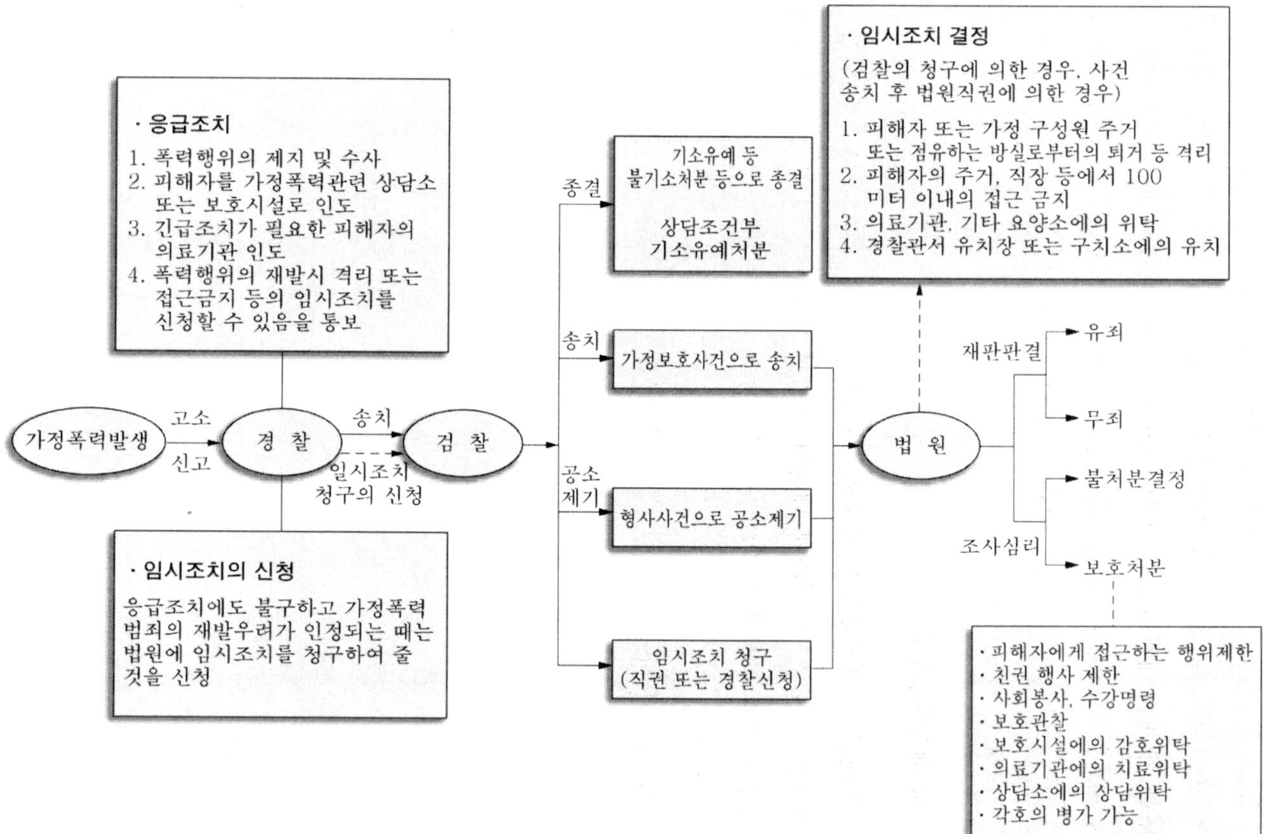

출처 : 한국가정법률상담소. 2003. 가정폭력예방지침서. pp. 34-35.

〈그림 12-2〉 가정보호사건 처리 과정(행위자에 대한 공권력 개입 과정 및 처분 내용)

2. 행위자 처벌 및 치료제도 강화방안

앞에서 살펴본 대로 '가정폭력범죄의 처벌 등에 관한 특례법'이 제정된 이래 가정폭력 문제가 더 이상 사생활의 영역이 아닌 사회적인 문제이자 범죄행위라는 것을 명확히 하였고, 이를 토대로 행위자에 대한 사회적 제재가 가해진 것은 큰 변화라고 할 것이다. 그럼에도 불구하고 아직 행위자 처벌 및 치료에 대해서는 여러 가지로 개선할 점이 남아 있다. 여기에서는 이에 알아보고자 한다(박선영 외, 2007; 여성가족부, 2008; 이호중, 2009).

1) 법의 목적에서 피해자의 인권 및 안전 강조의 필요성

이 법의 제 1조에서 제시된 법의 목적은 1997년 제정 당시에는 '건강한 가정의 평화와 안정을 회복하고 건강한 가정을 육성함을 목적으로 한다'고만 명시되어서 피해자 및 다른 가족구성원의 인권 및 안전 확보가 제대로 이루어지지 않았다. 그러나 2002년 법 개정을 통하여 일차적인 가정 보호 목적에 '피해자와 가족구성원의 인권을 보호함을 목적으로 한다'는 구절이 첨가되었으므로 개선되었다. 그러나 여전히 건강한 가정 육성이라는 목적이 피해자의 안정과 인권 보호라는 목적보다 선행하고 있다. 이는 배우자 학대 행위가 엄연한 형사 사건임에도 불구하고 가정보호라는 목적이 강조된 결과 상당수의 사건들이 경미하게 처리되고 있는 것과 무관하지 않다. 따라서 이 법의 근본 목적이 가정의 보호나 유지가 아니라 피해자와 가족구성원의 안전과 인권 보호에 있다는 것이 보다 명료화되어야 할 것이다.

2) 행위자의 폭력행위 교정프로그램 강화

행위자의 폭력행위 교정을 위한 보다 내실있는 프로그램의 개입이 필요하다. 행위자들의 폭력 행위에는 음주 문제가 결합되어 있는 경우가 많다. 음주문제는 치료가 필요한 문제로서, 음주문제 치료는 상담이나 교육 이전에 이루어져야만 한다. 그런데 현재와 같이 음주문제에 대한 치료명령 없이 상담위탁처분만으로는 내실있는 교정치료가 이루어지기 어렵다. 그러므로 음주문제 치료가 필요한 행위자에게는 치료명령이 상담위탁처분 전에 내려져야만 한다. 이를 위해 현행 프로그램에 대한 평가시스템을 확립하여 프로그램의 효과성에 대한 평가를 해야 하며, 이를 바탕으로 교정 프로그램 강화를 위한 개선책이 마련되어야 할 것이다.

3) 행위자 처벌 강화

현재 가정폭력범죄자의 50% 정도가 불기소처분을 받고 있으며, 30% 정도의 사건이 가정보호사건으로 송치된다. 가정보호사건으로 송치된 경우에도 불처분율은 30-40%에 이르고 있다. 결국 전체 폭력사범의 10% 정도만이 보호처분을 받는 상황이다. 이러한 상황을 통해 볼 때, 우리 사회가 가정폭력 범죄에 대하여 효과적인 개입 시스템을 갖추고 있다고 평가하기 어렵다(이호중, 2009; 200-201). 따라서 가정폭력 행위자에 대한 처벌이 보다 엄중해질 필요가 있다. 이를 통해 행위자의 폭력행위 재발 예방 뿐만 아니라 처벌의 엄격성을 일반인에게 인식시킴으로써 일반인에 대한 폭력의 예방효과도 기대할 수 있을 것이다.

4) 행위자의 지속적 관리체계 정비

행위자에 대한 지속적인 관리체계의 정비가 필요하다. 가정폭력 행위자에 대한 법적 대응은 주로 보호처분(상담위탁, 수강명령, 보호관찰 등)으로 사회 내에서 이루어지는 경우가 다수를 차지하고 있다. 비록 소수이기는 하지만 유치장이나 교정시설에서 일정기간 수용되는 경우도 있으나, 행위자는 결국 사회로 복귀한다. 따라서 행위자에 대한 관리를 사법기관에만 의존하는 것은 한계가 있으며 지역사회가 중심적인 장이 될 수밖에 없다. 그러므로 지역사회 내에서의 지속적인 관리체계를 구비하는 것이 필요하다. 지역사회의 다양한 전문기관과의 연계 및 공조체계를 통해 보다 효과적으로 가정폭력 재발 예방의 가능성을 높일 수 있을 것이다.

생각할 문제

1. 가정폭력방지법의 목적은 가정의 보호 혹은 피해자의 안전과 인권 중에서 어느 것이 보다 우선되어야 하는가 논하시오.

2. 피해자의 치료를 위한 비용은 국가, 행위자, 피해자 중 누가 부담하는 것이 옳은가 논하시오.

3. 현재 법에 명시된 행위자에 대한 상담조건부 기소유예, 그리고 접근금지명령이 피해자 보호와 학대 근절에 얼마나 도움이 되는지 논하시오.

4. 행위자에 대한 조치의 방향에 있어서, 처벌과 치료 중 어느 쪽에 보다 강조점을 두는 것이 좋은지 논하시오.

5. 배우자 학대를 예방하기 위해서 사회적으로 필요한 예방대책은 무엇인지 논하시오.

제4부

노인학대

제13장 노인학대의 이해
제14장 노인학대에의 개입

노인에 대한 정의는 대부분 65세 이상으로 정의하고 있다. 가족폭력의 여러 유형들 중 노인학대는 가장 관심을 늦게 받기 시작했으며, 따라서 연구되기 시작한 역사도 가장 짧다. 여기에서는 제 13장에서는 노인학대를 이해하기 위한 개괄적인 이슈들을 살펴보며, 제 14장에서는 노인학대에 대한 개입을 알아보고자 한다.

제 13 장

노인학대의 이해

〈사례〉

울산 ○○경찰서는 4일 소주값을 안 준다며 아버지를 때린 혐의(존속폭행)로 아들 김모(43)씨에 대해 구속영장을 신청했다. 경찰에 따르면 김씨는 지난달 30일 오후 11시께 자신의 집에서 술에 취해 아버지 김모(75)씨에게 욕설을 하며 소란을 피우다 아버지가 "들어가 자라"고 타이르자 아버지의 머리와 가슴을 주먹으로 때린 혐의를 받고 있다. 아버지 김씨가 아들의 폭력을 피해 잠시 자리를 비웠다가 다시 집으로 들어 왔으나 아들 김씨는 "소주 1병 살 돈 3천을 달라"며 또 때렸다고 경찰은 전했다. 경찰 관계자는 "부자 단둘이 살고 있는데 평소에도 폭행이 잦았기 때문에 구속영장을 신청했다"고 밝혔다.

울산=연합뉴스, 2010.10.04

노인학대 문제는 아동학대나 배우자학대에 비하여 학문적·대중적 관심을 늦게 받기 시작했다(Kemp, 2001; Goldstein, 1996). 서구의 경우, 1960년대에는 아동의 신체적 학대 문제가, 1970년대에는 배우자 학대가, 1980년대에는 아동성학대가 사회적 관심의 우선순위가 되었고, 이 시기에 노인학대가 대두되기 시작하였다(Wallace, 1996).

우리나라에서는 서구와는 달리 전통적으로 노부모 부양이 자녀들에 의해 이루어져 왔으며, 효 중시 문화와 가족주의 전통이 유지되고 있다.

그러나 오히려 이러한 문화적 관습이 노인부양자의 부담과 스트레스를 가중시킴으로써 노인학대를 발생시키는 요인이 되고 있다. 또한 대부분의 노인들이 자신이나 부양자의 가정에서 거주하는 경우가 많아 노인학대의 대부분이 가정에서 이루어지며, 따라서 은폐되고 반복된다는 점에 심각성이 있다.

피해 노인들은 성별, 능력의 수준, 건강 수준 등에 있어서 매우 다양하다. 이전에는 대부분의 학대 피해자가 여성 노인으로 생각되었으나, 연구에 의하면 남성노인도 자주 피해자로 나타난다. 노인학대는 대개 시간의 경과에 따라 강도와 빈도가 증가하는 폭력의 패턴으로 나타난다. 대개의 경우 다른 유형의 학대, 예를 들면 신체적 학대와 경제적 착취가 공존한다.

여기에서는 제 1절에서 노인학대의 개념을 살펴보고, 제 2절에서는 노인학대의 유형을 알아본다. 제 3절에서는 노인학대의 발생현황을 알아보고, 제 4절에서는 노인학대의 지표를 검토한다. 마지막으로 제 5절에서는 노인학대의 위험요인을 고찰한다.

제 1 절 노인학대의 개념

노인학대를 정의하는 기준은 사회나 학자에 따라 다양하게 나타나고 있다. 이는 각 사회마다 고유한 문화와 가치관 및 사회적 관습을 갖고 있기 때문이다. 한국 노인복지법에 의하면, 노인학대라 함은, "노인에 대하여 신체적·정신적·성적 폭력 및 경제적 착취 또는 가혹행위를 하거나 유기 또는 방임을 하는 것"이라고 정의하고 있다. 따라서 노인학대란 노인 스스로 자기를 돌보지 않거나 노인의 부양자가 의도적, 비의도적으로 노인에게 신체적·정서적·성적·경제적 손해를 가하거나 부양의무를 소홀히 하는 것이라고 할 수 있다(고재욱, 2010: 98-99; 박귀영 외, 2010; 194).

한편 노인학대의 개념에 대하여 협의의 개념과 광의의 개념으로 봐야 한다는 견해도 있다. 즉 협의의 개념은 누군가가 의도적으로 노인에게 위해를 가하는 행위라고 보며, 광의의 개념은 훨씬 폭넓게 노인의 인권보호를 전제로 하는 개념으로 보고 있다. 노인학대의 개념에 대한 학자간의 합의가 이루어지지는 않았지만, 광의의 개념을 따르는 것이 시대적 추세이다(김미혜, 2001을 권중돈, 2010에서 재인용). 이렇게 광의의 개념으로 본다면, 노인학대는 '노인자신, 노인의 가정이나 전문시설의 모든 관계에서 발생하는, 노인에게 해가 되거나 장애를 일으킬 수 있는 일회성이거나 반복적 행동, 또는 적절한 행동의 부족'으로 폭넓게 정의할 수 있다(권중돈, 2010: 308).

제 2 절 노인학대의 분류

1. 유형에 따른 분류

노인학대의 유형은 학자마다 다르게 분류한다. 협의의 개념으로 유형을 분류할 때 일반적으로 신체적 학대, 정서적·언어적 학대, 재정적 학대로 분류한다. 광의의 개념으로는 협의의 개념의 학대에 방임, 자기방임, 유기를 추가한다. 여기에서는 광의의 개념으로 노인학대의 유형을 알아보고자 한다(고재욱, 2010: 102-107; 박귀영 외, 2010: 194-6; 권중돈, 2010: 308-310; Wallace, 1996: 221-224; Kemp, 2001: 274; Adelman et al., 1999).

1) 신체적 학대

물리적인 힘 또는 도구를 이용하여 노인에게 신체적 손상, 고통, 장애 등을 유발시키는 행위를 말한다. 신체적 학대는 상처, 고통, 상해를 일으키는 행동들을 포함한다. 예를 들면 때리기, 치기, 밀기, 차기, 화상, 신체의 구속을 행하여 상처나 멍, 타박상, 골절, 탈구 등이 야기되는 것을 말한다. 또한 보호제공자들이 외출 시 노인이 움직이지 못하도록 감금하는 행위도 신체적 학대에 포함된다.

2) 정서적/언어적 학대

정서적으로 고통을 주는 것으로 언어적 모욕을 비롯해서 계획적으로 피해자의 인간성을 부정하고 스트레스를 주어 노인 스스로가 자살하고 싶은 충동을 느끼게 하거나 우울증 등의 정신적 질병을 가지게 만드는 것을 말한다. 통상적으로 정서적 학대에는 협박도 수반된다. 예를 들어 노인을 부양하는 것이 부담스럽다는 것을 노인 앞에서 노골적으로 표현하는 경우, 집안에서 고의로 노인을 소외시키거나 상대하지 않는 경우, 부양자가 노인에게 없어져 주었으면 하는 느낌을 갖게 만드는 경우, 위협적이고 무례한 태도를 취하는 경우 등이다.

또한 언어적 학대도 정서적 학대의 영역에 포함시킬 수 있다. 위협적 언어를 사용한다든지("빨리 죽었으면 좋겠다", "집을 나가라" "시설에 보내겠다" 등), 신체기능의 저하(요실금이나 실변)로 인한 노인의 실수를 비난하고 꾸짖는 것, 어린아이같이 다루면서 수치심을 느끼게 하는 것, 무자비한 명령 등이 포함된다.

3) 경제적 학대

노인의 자금, 재산 등을 친척 또는 부양제공자가 노인의 뜻에 관계없이 이전하거나 훔치는 것을 말한다. 예를 들어 노인의 유언장을 허위로 작성하거나 노인이 작성한 유언장을 노인의 동의 없이 수정하는 경우, 노인의 허락 없이 마음대로 노인의 부동산 소유권 이전 등과 같은 재산권을 행사하는 경우, 노인의 연금이나 임대료 등 노인의 소득을 가족이나 친지가 가로채는 경우 등이다. 성인자녀가 노인의 집 등 재산을 매매하는 것은 흔히 일어나는 일이다. 노인의 뜻과 관계없이 주거를 빼

앗거나 적절한 생활환경을 박탈하는 등의 부당한 착취, 그리고 생활을 유지하는 데에 필요한 용돈이나 생활비 등을 주지 않는 것도 경제적 착취에 해당한다.

4) 성적 학대

노인과의 합의가 없는 모든 형태의 성적 접촉 또는 강제적 성행위를 하는 것이다. 예를 들면 노인의 동의 없이 옷을 벗기거나 기타 성적 행위를 하는 것을 말한다.

5) 방임

방임을 유형별로 분류하면, 학대와 마찬가지로 신체적, 정서적, 경제적 방임의 세 유형으로 나눌 수 있다. 첫째, 신체적 방임에는 보호제공자의 의도적/비의도적 책임수행 실패로 인해 적절한 돌봄이나 의료처치를 제공하지 않는 것을 말한다. 예를 들어서 노인에게 음식을 주지 않아 끼니를 거르게 하는 경우, 목욕이나 배변 시 도움이 필요한 노인에게 도움을 주지 않는 경우, 노인이 사고를 당할 수 있는 위험한 상황에 처하게 하는 경우 등이다. 또한 노인이 병원 치료가 필요한데도 병원에 모셔가지 않거나 부양자가 경제적 능력이 있는데도 돋보기, 보청기, 틀니 등 필수 보장구를 마련해 주지 않는 경우를 말한다. 신체적 방임 역시 신체적 학대와 마찬가지로 피해자에게 신체적 상해를 가져온다. 둘째, 정서적 방임의 예로는 지속적으로 노인의 관심을 비하하거나 무시하는 일, 대화 없이 내버려 두기 등이 포함된다. 셋째, 경제적 방임은 노인의 현금이나 자산관리를 태만히 하거나 잘 수행하지 못하는 것 등이다.

또한 방임을 의도적 방임과 비의도적 방임으로 분류할 수도 있다. 예를 들면 보호제공자가 중증의 치매노인에게 보호를 제공하지 않고 며칠간 홀로 방치한 경우, 혹은 의도적으로 노인의 안경, 의치, 보행기 등을 제거하는 것 등은 의도적 방임이다. 한편 의사의 지시를 이해하지 못 하여 발생한 약의 오용은 약물중독을 가져오며, 이는 비의도적 방임으로 분류될 수 있다.

6) 유기

노인을 낯선 장소에 버리거나 노인을 다른 주거지에 두고 오랫동안 연락을 두절하거나 방치하는 것을 말하며, 거동이 불편한 노인을 시설에 맡기고 연락을 두절한 경우를 말한다. 혹은 시설에서 월별 입소비용 미납 등의 사유로 노인에 대한 특별한 보호조치 없이 퇴소시키는 행위도 포함된다.

2. 발생장소에 따른 분류

노인학대의 발생장소에 따라서 노인학대를 분류하면, 가정 내 학대, 시설 내 학대, 자기방임의 세 가지가 있다(권중돈, 2010; Kemp, 2001).

1) 가정 내 학대

많은 노인학대가 노인과 동거하는 사람들에 의해 발생한다. 이는 주로 지역사회 내의 노인 자신의 가정, 친지의 가정 등에서 발생하고, 우리나라 노인학대의 대부분을 차지한다. 가정에서의 노인학대는 피해노인의 성인자녀, 손자녀, 배우자, 친지, 친구 등의 부양자가 행하는 학대로서, 한명 이상의 행위자가 존재한다. 피해노인들은 행위자가 가족이라는 이유 때문에 부양가족의 부당한 대우를 가정 내의 문제로 치부하고, 외부에 노출하지 않는 소극적인 태도를 보인다. 혹은 자녀가 처벌받는 것을 안타깝게 여겨 법이나 외부 지원체계에 호소하거나 신고하려 하지 않는 경우도 많으며, 자녀를 고발함으로써 오는 죄책감 및 자녀로부터의 보복 등이 두려워 학대를 은폐하기도 한다.

2) 시설에서의 학대

시설에서의 노인학대는 노인에 대한 보호를 제공하는 의료기관, 장기요양기관, 노인복지시설이나 기관 등에서 이루어지는 노인에 대한 부적절한 처우라고 할 수 있다. 행위자는 주로 시설에 근무하는 종사자 혹은 관리자이며, 때로는 시설을 방문한 가족이나 친지가 되기도 한다.

3) 자기방임

자기방임은 자기가 해야 할 신변의 청결, 건강관리, 가사 등을 본인이 할 수 있는 능력이 있어도 스스로 포기하여 하지 않은 결과 심신건강 상의 문제가 생기는 것, 그리고 능력이 없어서 자신을 돌보지 못하는 것을 말한다. 자기방임은 독거노인에게서 주로 발생한다. 독거노인의 학대 발생률은 타인과 함께 거주하는 노인보다 적지만, 자기방임이 발생할 수 있기 때문에 관심을 요한다.

제 3 절 노인학대의 발생현황

노인학대가 얼마나 많이 일어나고 있는지 그리고 얼마나 심각한지는 정확히 파악하기 어렵다. 아동학대나 배우자학대 역시 정확한 발생 현황을 파악하기는 어렵지만, 노인학대의 경우 더욱 어렵다고 할 수 있다. 그 이유로서 노인학대 노출을 꺼리는 사회문화적 배경, 노년기가 생활주기의 마지막 단계라는 인식 하에 노인학대를 중요시하지 않는 사회적 분위기, 노인학대에 관한 연구나 조사가 표준화되기 어려운 점 등을 들 수 있다.

노인학대의 발생 현황을 추정할 수 있는 대표적인 자료는 공식적인 신고, 그리고 일반인구 대상의 서베이 조사이다. 공식적으로 신고하는 수는 전체 노인학대 발생 수의 빙산의 일각이라고 추정되며, 또한 여러 서베이 조사는 서로 다른 결과를 제시하고 있다. 그럼에도 불구하고 우리는 이러한 자료를 통하여 노인학대의 발생현황을 추정하는 수밖에 없다. 여기에서는 노인보호전문기관에 공식적으로 신고된 집계(보건복지부·중앙노인보호전문기관, 2010), 그리고 여성가족부에서 2007년에 전국적으로 실시한 대규모 서베이 조사결과(여성가족부, 2008)를 알아보고자 한다.

1. 신고현황

1) 노인학대 신고 건수

2009년 한 해 동안 전국 24개(중앙노인보호전문기관 포함)의 노인보호전문기관에 신고된 건수는 6,159건이며, 이 중 현장조사와 상담진행을 통하여 학대로 판정된 사례는 2,674건이다.

2) 학대 피해노인의 일반적 특성

학대피해노인을 성별로 보면, 여성노인(69.7%)이 남성노인(30.3%)보다 두 배 이상 높은 것을 알 수 있다. 또한 연령을 살펴보면, 75세~79세의 노인이 가장 많으며(23.3%), 그 다음 70~74세(21.5%), 80~84세(20.3%)의 순으로 나타났다. 또한 생활수준을 살펴보면, 수급자를 포함한 저소득층(최저생계비 130%) 이하가 62.9%를 차지하여 과반수이상의 학대피해노인이 경제적으로 어려움에 처해 있음을 알 수 있다.

3) 학대 유형

노인학대유형을 살펴보면 학대피해노인은 정서적 학대 (40.3%)가 가장 높게 나타났다. 그 다음은 신체적 학대(24.6%), 방임(17.5%) 순이다.

〈표 13-1〉 노인 학대 유형

(단위 : 명, %)

유형	신체적 학대	정서적 학대	성적 학대	경제적 학대	방임	자기방임	유기	계
계	1,139 (24.6)	1,868 (40.3)	37 (0.8)	561 (12.1)	813 (17.5)	133 (2.9)	83 (1.8)	4,634 (100.0)

4) 학대피해노인의 학대행위자와의 동거여부

학대피해노인이 학대행위자와 동거하는 비율은 56.4%로서, 과반수를 조금 넘는 수치이다. 일반적으로 학대피해노인과 학대행위자가 동거하면 학대위험에 더 쉽게 노출된다고 생각하며, 학대행위자의 동거수가 비동거수보다 훨씬 높을 것이라고 생각하기 쉽다. 하지만 핵가족화가 진행되어, 따로 거주하면서 부정기적인 방문으로 인한 학대도 많아 동거수와 비동거수의 차이가 크지 않음을 알 수 있다.

5) 학대행위자의 성별, 연령

2009년 학대피해노인 2,674명에게 학대행위를 가한 사람은 3,019명으로 한 명의 학대피해노인에게 두 명 이상의 학대행위자가 존재할 수 있음을 나타낸다. 학대행위자 성별을 살펴보면 남성이 68.8%(2,078명), 여성이 31.2%(941명)로 남성이 여성보다 2배 이상 많음을 알 수 있다. 이는 학대행위자 유형 중 아들이 가장 높은 비율을 차지하기 때문으로 보여진다. 또한 학대행위자의 연령분포를 보면 주 부양자 층인 40~50대가 전체의 30.8%를 차지하여 학대행위자의 대부분이라고 할 수 있다.

6) 학대행위자와 피해노인과의 관계

학대행위자와 학대피해노인과의 관계를 분석한 것으로 아들이 51.1%(1,544명)로 가장 높게 나타났고, 딸 11.3%(342명), 며느리 9.6%(291명) 순으로 그 뒤를 이었다. 학대행위자로 아들이 가장 높게 나타나는 것은 한국사회의 전통문화사상 부양의무가 아들에게 부여되고, 이에 대한 아들의 부양부담이 노인학대 발생을 야기시키는 것으로 보여진다. 또한 아들, 딸, 며느리를 포함하는 친족이 학대행위자인 경우가 86.2%(2,601명)로 절대다수를 차지하였다.

〈표 13-2〉 학대행위자와 피해노인과의 관계

(단위: 명, %)

구분	학대피해노인본인	친족								타인	기관	계
		배우자	아들	며느리	딸	사위	손자녀	친척	소계			
명수	128 (4.2)	279 (9.2)	1,544 (51.1)	291 (9.6)	342 (11.3)	28 (0.9)	58 (1.9)	59 (2.0)	2,601 (86.2)	228 (7.6)	62 (2.1)	3,019 (100.0)

2. 실태조사

2007년 여성가족부에서 시행한 전국 가정폭력 실태조사 중 노인학대 조사는 65세 이상 노인 2,325명을 대상으로 이루어졌으며, 지난 1년간의 노인학대 발생을 조사하였다. 그 결과 발생률은 6.0%, 즉 100명당 6명의 노인이 학대를 경험한 것으로 나타났다.

학대유형별로는 정서적 폭력(5.2%), 방임(2.3%), 경제적 폭력(0.4%), 신체적 폭력(0.2%)의 순으로 높았다. 노인의 성별로 볼 때, 남성노인보다는 여성노인에게서 노인학대 발생률이 높았으며, 고연령층, 저학력층일수록, 그리고 무배우자일 경우 노인학대 발생률이 높았다.

기타 요인별로 전체 노인학대 발생률을 살펴보면, 노인가구유형별로는 자녀와 동거하는 노인가구가 노인학대 발생률이 가장 높았으며(9.2%), 그 다음 노인독신가구(7.1%), 기타가구(8.1%), 노인부부가구(3.0%)의 순으로 나타났다. 이는 자녀들에게 의존적인 노인의 경우 부양자의 부양부담으로 인한 노인학대 발생률이 높다는 것을 보여주는 것이라 하겠다. 월평균 소득수준이 낮을수록, 특히 99만원 이하의 경우 노인학대 발생률이 높은 것으로 나타났다. 건강상태가 나쁠수록 노인학대 발생률이 높아 건강이 매우 좋은 노인의 경우 학대 발생률이 2.7%이었으나 매우 나쁜 노인은 10.1%이었다. 노인의 일상생활 수행능력이 낮을수록 노인학대 발생률이 높아 일상생활 수행이 전혀 어렵지 않은 노인의 경우 학대발생률은 4.9%이었으나 전혀 할 수 없는 노인의 경우 16.7%이었다. 노인 중 마음을 터놓을 수 있는 친구나 이웃이 있는지 여부별로 알아보면, 친구나 이웃 모두 있는 경우에 노인학대발생률은 4.7%로 낮은 편이었으며, 친구나 이웃 모두 없는 경우에는 가장 학대 발생률이 높았다(8.4%)(여성가족부, 2008).

〈표 13-3〉 노인특성별 지난 1년간 노인학대 발생률

(단위: %, 명)

구분	전체 폭력	정서적 폭력	신체적 폭력	경제적 폭력	방임	(분석 대상수)
전체	6.0	5.2	0.2	0.4	2.3	(2,214)
노인의 성						
남성	3.9	3.4	-	0.1	1.5	(852)
여성	7.3	6.4	0.4	0.5	2.8	(1,362)
노인의 연령						
65~69세	4.1	3.8	0.1	0.5	1.0	(916)
70~74세	6.7	6.4	0.4	-	2.5	(667)
75세 이상	8.1	6.2	0.2	0.5	4.1	(632)
노인의 교육수준						
무학	9.4	8.1	0.7	0.8	4.5	(602)
중학교 이하	5.8	5.3	0.1	0.3	1.8	(1,160)
고등학교 이상	1.8	1.3	-	-	0.9	(447)
노인의 혼인상태						
유배우	3.4	3.0	0.2	0.2	1.2	(1,258)
무배우	9.6	8.3	0.4	0.5	3.9	(956)

출처 : 여성가족부(2008). 전국 가정폭력 실태조사.

제 4 절 노인학대의 지표

앞에서 살펴보았다시피, 노인학대의 범주에는 단일화하기에는 매우 다양한 학대유형이 존재한다. 또한 학대의 유형에 따라서 그 영향과 충격이 다르기 때문에, 노인학대의 지표를 단일하게 말하기 어렵다. 동일한 지표나 증상도 사실은 학대가 아닌, 다른 원인에 의한 것일 수도 있다. 그러므로 지표란 단순히 무엇이 잘못되었다는 것을 의미하는 것이며, 실제로 그러한 지표를 발생시킨 원인이 정확히 무엇인지는 더 깊이 있는 조사를 요한다. 다음은 노인학대의 지표를 행동적 지표, 신체학대의 지표, 방임의 신체적 지표, 재정적 혹은 물질적 착취의 지표로 구분하여 알아본다(Kemp, 2001; Goldstein, 1996).

1. 노인학대의 행동적 지표

다른 학대유형과 마찬가지로 노인학대의 피해자 역시 우울과 불안의 징후를 나타낸다. 즉 수면장애, 섭식장애, 에너지 손상과 무기력, 사물에 대한 관심의 감소, 위축 등이다. 또한 행동지표로는 빈번한 응급실 방문, 쉽게 놀라거나 당황함, 떨림, 대화를 기피하거나 주저함, 상처에 대한 납득하기 어려운 설명 등이 있다.

2. 노인학대의 신체적 지표

손목과 발목, 가슴 주위, 팔 아래 부위에 마찰에 의한 상처가 생긴 경우, 멍든 상처가 생긴 경우, 고의적으로 남겨진 화상 상처, 골절, 찢긴 상처, 찰과상 등은 신체 학대의 지표라고 의심할 수 있다. 마찰에 의한 상처는 보호제공자가 노인을 강제로 묶을 경우 발생하며, 멍든 상처는 때리기, 밀기, 주먹으로 치기 등으로 발생한다.

3. 방임의 신체적 지표

심각한 영양부족 혹은 탈수현상, 악뇨, 창백한 피부나 눈동자의 함몰, 피부발진, 안경이나 보청기나 의료도구의 부족, 비위생적이거나 열악한 주거환경 등은 방임을 나타내는 신체적 지표로 볼 수 있다.

4. 재정적 학대(착취)의 지표

은행계좌에 이상이 있거나, 노인 재정상태에 대하여 보호제공자가 과도한 관심을 가지거나, 친지가 최근 노인과 친분을 과시하는 행동을 하거나, 노인의 오랜 친구나 사회적 교류로부터 노인이 고립되거나, 노인을 평생 돌보겠다고 약속하는 사람이 등장하거나, 노인이 재정관리에 대하여 납득하기 어려운 설명을 하거나 하면, 재정적 학대(착취)가 일어났는지 의심해 볼 수 있다.

노인학대는 가족폭력의 하나의 사건이라기보다는 만성질환과 마찬가지로 시간의 경과에 따라 점진적 발전을 보이며 재발되는 특성을 갖는다(Adelman et al., 1999). 따라서 그 영향에 관해서는 지속적인 관찰을 요한다. 아동이나 성인 여성에 대한 학대가 어떠한 영향을 미치는가에 대한 관심은 높으나, 노인학대의 영향에 대한 관심은 높지 않다. 그 이유에 대한 명확한 답을 제시하기는 어려우나, 노년기가 생활주기의 마지막 단계이므로 노인의 미래를 중시하지 않기 때문으로 추정된다. 이런 간과는 노인에 대한 사회문화적 태도에 대하여 생각해 보게 한다.

학대가 노인에게 어떤 영향을 미치는가는 노인 자신이 학대에 어떤 의미를 부여하는지에 따라 다르며, 이에는 개인적으로 많은 차이가 있다. 학대 행위자가 성인 자녀일 경우 노인들은 자신을 비난하고 죄의식을 가지며, 이런 자녀를 기른 자기자신을 수치스럽게 여기지만, 성인자녀와의 관계를 외형적으로나마 유지하려는 희망으로 인내한다. 또한, 학대가 노인에게 어떤 영향을 미치는가는 노인의 기능 수준에 따라서도 다르다. 신체적·심리적으로 비교적 건강한 노인은 학대에 보다 잘 대처하는 반면, 기능수준이 저하된 노인은 대처가능한 자원이 부족하다. 예를 들어 신체적 제한이나 치매를 가진 노인이 학대에 대한 도움을 요청하는 데에는 제한점이 있다(Kemp, 2001: 280-281).

제 5 절 노인학대의 위험요인

생태체계적 관점에서 노인학대 발생에 영향을 주는 요인을 개인적 요인, 가족관련 요인, 사회·문화적 요인으로 구분할 수 있다. 이러한 세 차원의 요인들은 상호영향을 주고받으면서 노인학대의 위험요인이 되기도 하고, 보호요인이 되기도 한다. 여기에서는 권중돈(2010: 310-313), 박귀영 외(2010: 197-205), 고재욱·황진수(2001, 99-101), Kemp(2001: 283-290), Adelman et al.(1999: 273-274)의 내용을 요약하여 알아보기로 한다.

1. 미시수준 : 개인수준

1) 노인의 사회인구학적 특성

노인학대에 영향을 미치는 사회인구학적 특성으로 노인의 성별, 연령, 배우자 유무를 들 수 있다. 우선 성별을 보면, 학대를 더 많이 받는 쪽이 남성노인이라는 연구, 여성노인이라는 연구, 남녀 간에 학대빈도가 유사하다는 연구가 혼재되어 있다. 그러나 일반적으로는 여성노인이 남성노인에 비하여 학대를 더 많이 받는 것으로 나타난다. 여성노인은 학대행동에 덜 저항하는 경향이 있고 성적 학대에 더 취약하다. 특히 평균수명이 남성보다 길어서 남편을 사별하고 홀로 10여년 이상을 살아가야 하는 여성 노인은 남성 노인에 비하여 더욱 학대의 대상이 될 수 있다.

또한 연령이 높을수록 학대에 노출될 가능성이 높다. 나이가 들수록 신체적·정신적 손상이 증가하여 가족으로부터 보다 많은 원조를 받아야 하므로 학대의 위험이 더 높아진다. 노인의 생애주기가 길어질수록 만성질환을 가진 노인에 대한 의료적 보호 욕구가 증가되고, 노인의 이러한 의존도는 부양자를 스트레스 상황으로 이끌 수 있다.

배우자 유무에 대해서는, 배우자 없이 성인자녀와 동거하는 노인의 경우 학대받을 위험이 더 높은 것으로 나타났다. 노인의 경제적 상태 및 교육수준도 노인학대의 위험 요인으로 언급되고 있다. 즉 경제적으로 여유가 없는 노인이 경제적 여유가 있는 노인보다 학대받을 위험이 더 크며, 노인의 교육수준이 낮을수록 학대받을 위험이 더 큰 것으로 나타났다. 이는 노인의 경제적 여유가 적고 교육수준이 낮을수록 대처자원이 부족하거나 이에 대한 인지 능력이 상대적으로 낮기 때문이라고 할 수 있다.

2) 노인 자신의 의존성

노인의 의존성 역시 노인학대의 위험요인으로 지적되고 있다. 다수의 노인들은 심각한 정신적, 신체적 문제로 인해 쇠약한 상태이다. 노인의 이런 변화는 일상생활의 활동능력, 대소변가리기, 청결상태 등에 영향을 미친다. 여러 연구들에서 노인의 신체적 질병, 일상생활 동작능력의 제한, 치매 등의 인지기능장애로 인하여 노인의 의존성이 높아지고, 이에 따라 일상생활에서의 부양 및 간호에 대한 부담이 증가하면 학대에 노출될 가능성이 높다는 것이 지적되고 있다. 노인의 의존성 증가는 독립적으로 노인학대를 유발하는 요인이 되기도 하지만, 대개 부양자의 스트레스나 과중한 부양부담을 촉발시키는 요인으로 작용하고, 그 결과 노인학대로 이어지는 경우가 많다. 노인의 쇠약함이 직접적으로 학대를 발생시킨다기보다는 노인이 학대상황을 탈출하거나 자신을 방어하는 능력이 제한됨으로 인하여 학대 발생으로 이어진다는 해석도 가능하다. 그들은 자신을 도와줄 수 있는 지역사회의 자원에 대해서 거의 모르거나 어떤 대안도 두려워하고 있는 것으로 나타났다.

노인학대의 원인을 교환이론으로 설명하기도 한다. 교환이론에서는 행위자 간의 관계에 초점을 두어 사회적, 물질적 자원의 교환을 인간 상호작용의 근본형태로 파악한다. 교환이론에 의하면, 인간관계는 주고받는 관계에 의하여 통제된다는 원칙에 의거한다. 즉 인간행위를 보상을 얻기 위한 것이자 비용과 처벌을 피하기 위한 것으로 파악한다. 분석의 기본단위는 그것이 개인이든 조직이든 국가이든, 행위자 간의 사회적 관계이다. 인간은 최소비용으로 최대의 효과를 얻으려 하며, 비용보다 보상이 작으면 관계는 유지되지 않는다고 본다. 교환이론의 틀에서 노인학대의 원인을 설명할 수 있다. 재화가 공평하지 않은 관계에서 권력의 불균형이 발생하며, 권력을 소유한 사람은 불공평하거나 부정의해도 잃을 게 별로 없다. 이 때 상대방의 보호욕구에 대한 적의, 성격적 갈등, 미해결된 가족갈등 등과 같은 문제를 가진 가해자와 피해자 간의 불평등한 권력균형이 학대의 위험을 증가시킨다고 본다.

3) 행위자의 특성

노인학대는 전형적으로 피해자를 돌보고 있는 피해자의 성인자녀에 의하여 일어난다. 노인학대에 대한 연구결과를 종합해 볼 때 행위자에 관한 위험요인을 행위자의 정신병리, 행위자의 스트레스, 행위자의 의존성으로 정리할 수 있다.

(1) 행위자의 정신병리

행위자의 정신건강문제도 노인학대의 위험요인으로 언급되고 있다. '전형적'인 성인자녀 행위자는 중년에 소득이 없는 사람들이며, 다수가 알코올이나 약물 남용자들이다. 대개 부모로부터 독립을 이루지 못하고, 자신의 독립적 삶을 이루는 일에 어려움을 겪는 것으로 나타난다. 이 유형의 행위자들은 정신질환으로 입원한 경력을 가지는 경우가 많다. 성인자녀가 입원치료를 요하는 정신장애를 가지는 경우, 노부모의 집은 대개 퇴원 후 마지막 보호처가 된다. 노부모는 애정이나 의존적 욕구 때문에 성인자녀가 집에 돌아오는 것에 동의하며, 학대의 위험에 빠진다. 의존적 성인자녀가 부모를 학대할 때, 그들 자신의 무력감에 기인하다고 보는 견해가 있다. 즉 노부모를 향한 폭력의 행사는 자신의 부적절감을 극복하기 위한 한 방법이 된다는 것이다.

(2) 행위자의 스트레스

부양책임자의 경제적 문제, 부양책임에 대한 부담감, 좌절과 분노를 유발하는 긴장 등이 스트레스원이 되어서 학대를 유발할 수 있다. 이러한 개인적 차원의 스트레스는 사회전체의 불경기, 인구과잉, 실직사태 등 거시적 요인과 관련이 있다

(3) 행위자의 의존성

의존성은 노인학대의 위험요인이 될 수 있으나, 보호제공자에 대한 노인의 의존성이 문제가 아니라 오히려 노인에 대한 보호제공자의 의존성이 최근 주목받고 있다. 여러 연구들이 학대적 보호제공자의 역기능과 의존성을 위험요인으로 제시하고 있다. Godkin(1982)의 연구에서는 행위자의 2/3가 노인에게 경제적으로 의존적이었다고 나타났으며, Pilemer(1985)의 연구에서는 피학대노인과 일반노인 사이에 건강상태의 차이가 없었고 학대행위자가 일반집단보다 경제적으로 노인에게 더 의존적이라고 나타났다(Kemp, 2001에서 재인용). 이와 같은 연구결과들은 행위자의 노인에 대한 경제적 의존이 위험요인이 된다는 것을 보여준다. 또한 많은 경우 상호의존이 존재한다. 예를 들면 노인은 일상생활 활동을 행위자에게 의존하고, 행위자는 노인의 집과 자산 등에 의존하는 경우이다.

2. 중간수준 : 가족 및 관계 요인

1) 가족원 간 부정적 관계

노인학대 발생에 있어 가족과 관련된 상황 및 관계 요인들이 위험요인임을 밝히는 연구들이 이루어져 왔다. 먼저 동거부양 여부를 살펴보면, 부양자와 동거하는 경우에는 신체적 학대와 심리적 학대에 노출될 가능성이 상대적으로 높은 반면, 별거할 경우에는 방임이나 유기라는 학대유형에 노출될 가능성이 높은 것으로 나타났다.

또한 행위자와 노인의 평소 관계나 가족원 간의 정서적 유대감도 주요한 위험요인이다. 여러 연구들이 가족기능이 저하되거나 가족결속력이 약한 경우, 혹은 가족갈등이 있는 경우, 학대의 위험요인이 됨을 밝히고 있다. 학대받는 노인과 학대 행위자는 오랫동안 감정적 대립관계가 축적되어 있는 경우가 많으며, 과거에 좋지 못했던 세대 간의 관계는 현재의 친밀한 가족유대를 어렵게 하는 것으로 보인다.

또한 행위자가 이전에 노인에게서 학대를 당한 경험이 있는 경우에 노인을 학대할 가능성이 높다고 나타난다. 여기에서 세대간의 폭력순환의 개념이 나타난다. 세대간의 폭력순환의 개념이란, 폭력이 가족 자체에서 되풀이된다는 개념이다. 이 개념은 학대 상황에서 성장한 아동이 그들의 노부모에게 보호를 제공해야 하는 시기에 학대적이 된다는 것이다. 이는 폭력의 세대간 전이와는 다른 개념으로서, 역할전환 개념으로 볼 수 있다. 즉 행위자가 아동기에 현재의 노인피해자나 노인의 배우자, 다른 친척에 의하여 학대를 받은 경험이 있다면 이전 학대에 대한 복수심이 현재의 학대 동기를 유발한다고 본다. 이는 성인자녀가 노부모를 학대하는 이유를 설명하는 한 방법이 되지만, 이를 노인학대의 이유라고 명확하게 말할 수 있는 증거는 부족하다.

또 하나의 요인은 성인자녀와 부모 간의 미해결된 갈등의 역사, 즉 관계의 역사이다. 어릴 때부터의 부모와의 갈등이 해결되지 않은 자녀가 성인이 되어서 노부모의 보호제공자가 되었을 때 갈등이 표면화된다. 즉 노부모의 보호제공 욕구에 대하여 성인자녀가 좌절을 느낄 때, 이것이 성인자녀의 잠재된 분노를 자극하여 학대상황이 되기 쉬운 것이다.

또한 가족스트레스 역시 노인학대의 위험요인으로 작용할 수 있다. 성인자녀의 경우 생활주기상 자녀를 한창 양육해야 하고 그로 인해 경제적, 심리적으로 긴장상태에 있는 상황에서 노부모 부양이라는 가중된 스트레스는 노인학대의 위험요인이 된다. 이는 성인자녀가 샌드위치 세대(sandwich generation)의 위치에 처해 있을 때 발생한다고 설명되기도 한다. 예를 들어서 성인자녀가 자기 자녀가 대학에 입학한 상황과 노부모 부양 상황의 스트레스를 동시에 받을 때 노인학대의 위험요인이 된다. 노부모에 대한 부양이 반드시 스트레스로 이어지는 것은 아니며, 성인자녀의 경제적인 스트레스나 자신의 가족 문제로 인한 스트레스와 분노가 있을 때, 노인부양부담과의 상호작용의 결과로 노인학대가 일어날 수 있다. 한명의 보호제공자가 확대가족이나 혼합가족보다 더 학대행위자가 되기 쉽다는 증거는 가족스트레스 이론을 설명해 준다. 따라서 노부모를 부양하면서 때로 다른 가족원을 활용할 수 있고 주기적으로 휴식을 취할 수 있다면, 노인부양의 책임이 줄어 학대 가능성은 낮아질 수 있다.

2) 사회적 고립

고립은 개인적 요인에 해당하지만, 또한 관계적 요인이나 거시적 요인으로 볼 수도 있다. 개인적 차원에서는 노인의 정신적, 신체적 무능으로 인하여 다른 사람들로부터 고립된다는 설명이 가능하다. 중간적 차원에서는 지역사회의 사회적 관계망이 미약하기 때문에 고립된다고 보며, 거시적 수준에서는 사회가 노인에 대해 차별적이기 때문에 노인이 소외된다고 본다.

노인과 부양자가 사회적으로 고립될 경우 노인학대가 발생할 확률이 높아진다. 고립된 가족은 사회적 안전장치가 결핍되어 있으며, 이는 학대 발생의 기회를 증대시키고 학대 노출의 장애물이기도 하다. 따라서 적극적인 지지망의 존재는 노인학대의 영향력을 감소시킬 수 있으며, 더 나아가 사회적 지지는 생활스트레스의 중재나 위기대처 역할을 촉진하기도 한다.

노인이나 부양자가 이웃, 친구, 친척, 또는 전문가의 도움이 필요한 상황에서 활용할 수 있는 사회적 지지망이 없을 경우, 노인은 의존적 욕구를 충족하지 못 하게 되고 부양자의 부양부담 수준이 높아지게 되어 부양의 질이 떨어지거나 학대를 일으키는 원인이 된다. 노인의 비공식적 관계망 중에서 친척이나 이웃과의 관계가 좋을수록 학대 발생비율이 줄어드는 것으로 나타났다.

의도적으로 노인을 학대하는 보호제공자는 다른 가족 구성원이나 친구들을 의도적으로 혹은 간접적으로 노인 주변에서 제거한다. 학대가 발생했을 때 행위자와 피해자 모두는 비밀유지를 위해 노력한다. 피해노인은 자녀의 학대 행위가 타인에게 노출되는 것에 당황해 한다. 또한 요양원에 이주해야 하는 것이 두려워서 비밀을 지키려고 할 수 있다. 학대받는 노인들 중 많은 수가 수동적으로 반응하는데, 이는 행위자인 가족원에 대한 안전과 체면을 중시하기 때문이며, 이러한 태도는 노인학대의 피해를 더 크게 한다. 따라서 만약 노인이 양호한 사회적 관계망을 가지고 있다면, 학대자가 학대 노출 사실을 우려하여 학대를 마음대로 하지 못할 것이다. 따라서 양호한 사회적 관계망은 보호적 요소가 된다.

3. 거시수준 : 사회문화적 요인

1) 노인차별주의

노인학대를 이해하는 데에는 사회적 가치가 중요하다. 사회의 중요한 가치들로는 독립, 외모, 강함, 젊음, 근육의 힘, 성적 매력, 물질적 권력

등을 들 수 있다. 이와 반대 개념, 즉 의존, 신체적 강함의 쇠퇴, 노화, 성적 매력의 상실, 물질적 권력의 약화 등은 전반적으로 노년기와 관련된다. 가부장제 문화가 남성우월을 설명한다면, 노인 차별주의는 노인에 대한 가치저하를 설명한다.

이러한 노인 차별주의로 인하여 사회 구조 속에서의 노인의 지위는 낮아지며, 다른 연령에 비하여 학대에 취약하도록 하는 요인이 될 수밖에 없다. 이러한 사회문화적 태도는 노인학대를 직접적으로 발생시킨다기보다는 간접적 영향력을 갖는다. 물론 우리 사회에 노인에 대한 예우 정책도 있기는 하지만, 전반적으로 노인차별주의가 존재함을 부인하지는 못할 것이다. 노인차별주의로 인해 노인들은 무시되고 소외되며, 이는 노인학대의 주요 위험요인인 고립을 초래한다. 또한 노인 차별 주의는 노인학대를 심각한 문제로 인식하지 못하게 함으로써 노인 학대의 발생에 영향을 미친다.

2) 가족주의 의식

우리사회에 아직까지 남아 있는 강한 가족주의 의식도 노인학대를 발생시키는 요인으로 작용한다. 강한 가족주의 의식은 노인부양의 기반이 되는 경로효친 사상으로 이어지지만, 동시에 노인 학대를 야기시키는 원인이 되기도 한다. 이는 노인부양을 가족단위의 책임으로 돌림으로써 사회의 개입이 아닌 노인의 사회적 고립을 초래하기 때문이다. 우리나라의 전통 윤리인 경로효친사상은 가족 외부의 개입 가능성을 감소시키는 결과를 가져온다. 그동안 우리 사회의 전반적인 노인학대에 대한 인식도 크게 변화하였다. 그러나 노인학대의 실상에 비해 심각한 사회문제로 보는 인식이 저조한 편이고, 여기에는 노인부양을 가족내의 책임으로 보는 전통적 인식도 요인이 된다.

3) 노인부양에 대한 사회적 서비스 체계 부족

위에서 살펴본 바와 같이 가족주의는 노인부양을 가족 차원의 책임으로 돌리며, 과도한 가족의 부양부담은 노인학대로 이어진다. 따라서 노인학대를 예방하거나 학대문제를 해결할 수 있도록 지원하는 사회서비스 체계가 있는지의 여부는 노인학대에 위험요인 혹은 보호요인이 된다. 노인 부양문제에 대처할 수 있는 사회적 기반 즉 전문케어가 필요한 노인을 위한 사회적 제도와 프로그램, 부양자들의 지지모임 등 지역사회 및 국가 차원의 노인부양정책이 있는지 여부는 노인학대의 중요한 요인이다. 또한 노인학대에 강력히 대처하는 노인보호서비스의 존재 역시 중요한 보호요인이다.

생각할 문제

1. 가족폭력의 다른 유형에 비하여 노인학대 문제는 사회적 관심을 가장 늦게 받았다. 그 이유는 무엇인가 논하시오.

2. 우리나라에서 2009년에 노인보호전문기관에 신고된 사례들 중 행위자가 아들인 경우가 반을 넘었다. 노부모 부양과 관련하여 우리나라의 효에 대한 문화 전통과 가족주의가 노인학대 발생에 어떠한 영향을 미치는지 논하시오.

3. 자기를 스스로 돌볼 능력이 없는 노인이 혼자 거주하며 스스로를 방임하면서 노인생활시설 입소를 거부하는 경우, 노인의 안전 유지와 노인의 자기결정권 존중 사이에서 어떤 결정을 해야 하는지 논하시오.

4. 노인학대를 교환이론으로 설명하는 것이 타당한지 아닌지, 그리고 그 이유는 무엇인지 논하시오.

5. 우리사회에 노인차별이 존재하는지, 만약 존재한다면 그것은 일상생활에서, 그리고 사회제도에서 어떻게 나타나는지 논하시오.

제 14 장

노인학대에 대한 개입

노인학대에 대한 개입을 노인보호서비스라고 하며, 기본적으로 노인보호에 대한 법과 제도에 기반을 두고 있다. 제 1절은 노인보호제도에 대하여 알아보며, 제 2절은 노인보호 서비스의 체계에 대하여 살펴본다. 제 3절은 노인보호 서비스의 개입 과정을 단계별로 알아보고, 제 4절에서는 노인학대의 특수 형태인 시설학대 및 자기방임에 대한 개입에 대하여 고찰한다. 마지막으로 제 5절에서는 노인보호서비스 강화방안을 검토하고자 한다.

제 1 절 노인보호제도

노인학대문제는 1997년 제정된 가정폭력관련 특별법에 의해 가정폭력의 범주 안에서 소극적으로 대처되어 왔다. 그러다가 2002년 12월 노인학대상담센터 사업이 사회복지공동모금회 기획사업으로 선정되어 전문위원회와 전국 11개 지부에서 3년간 활발하게 사업이 수행되었다. 이 사업을 통해 노인학대 문제에 보다 체계적 접근을 하게 되었고, 이는 노인학대와 관련된 노인복지법 개정의 계기가 되었다. 그리하여 2004년

개정된 노인복지법에 노인학대 조항이 신설됨으로써 보다 적극적으로 법적, 사회적 대응을 할 수 있게 되었다.

개정된 노인복지법에 신설된 노인학대 관련 내용을 보면 다음과 같다. 첫째, 노인학대란 용어에 대하여 규정하였다. 즉 '노인학대라 함은 노인에 대하여 신체적, 정신적, 정서적, 성적 폭력 및 경제적 착취 또는 가혹행위를 하거나 유기 방임하는 것을 말한다'고 규정함으로써, 노인학대의 유형을 망라하여 폭넓게 규정하였다.

둘째, 긴급전화 설치를 명시하였다. 국가 및 지방자치단체는 노인학대를 예방하고 수시로 신고를 받을 수 있는 긴급전화(1389)를 설치하도록 하였다.

셋째, 노인보호전문기관 설치를 명시하였다. 노인복지법 개정에 규정한 바에 따라서 국가와 지방자치단체가 노인학대의 예방, 발견, 보호 등을 전담하는 노인보호전문기관을 설치하도록 하였다.

넷째, 노인학대 신고 의무와 절차를 명시하였다. 누구든지 노인학대를 알게 된 때에는 이를 노인보호전문기관과 수사기관에 신고할 수 있도록 하고, 직무상 노인학대를 알게 된 자(복지시설, 의료기관의 기관장 및 종사자, 사회복지전담공무원)의 신고를 의무화하였다.

다섯째, 응급조치 의무를 명시하였다. 노인학대 신고를 접수한 노인보호전문기관의 직원이나 사법경찰관리는 현장 출동 등 응급조치를 하도록 하고, 출동한 자는 노인을 노인학대행위자로부터 분리하거나 치료가 필요하다고 인정된 때에는 노인보호전문기관 또는 의료기관에 인도하도록 하였다. 또한 학대받은 노인의 법정대리인, 직계친족, 형제자매, 노인보호전문기관의 상담원 또는 변호사는 노인학대사건의 심리에 있어서 보조인이 될 수 있도록 하였다.

여섯째, 노인학대행위에 해당하는 일정한 행위를 금지하고 이를 위반하는 경우 그 행위유형에 따라 처벌하도록 하였다. 노인학대에 해당하는 행위는 노인의 신체에 폭행을 가하거나 상해를 입히는 행위, 노인에게 성적 수치심을 주는 성폭행 · 성희롱 등의 행위, 자신의 보호 · 감독을 받는 노인을 유기하거나 의식주를 포함한 기본적 보호 및 치료를 소홀히 하는 방임행위, 노인에게 구걸을 하게 하거나 노인을 이용하여 구걸하는 행위, 노인을 위하여 증여 또는 급여된 금품을 그 목적 외의 용도에 사용하는 행위로 규정하였다.

일곱째, 학대노인보호와 관련된 업무 종사자는 직무상 알게 된 비밀을 누설하지 못하도록 하고, 이를 위반하는 경우 처벌하도록 하였다.

또한 보건복지부는 2006년 5월에 노인복지시설 인권보호 및 안전 관리지침을 명시하여 각 노인복지시설의 노인학대예방 및 대상자 관리에 중점을 두도록 하였다. 아울러 보건복지부는 희망의 전화 '1389'를 설치 운영하고 있으며, 6월 15일은 세계 노인학대 인식의 날로 제정되어 있다.

제 2 절 노인보호 서비스 체계

노인학대에 대한 서비스 체계는 피해자가 급박한 위험에 처해 있을 때 현실적 안정을 제공하는 응급보호서비스, 의료서비스, 그리고 피해자 및 행위자에 대한 상담 및 교육과 사례관리 등으로 구성된다. 응급보호서비스는 학대를 받은 노인에 대한 의료서비스를 제공하고, 필요하다면 일시적으로 행위자로부터 격리하여 일시보호시설에 보내는 것이다. 피해자 및 행위자에 대한 상담 교육 및 사례관리 서비스는 비교적 장시간 지속된다. 이러한 서비스 체계의 원활한 운영을 위하여 정부, 지방자치단체, 지역사회 및 노인복지 관련기관은 체계적으로 연계되어야 한다. 이러한 절차, 즉 노인학대사례의 사정 및 개입 절차에 대한 업무진행도를 알아보면 〈그림 14-1〉과 같다.

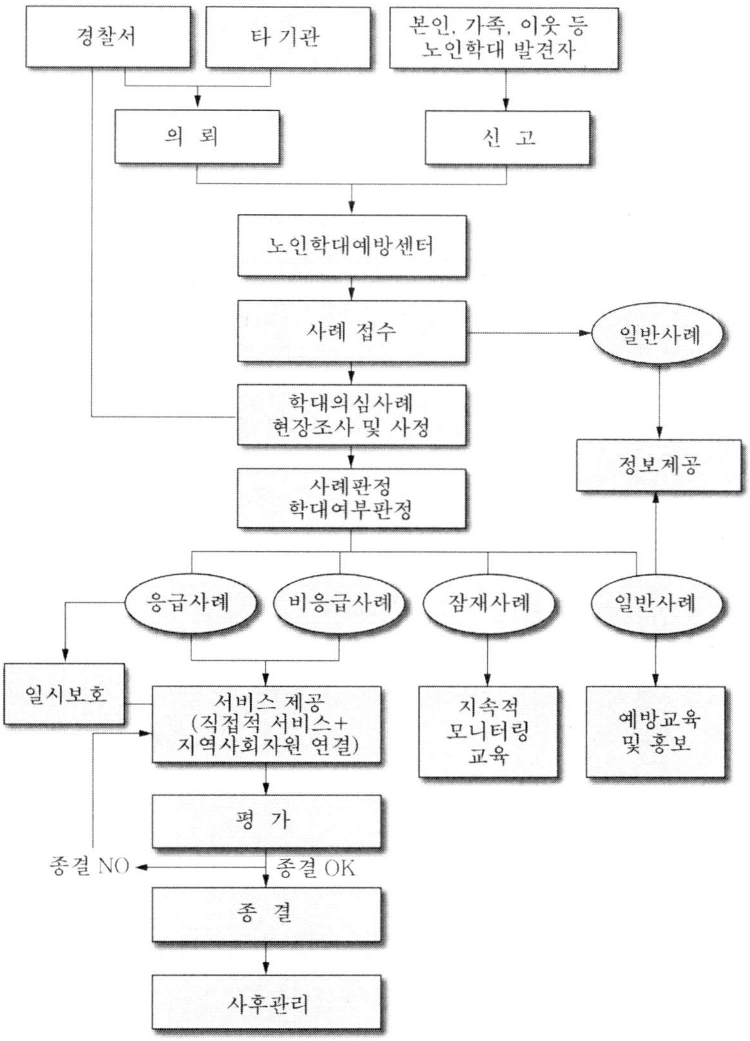

출처 : 2004년도 노인복지사업안내(2004). 보건복지부 노인복지정책과

〈그림 14-1〉 노인학대 사례 업무진행도

제 3 절 노인보호서비스의 개입과정

위의 업무진행도를 과정 별로 설명하면 다음과 같다(전라남도노인보호전문기관, 2008; 고재욱·황진수, 2010; 박귀영 외, 2010; 권중돈, 2010; Kemp, 2001). 여기에서는 노인보호전문기관을 중심으로 하여 지역사회에서 가족 내 거주하는 노인들에 대한 학대사례에 어떻게 개입하는가에 초점을 맞추어 알아보기로 한다.

1. 문제의 발견(노인학대 사례접수)

노인학대를 발견, 목격하거나 학대가 의심되는 경우에 노인본인, 다양한 관계상의 사람들(가족 및 친지, 지역주민 및 이웃), 그리고 다른 기관(경찰서, 관공서, 보건소, 병원, 복지관련기관 등)에서 신고 혹은 의뢰할 수 있다. 방법은 전화, 내방, 온라인 등의 경로를 통하여 의뢰사례를 접수한다. 이 때 접수된 사례의 학대여부를 판단하고 학대의 위급성 정도를 파악하기 위한 기초 정보를 수집한다. 즉 대상자의 현재의 신체적 기능과 심리사회적인 기능에 대한 자료를 확보하며, 일회성 노인상담인지 아니면 노인학대 의심사례인지를 판단한다. 신고자가 익명을 요구할 경우 이를 용인하며, 신고자 성명, 연락처 등과 같은 개인정보가 유출되지 않도록 비밀을 보장해야 한다.

2. 현장조사

사례가 신고되면 조사가 시작된다. 현장조사가 필요한 경우는 노인의 안전이 저해된다고 판단되거나 학대사례 여부의 판정이 불분명한 경우,

피해노인 본인 및 상담 의뢰자가 방문해 주기를 원하는 경우, 상담자에 의하여 현장조사가 필요하다고 사정된 경우, 추가 정보수집이 필요한 경우 등이다. 현장조사에서는 학대판정 및 노인의 안전과 위급성 여부의 확인을 목적으로 한다. 응급사례일 경우에는 12시간 내 출동, 비응급 사례일 경우에는 48시간 내 출동을 원칙으로 한다.

Kemp(2001)에 의하면, 노인이 조사에 응하는 것을 거부할 수 있다. 노인이 조사에 협조하지 않는 이유는 학대에 가족구성원이 관련된 경우 그가 곤란에 처하는 것을 원치 않거나 보복을 두려워하기 때문, 문제의 진실이 노출될 경우 시설 이주를 강요당함으로써 자신의 독립성을 상실하는 것에 대한 두려움 때문 등이다. 노인이 조사에 응하는 것을 거부하는 경우, 노인은 성인이기 때문에 조사에 응할 것을 강요해서는 안 된다.

3. 사정

사례가 확인되면 포괄적 사정을 행한다. 사정은 위험사정과 보호사정으로 구분된다. 위험 사정은 피해자의 위험도를 사정하는 것으로서, 학대나 방임정도와 그로 인한 신체적, 정서적 손상의 심각성 정도, 지속성을 사정하고 개입의 조속한 시기와 방법을 결정한다. 이 때 피해자, 행위자, 학대상황, 보호자, 가족의 환경 등을 중심으로 위험도의 강도를 판단한다. 보호사정은 노인학대가 어떤 상황에서 발생되었는지를 알아보고, 가족 및 지역사회의 지원체계 등을 사정하는 것이다.

사정은 포괄적으로 이루어져야 하며, 이러한 포괄적인 사정을 통하여 노인의 안전 및 위급성 여부를 확인한다. 이 때 행위자의 특질과 노인의 일상생활에서의 행위자의 역할에 관한 명확한 모습이 드러나야 한다. 사회복지사가 행위자와 피해자간의 관계에 대한 이해가 깊을수록 개입계획이 보다 효과적이 된다. 다음은 포괄적 사정을 위하여 고려해야 할 6가지 중요한 질문이다(Adelman & Breckman, 1999: 280에서 재인용).

첫째, 행위자 유형을 알아본다. 이를 위해 행위자가 부양스트레스를 겪고 있는가, 악의적 의도를 갖고 있는가, 학대의 동기는 무엇인가 등을 알아본다.

둘째, 학대의 유형, 즉 신체적, 심리적, 재정적, 성적 학대인지, 방임이나 유기인지를 알아본다.

셋째, 학대의 강도 및 기간을 알아본다. 이를 위해 학대의 결과로 발생한 상처는 무엇인지, 이 상처는 피해자에게 어떤 영향을 주었는지, 이는 또한 행위자의 삶에 어떤 영향을 주었는지, 학대가 발생한 후 시간적 경과는 얼마나 되었는지를 파악한다.

넷째, 행위자가 노인학대보호서비스를 돕거나 협조하고자 하는 행동과 의지를 알아본다. 행위자가 불법행위를 한 적이 있는지, 행위자가 학대행위를 축소하였는지, 행위자가 그의 행위와 이로 인한 해로운 결과 간의 관계를 인식하는지, 행위자가 이 문제로 다른 사람을 비난하는지, 행위자가 알코올, 실직, 이혼 등의 문제로 원인을 돌리는지, 행위자가 도움을 원하는지 등을 파악한다.

다섯째, 행위자에 대한 과거와 현재의 개입을 알아본다. 행위자에게 행해진 이전의 개입은 무엇이었는지, 무엇이 원조되고 무엇이 원조되지 않았는지, 행위자는 범죄기록을 갖고 있는지를 파악한다.

여섯째, 행위자 원조 시 전문가의 안전이 위협받는지를 알아본다. 행위자를 원조하는 것이 사회복지사에게 위협이 되는지, 사회복지사가 속한 조직은 안전계획을 가지고 있는지, 학대는 외부인이 아닌 가족원에게 국한된 것인지, 개입계획과 관련된 다른 사람들(예: 가사도우미)에게 안전의 문제가 있는지 파악한다.

4. 사례판정 : 학대여부 판정

수퍼비전(Supervision)과 사례회의(Case Conference)를 통해 의뢰사

례의 학대 여부를 판정하며, 노인학대로 판단된 사례의 심각성 정도와 위급성 여부를 결정한다. 노인학대 사례는 상황의 위급성, 노인의 상황, 가족이나 학대행위자의 상황에 따라 응급, 비응급, 잠재적 노인학대 사례로 구분하여, 사례에 적절한 개입 및 서비스 제공계획을 세운다.

5. 사례관리 및 서비스 제공

노인학대 사례는 각각이 매우 다양할 뿐 아니라 복지, 보건, 의료, 사법 등 여러 분야에 걸친 문제를 안고 있음과 동시에 그 배경이나 메커니즘도 복잡하다. 따라서 사례개입 시 각 사례의 개별적 특성을 충분히 생각하고 각각의 상황에 따라 대처한다. 또한 사례에 따라 긴급한 대응이 필요한 경우, 그리고 노인들의 신체적 특성상 상황이 예기치 않은 방향으로 전개되는 경우도 많으므로, 언제나 위기개입의 관점에서 신속히 대응할 수 있도록 긴급보호서비스를 제공한다. 노인학대는 다양한 문제가 복합되어 있기 때문에 한 기관이나 단편적 서비스의 제공으로는 효과를 보기가 어려우므로, 다양한 기관과의 연계를 실시한다. 이를 구체적으로 살펴보면 다음과 같다.

1) 지속적 상담 · 교육

심리/정서적 지지는 피해자에 대하여, 행위자에 대하여, 그리고 가족체계 전체에 대하여 제공될 수 있다. 우선 피해노인에 대해서는 오랜 기간동안 형성된 내재화된 무력감과 그들이 경험하는 소외감, 불안 등을 극복하고 스스로 자신의 장래를 결정할 수 있도록 도와야 한다. 행위자에 대해서는 개인적인 성격이나 스트레스에 관한 상담이나 치료프로그램을 제공하고, 필요한 경우 알코올이나 약물남용 프로그램, 혹은 취업지원서비스를 제공한다. 가족체계 차원에서는 노인의 의존성 및 제한점에 대한 교육 및 가족관계에 대한 상담을 제공한다. 특히 노인을 부양하는 과정에서 형성된 역기능적 상호작용 유형을 변화시키고 노인

부양으로 인해 혼란스러운 가족 내 위계질서 및 역할을 재정립하도록 원조해야 한다. 이를 위하여 개별상담, 가족상담, 집단상담 등의 양식이 활용될 수 있다.

2) 일시 보호서비스

응급사례, 즉 시급히 안전한 거주지가 요구되는 경우의 피해자에게 쉼터, 시설입소, 거주지 제공 등의 서비스가 제공된다. 그러나 문제는 노인보호서비스 종사자는 아동보호서비스 종사자에 비하여 권위가 약하다는 것이다. 노인은 성인이므로 합리적이고 자기결정능력이 있음을 가정해야 하기 때문에, 만약 노인보호서비스 종사자가 노인이 위험에 처했다고 판단하더라도 명확하고 단호한 가정분리권한을 갖지 못한다는 제한점이 있다.

3) 지역사회 자원을 이용한 새로운 사회적 지지망 구축

지역사회에서 활용 가능한 공식적, 비공식적 자원을 연계하고 조정한다. 노인 및 그 가족에게 필요한 서비스의 예로는 경제지원서비스, 의료적 처치, 법률 상담 및 의뢰, 사회복지 기관 및 서비스 연결(일시보호, 가사원조서비스, 방문의료서비스, 성인주간보호, 단기보호, 식사배달, 말벗, 간병 서비스 등) 등이 있다. 이러한 지역사회 자원은 노인의 고립 문제를 해결하고 보호제공자에게 휴식을 제공하기 때문에 적극적으로 활용될 필요가 있다.

6. 사례평가 및 종결

연계된 서비스 제공자, 가족 등의 의견을 수렴하여 노인보호기관 종사자와 수퍼바이저가 사례개입의 목표달성 여부, 학대의 위험성, 재발가능성 여부, 피해자 및 가족의 욕구충족의 정도 등을 파악하여 종결여부를 결정한다. 학대행위가 소멸된 경우, 학대재발가능성이 희박하다고 평가된 경우, 불가피한 상황에 의하여 강제 종결되는 경우 사례를 종결한다.

7. 사후관리

노인의 안전 유지 및 학대재발 가능성 방지를 목적으로 하며, 종결된 사례를 전화나 방문 등을 통해 접촉하여 개입 효과 지속을 도모한다.

제 4 절 시설학대 및 자기방임에 대한 개입

1. 시설학대에 대한 개입

위의 개입과정에 대한 설명은 노인보호전문기관을 중심으로 하여 지역사회에서 거주하는 노인들에 대한 학대사례에 어떻게 개입하는가에 관한 설명이었다. 그렇다면 시설에 거주하는 노인들에 대한 학대는 어떻게 개입하는가?

정확한 통계수치는 밝혀지지 않았지만, 시설에서 일어나는 노인학대도 상당히 많을 것으로 추정할 수 있다. Pilemer & Bachman-Prehn(1991)의 연구에서 요양원 직원의 10% 정도가 노인 클라이언트에게 한 번 이상의 공격적 행동을 보였음을 시인하였으며, 가장 일반적 형태는 과도한 제재로 나타났다. 또한 직원의 40% 정도가 지난 1년동안 심리적 학대로 간주될 수 있는 행동을 적어도 한 번 이상 하였음이 보고되었는데, 가장 빈번하게 보고된 심리적 공격 행동은 노인에게 소리치는 것으로 나타났다(Kemp, 2001에서 재인용).

우리나라 보건복지부에서는 2006년 5월 노인복지시설의 학대문제의 예방과 해결을 위한 관련기관의 역할과 임무를 규정하면서, 노인복지시설에서는 ① 시설 내 학대 예방 및 학대사례 조기발견과 신속한 조사, ② 피해노인에 대한 치료적 개입 및 보호서비스 제공, ③ 학대행위자의 예방, 치료계획을 실시, ④ 노인학대 예방을 위한 종사자 및 생활노인 교육, ⑤ 시설 내 학대발생 현황 및 조치결과 보고, ⑥ 학대관련 전문 조직과의 협력을 유지하기 위한 노력을 할 것을 요구하고 있다.

시설에서 일어나는 노인학대의 역동은 가정에서 일어나는 학대와는 다르다. Pilemer & Bachman-Prehn(1991)는 시설학대를 예측할 수 있는 요인으로 다음 세 요인을 들었다. 첫째, 시설의 특성에 있어서 시설의 크기와 비용지불의 정도이다. 즉 영리기관과 비영리기관 모두에서 병상의 수와 개인이 비용을 지불하는 정도를 중요한 요인으로 보았다. 둘째, 직원의 특징에 있어서, 교육수준, 연령, 지위, 노인과 일한 경험의 정도를 요인으로 보았다. 셋째, 상황적 특성에서 직원의 직무스트레스 수준, 과로, 노인 및 보호제공자와의 갈등 정도, 그리고 노인의 공격성을 요인으로 보았다. 즉 직원들이 과로하고 노인의 공격성을 경험할 때 학대가 발생하기 쉽다고 보았으며, 더 나아가서, 직원들의 저임금, 낮은 사회적 지위, 육체적으로 힘든 직업의 본질이 영향을 준다고 보고하였다(Kemp, 2001: 298-300에서 재인용). 따라서 노인복지시설의 소규모화와 서비스의 질적 수준 향상, 직원들의 업무능력 향상 및 지속적인 재교육, 직원들의 근무조건 향상 등의 시설 차원의 노력은 시설노인학대 예방에서 가장 필수적인 조건이라고 할 것이다.

2. 자기방임에 대한 개입

자기방임이란 자기가 해야 할 신변의 청결, 건강관리, 가사 등을 본인이 할 수 있는 능력이 있어도 스스로 포기하여 하지 않은 결과 심신 건강상의 문제가 생기는 것, 그리고 능력이 없어서 자신을 돌보지 못하는 것을 말한다. 자기방임은 다른 형태의 명시적 학대처럼 눈에 띄지 않으므로 방치되기 쉽다. 따라서 특히 독거노인에 대한 관심과 주의가 요청된다.

독거노인의 안전과 독립이 유지되도록 원조하는 프로그램으로서 게이트키퍼(gatekeeper) 프로그램을 들 수 있다. 이는 노인의 독립이 유지되도록 원조하는 프로그램으로서, 매일의 생활에서 노인과 접촉이 가능한 사람들, 예를 들면 지역의 통·반장, 사회복지전담공무원, 경찰관, 은행원, 우체부, 전기나 난방 계량기 검침원, 아파트관리인, 약사, 노인돌보미, 요양보호사, 자원봉사자 등이 노인학대나 방임의 경고지표를 발견하기 위해 활용되는 것이다. 게이트키퍼 프로그램은 학대의 경고지표 발견에도 폭넓게 활용될 수 있지만, 특히 고립되어 사는 독거노인들의 자기방임 문제를 발견하는 데에 효과적으로 활용될 수 있는 프로그램이다.

일단 위험에 처한 노인이 발견되면 담당기관에 의뢰되며, 담당기관은 신속하게 팀(사례관리자, 간호자, 의사 등)을 파견한다. 자기방임자들은 치매, 우울증, 약물남용문제, 기타 정신적 문제를 가진 경우가 많다. 이 프로그램은 심각한 손상을 가졌으나 시설입소를 원치 않는 노인들의 영양, 의료적 처치, 교통수단, 가족과 친지와의 원조, 기타 다양한 조정과 사례관리를 통하여 자신의 집에서 삶을 유지하도록 원조한다(Kemp, 2001: 297).

일반적으로 성공적 노인학대 개입의 열쇠는 다른 노인문제 개입 시 관련되는 전략과 유사하다. 즉 각 사례의 욕구에 따라서 각각 공헌가능한 참여자들의 집단인 잠재적 자원을 만들어 내는 다목적 팀을 통하여 미충족된 욕구를 창조적으로 충족시키는 일이라 할 것이다(Adelman & Breckman, 1999: 281). 이렇게 볼 때 지역사회의 자원, 특히 비공식적 자원을 발굴하여 활용하는 것은 노인의 자기방임 문제에 대한 접근에 매우 필요한 일이다.

제 5 절 노인보호서비스 강화 방안

여기에서는 우리나라 노인보호서비스의 문제점을 몇 가지로 알아보고 그 개선점을 논의하기로 한다(여성가족부, 2008; 권중돈, 2010; 고재욱 · 황진수, 2010; 박귀영 외, 2010; Kemp, 2001).

1. 노인학대에 대한 신고체계 강화

노인복지법 제39조에서는 노인학대 신고의무자를 의료인, 노인복지시설의 장 및 종사자, 장애인복지시설에서 장애노인에 대한 상담, 치료, 훈련 또는 요양을 행하는 자, 가정폭력 관련 상담소의 상담원 및 가정폭력피해자 보호시설의 종사자, 노인복지상담원 및 사회복지전담공무원으로 명시하고 있다. 그러나 신고의무 위반 시의 제재조치는 규정하지 않았다. 실제로도 노인학대에 대한 사회적 인식은 낮은 편으로서, 사회문제로서 인식하기보다는 개인의 사적인 문제로 인식하는 경향이 많으며, 이로 인해 신고율 또한 저조한 편이다.

따라서 신고에 대한 책임을 강화하기 위해서 신고의무자를 교육하고, 신고의무를 게을리 했을 경우 벌금이나 자격증 취소 등 적절한 단계적 처벌 조항이 필요하다. 또한 신고자의 신변 안전 및 비밀 보장, 신고자에 대한 보복 시 가중처벌에 관한 규정이 마련되어 있지 않으므로, 이에 대한 규정을 신설하여 신고를 활성화할 필요가 있다.

2. 노인학대 행위자에 대한 교육과 치료 프로그램 시행

2009년 한 해 동안 학대행위자에게 제공된 서비스는 8,778회로 학대피해노인에게 제공한 서비스 45,506회의 약 19.2%에 불과하다. 이는 대다수의 학대행위자가 학대행위를 부인하고 상담을 거부하는 비자발적인 성향을 가지고 있으며, 이들을 강제적으로 상담 및 교육에 참여시킬 수 있는 법제도의 부재가 가장 큰 원인이라고 할 수 있다. 또한 노인보호전문기관 내에 학대피해노인에게 제공할 수 있는 서비스에 비해 학대행위자에게 제공할 수 있는 서비스가 극히 제한되어 있기 때문이기도 하다(보건복지부 · 중앙노인보호전문기관, 2010).

학대 행위자는 주로 아들, 딸, 며느리, 배우자 등으로 나타나는데, 일반적으로 노인학대 행위자를 패륜아 또는 극악무도한 범죄자로 규정하는 사회분위기로 인하여 이들에게 처벌 위주의 대책이 제시되고 있다. 그러나 범법행위에 해당하는 경우에만 제한적으로 형사처벌하고, 나머지 대다수의 행위자에게는 피해자와의 관계 회복 및 재발방지를 지원하는 전문상담 프로그램이 개발 보급되어야 할 것이다. 한편 비자발적인 학대행위자가 상담 및 교육을 받을 수 있도록 보호관찰 및 상담위탁을 실시하는 제도 및 프로그램이 필요하다. 또한 행위자에게 알코올이나 약물중독 문제가 수반된 경우, 알코올이나 약물치료 프로그램과의 연계를 의무화시키는 제도적 방안 역시 필요하다.

3. 노인학대 피해자를 위한 보호시설 확충

노인학대 피해자들은 배우자학대 피해자와는 나이, 정서적 측면, 신체상태, 행위자와의 관계 등에 있어서 다르기 때문에 배우자학대 피해자를 위한 쉼터만으로는 노인학대 피해자에게 적절한 보호소로의 기능을 할 수 없다. 따라서 노인을 행위자로부터 보호하기 위하여 쉼터 또는 위탁가정과 같은 일시보호소의 확충이 필요하다.

4. 노인부양 가족의 부양부담 경감을 위한 재가서비스 강화

노인학대의 행위자는 주로 노인을 부양하는 가족으로서, 이들은 부양자이면서 동시에 학대행위자가 된다. 노인학대는 노인부양자가 경험하는 과중한 부양부담과 스트레스, 그리고 경제적인 문제 등과 밀접한 관련이 있다. 따라서 노인부양 가족의 부양부담을 경감시켜 줄 수 있는 가족지원 프로그램이 필요하다. 노인에 대한 재가복지 서비스 체계는 노인학대를 막는 보호요인이므로, 단기보호, 주간보호, 재가복지센터 등의 재가복지서비스의 강화 및 확대 실시가 요구된다. 또한 2008년부터 실시된 노인장기요양보험이 가족의 부양부담 경감에 공헌하고 있는 바, 그 확대실시가 필요하다. 이러한 사회원조 체계의 원활한 운영을 위하여 정부, 지방자치단체, 지역사회 및 노인복지 관련기관을 체계적으로 연계하여 재가복지 서비스 강화를 위한 노력을 장기적 차원에서 해야 할 것이다.

5. 노인학대 인식제고 및 예방교육 강화

노인학대 문제는 배우자 학대나 아동학대에 비하여 사회적으로 관심을 덜 받고 있다. 따라서 이에 대한 사회적 경각심이나 대응 방안이 활발하지 않은 실정이다. 노인학대의 예방을 위해서는 노인학대 문제가 단순히 개인이나 가족 내부의 문제가 아니라 사회 전체의 문제로 인식될 수 있도록 사회 전체의 의식 전환이 필요하다.

이를 위해서는 대상별로 특화된 교육이 필요하다. 일차적으로 노인과 함께 일하는 직종, 예를 들면 의료 및 사회복지관련 종사자, 경찰에 대한 교육이 이루어져야 한다. 그 다음으로는 대중매체를 통하여 사회전반에 걸쳐서 노인학대를 사회문제로 이슈화시키는 사회교육이 필요하다. 이를 위해 국가와 지방자치단체가 노인학대에 대한 심각성과 신고의식 강화 등에 대해 언론과 대중매체를 활용한 지속적인 홍보활동을 실시할 필요가 있다.

또한 노인자신들에게도 학대에 대한 인식을 제고하는 교육이 필요하다. 대부분의 노인들의 경우 노인학대에 대한 인식부족으로 노인학대를 당해도 그것을 학대로 인식하지 못하는 경우가 많다. 또한 노인들은 신체나 재산에 대한 침해에는 민감한 반응을 보이나 정서적이나 언어적 학대는 학대로 인정하지 않는 경향을 보이기도 한다. 따라서 노인들의 노인학대에 대한 인식을 제고하고, 가족이나 보호제공자의 부당한 대우에 대처하는 방법, 그리고 상황에서 스스로 벗어날 수 있도록 하는 교육이 필요하다.

결국 노인학대문제는 노인의 인권과 연결된다. 노인 개개인이 선택의 권리, 사생활을 유지할 권리, 독립성의 권리, 인간다운 생활을 영위할 권리, 보호받고 안전을 보장받을 수 있는 권리를 갖고 있다는 인권에 대한 교육이 노인 본인, 그리고 사회전체에 필요하다.

생각할 문제

1. 노인학대의 행위자가 노인보호서비스의 개입이나 원조를 거부할 때, 어떠한 조치 혹은 어떠한 제도가 필요한지 논하시오.

2. 노인이 자신을 위한 합리적 결정을 내릴 수 없다고 판단될 때 대리인 직무를 수행할 사람을 법적으로 지정할 필요가 있다. 우리나라에서 그 절차는 어떠하며, 어떤 점이 보완되어야 하는지 논하시오.

3. 사람들은 일반적으로 노인학대사례 신고를 꺼리는 경향이 있다. 신고를 저해하는 요인은 무엇이며, 이를 극복하는 방안에는 어떤 것이 있을지 논하시오.

4. 노인생활시설에서 일어나는 노인학대의 사례를 찾아보고 논하시오.

5. 노인학대 문제에 대한 사회적 인식을 높일 수 있는 방안에는 어떤 것이 있는지 논하시오.

참고문헌

고재욱 · 황진수(2010). 『노인복지론』. 양서원
고현정(1990). 내외 통제 특성과 사회적 지지의 스트레스 완충 효과. 고려대 석사학위 논문.
공미혜 · 박기자(1998). "폭력남편에 대한 교육프로그램 일고-Duluth 모델을 중심으로". 『신라대 여성 연구논집』 9.
공선영(2000). 모자가족의 경험과 적응에 관한 연구 : 변화 정도 · 대처전략 대응 및 복지요구를 중심으로. 이화여대 대학원 박사학위논문.
권진숙 · 전석균(2001). "가정폭력 가해자를 위한 집단프로그램 개입에 관한 연구". 『한국사회복지학』 44.
권진숙(1996). "배우자 학대 부부집단프로그램에 관한 연구". 이화여자대학교 대학원 사회복지학과 박사학위 청구논문.
권중돈(2010). 『노인복지론』. 학지사.
김규수 · 오현숙(2006). 『가족치료: 이론과 실제』. 양서원.
김경신 · 김정란(2000). "가정폭력 가해자 개입프로그램 실태 분석". 『대한가정학회지』 152: 117-132.
김경신 · 김정란(2002). "가정폭력 가해자 개입 프로그램 효과 분석". 『한국가족관계학회지』 7(1): 137-158.
김덕용(2003). "가정폭력방지 특례법의 해석". 제 1기 가정폭력상담원 양성교육 자료집. 충청북도 여성회관. 9-17.
김미선(2003). 쉼터거주 가정폭력 여성피해자의 자아존중감과 우울에 미치는 원예치료 효과. 단국대학교 석사학위 논문.
김성경 · 김혜영 · 최현미(2005). 『아동복지론』. 양서원.
김순옥(2006). 원예치료가 쉼터거주 가정폭력 피해여성들의 사회적 정서적 기능향상에 미치는 영향. 경남대학교 석사학위 논문.
김영순(2004). 매맞는 아내를 위한 분노조절 프로그램의 효과. 충북대학교 석사학위 논문.
김영종(2007). 『사회복지조사방법론』. 제 2판. 서울: 학지사.
김익환(2004). 가정폭력 피해여성을 위한 케이스 매니지먼트 실천모형에 관한 연구. 중앙대 석사학위 논문.
김인숙 · 김혜선 · 신은주(1997). 『여성운동과 사회복지: 학대받는 여성의 쉼터연구』. 서울: 나남출판.
김인숙 · 신은주 · 김혜선(1999). "가정폭력 피해자를 위한 서비스 네트웍 모델 개발". 한국가족복지학. 제 3호: 63-89.
김재엽(1995). "가정폭력의 실태와 임상개입에 관한 연구: 재미한인가정을 중심으로". 『연세사회복지연구』 2: 86-107.
김재엽(1997). "부부권력구조와 갈등, 그리고 폭력". 『한국가족복지학』 1: 41-64.
김재엽 외(1999). "한국가정폭력실태와 행위자 교정 프로그램 개발 연구". 『연세대 사회복지연구소』.
김재엽(2007). 『한국의 가정폭력』. 학지사.
김진희(2001). "아내학대자에 대한 수강명령처분과 교육의 효과성에 관한 연구". 이화여대 대학원 사회복지학과 석사학위 논문.
김혜선(1996). 아내구타의 발생과 지속과정에 관한 연구 : 매 맞는 아내에 대한 심층 면접을 중심으로. 한양대학원 박사학위논문.
김혜정(2005). "통합적 집단미술치료가 가정폭력 피해여성의 우울, 자아존중감 및 자기표현에 미치는 효과". 대구대학교 박사학위 논문.
김홍미리(2009). "여성주의 관점에서 '아내폭력' 이해하기". 김은경 외 저. 『가정폭력 : 여성인권의 관점에서』 한울.
김희자(1996). "학대받는 아내들의 쉼터 프로그램연구". 가톨릭대학교 대학원 사회복지학과 석사학위 청구논문.
류은주(2009). 가정폭력피해여성들의 생애사 연구: 자립과 자립 이후의 사회적응을 중심으로. 한국가족복지학, 26: 5-34.
박귀영 · 안우상 · 오현숙 · 정왕용 · 허영숙 · 황동섭(2010). 『노인복지론』. 양서원.
박미은(1998). "매맞는 아내들의 학습된 무기력에 관한 연구". 이화여자대학교 대학원 사회복지학과 박사학위 논문.
박선영 · 윤덕경 · 박복순 · 이성은 · 한지영(2007). 『성폭력 · 가정폭력 · 성매매 관련 법제 정비방안』. 한국여성정책개발원.
박숙희(2004). 장기 가정폭력 피해여성의 이혼 지연 경험연구. 가톨릭대 대학원 석사학위논문.
박명숙(2000). "아동학대 문제에 대한 생태체계적 관점의 유용성에 관한 연구". 『사회복지리뷰』. 가톨릭대학교 사회복지연구소.
박영란(2009). 2009. "가정폭력 피해자 지원제도 현황과 향후 과제". 김은경 외. 『가정폭력: 여성인권의 관점에서』 한울.
박유숙(2002). 남편의 폭력이 아내의 정신병리에 미치는 영향 - 자아탄력성, 대처양식, 사회적 지지를 중재변인으로. 부산대학교 석사학위 논문.
박윤자(2002). 가정폭력 여부에 따른 여성의 자아분화 및 특성불안 비교. 경북대학교 교육대학원 석사학위 논문.
배경진(2006). 사회적 지지가 가정폭력 피해여성의 대처방식에 미치는 영향. 부산대학교 석사학위논문.
배인숙(2000). 아내구타 피해여성의 이혼 · 별거 결정에 영향을 미친 특성에 관한 연구. 숭실대학교 석사학위 논문.
변화순 · 원영애 · 최은영(1993). 『가정폭력의 예방과 대책에 관한 연구』 한국여성개발원.

보건복지부 · 중앙노인보호전문기관(2010). 『2009년도 전국 노인학대 현황 보고서』.
보건복지부(2004). 『노인복지사업안내』.
보건복지부(2006). 『노인복지시설 인권보호 및 안전관리지침』.
보건복지부(2004). 『노인보호전문기관 업무편람』.
서홍란 · 박정란(2001). "가정폭력 가해자를 위한 효과적인 개입방안-사회복지 임상적 관점에서". 『인문사회과학논총』 8: 1. 인제대학교 인문사회과학연구소.
성정현(1998). 이혼여성들이 경험하는 심리사회적 문제와 대처전략. 사회복지연구, 11: 53-78.
성주향(2002). "가정폭력 가해자를 위한 가족상담교육프로그램 개발". 『울산대 대학원』.
손현숙(2007). 이혼여성의 자립과정에서의 갈등과 대응. 숙명여대 대학원 석사학위논문.
송사리(2007). 가정폭력 피해여성의 적응유연성에 영향을 미치는 요인. 가톨릭대 대학원 석사학위논문.
송수진 · 이은주(2009). 『충청북도 가정폭력 · 성폭력 피해자 지원체계에 관한 연구』. 충청북도 여성발전센터.
신은주(1995). "아내학대에 대한 페미니스트 접근에 관한 사회사업적 분석". 서울대학교 대학원 사회복지학과 박사학위청구논문.
신현숙(2003). 가정환경 역경과 청소년의 적응유연성 : 보호요소의 매개효과 검증. 청소년상담연구, 11(2): 71-84.
심영희(1998). 가정폭력 피해여성의 정체성 변화 화정에 대한 연구 : 심층 면접을 중심으로. 한양대 사회과학 논총, 17: 389-440.
양옥경 · 김정진 · 서미경 · 김미옥 · 김소희(2001). 사회복지실천론(개정증보판). 나남출판.
양혜원 · 김희수(2009). 가정폭력 피해여성의 자녀양육 경험 : 쉼터 입소여성의 경험을 중심으로. 한국가족복지학, 26: 125-158.
여성가족부 권익증진국 복지지원과(2010). 2009년 가정폭력보호시설 및 상담소 등 운영실적 보고.
여성가족부(2008). 2007년 전국 가정폭력 실태조사.
여성가족부(2010). 2009년도 가정폭력 보호시설 및 상담소 등 운영실적 보고.
여성부(2009). 가정폭력 · 성폭력방지 및 피해자 보호사업 운영지침.
여성긴급전화 전국 1366(2007). 여성긴급전화 전국 1366 운영보고서.
오지용(2006). "가정폭력에 대한 법적 절차 및 대응" 가정폭력상담원 양성교육 자료집. 충청북도 여성발전센터.
오창순 · 신선인 · 장수미 · 김수정(2009). 『인간행동과 사회환경』. 학지사
옥선화 · 남영주 · 강은영(2006). 이혼자들의 이혼 인식에 관한 질적 연구. 한국가정관리 학회지, 24(1): 223-235.
유순옥(2005). 삶의 목적, 인간관계, 사회적 지지가 피학대 아내들의 적응유연성에 미치는 영향에 관한 연구. 서강대 신학대학원 석사학위 논문.
유채영(2002). "가정폭력행위자의 문제음주 변화동기 향상을 위한 집단프로그램 효과". 『사

회복지연구』 20: 85-116.
유해선(2004). 가정폭력 피해여성에 대한 위기개입서비스와 자아존중감과의 관계 - 가정폭력 상담소의 개입사례를 중심으로. 경기대학교 석사학위 논문.
윤현숙(1998). "아내구타". 현대가족문제. 임상사회사업연구회 엮음. 학문사.
윤혜미 · 김혜래 · 신영화(2010). 『아동복지론』. 청목출판사.
이미영(1999). 가정폭력 피해여성의 이혼 후 적응에 관한 연구. 가톨릭대대학원, 석사학위 논문.
이미정 · 변화순 · 황정임 · 이소영(2008). 『여성폭력관련 서비스 개선방안 : 가정폭력 · 성폭력 피해자 지원체계를 중심으로』. 한국여성정책연구원.
이상준(2006). 가정폭력 경험 청소년의 탄력성과 보호요인. 가톨릭 대학교 박사학위논문.
이승열(1995). "아내구타에 대한 사회적 대책 및 쉼터운영에 대한 비교연구: 한국과 미국의 경우". 계명대학교 여성학 대학원 가족복지학과 석사학위논문.
이영주(2007). 가정폭력 피해여성의 정신건강과 사회적응에 관한 연구: 사회적 지지의 매개효과 경로탐색. 한영 신학대학원 박사학위논문.
이옥란 · 공미혜 · 이승렬(1999). "가정폭력 가해자에 대한 교육프로그램 개발에 관한 연구 -- 아내구타를 중심으로". 신라대학교 여성문제 연구소.
이원숙(1998). "아내학대 피해자 및 가족을 위한 사회복지적 개입에 관한 연구 : 페미니즘, 구성주의 및 매맞는 여성의 관점에서" 『논문집』 제 32호. 강남대학교. 333-387.
이원숙(1998). 『성폭력과 사회복지』. 강남대학교 출판부.
이원숙(2003). 『성폭력과 상담』. 학지사.
이원숙 · 박미선(2010). 『가정폭력 프로그램』 학지사.
이은주(2000a). "폭력남편에 대한 한국에서의 개입모델 개발을 위한 시론적 연구". 『한국사회복지학』 40: 157-190.
이은주(2000b). "가정폭력에서 부부합동상담에 관한 비판 및 그 적합성의 사정기준에 대한 고찰". 『한국가족복지학』 6: 159-186.
이은주(2004). "가정폭력 행위자의 폭력행동 중단을 위한 한국적 집단개입 프로그램 개발 및 효과에 관한 연구". 『한국가족복지학』 14: 295-327.
이은주 · 최외선(2005). 미술치료가 가정폭력 피해여성의 자아존중감과 사회성에 미치는 효과. 미술치료연구. 12(1): 255-279.
이인정 · 최해경(2007). 『인간행동과 사회환경』(개정 2판). 나남출판.
이혜경(1999). 아내학대 피해자들의 양육행동에 관한 연구. 이화여자 대학원 석사학위논문.
장덕희(2010). 부부폭력 목격경험에 다른 폭력가정 자녀의 적응유연성. 『청소년학 연구』. 17(1): 143-166.
장수미(2003). "음주문제를 가진 가정폭력가해자 폭력행동감소 프로그램개발 연구". 이화여대 대학원 사회복지학과 박사학위논문.
장정자(2006). 쉼터거주 가정폭력 피해여성들의 가정 복귀 및 자립의 요인 경남대 행정대학원 석사학위 논문.

장혜경 · 민가영(2002). 이혼여성의 부모역할 및 자녀양육 지원 방안에 관한 연구. 한국 여성개발원 연구보고서.

장희숙 · 정정호 · 김예성 · 변현주(2003a). 『가정폭력 행위자 교정 · 치료 프로그램: 행위자 특성 및 유형연구』. 여성부.

장희숙 · 명화숙 · 이서원(2003b). 『가정폭력 행위자 교정 · 치료 프로그램: 실무자 매뉴얼』. 여성부.

정춘숙(2009). "가정폭력방지법 제 · 개정과 여성운동". 김은경 외. 『가정폭력: 여성인권의 관점에서』 한울.

전라남도 노인보호전문기관(2008). 상담이용 및 처리절차.

전은주(2001). 이혼여성의 사회적응 방안에 관한 연구. 국민대 행정 대학원 석사학위논문.

정민자. 2002. 『가정폭력가해자를 위한 가족상담 교육 프로그램』. 서울: 양지.

정인숙(2003). 가정폭력 경험 아동의 심리 · 사회적 적응정도에 영향을 미치는 요인: 가정폭력 피해여성을 위한 쉼터 및 보호시설 아동을 대상으로. 충남대대학원 석사학위논문.

정종희(1983). "어머니의 성역할태도가 딸에게 미치는 영향". 숙명여대 대학원 가정관리학과 석사학위 논문.

조미숙(2002). 아내구타가정 아동의 적응유연성에 관한 연구. 사회복지실천(서울여대 사회복지연구센터). 1-41.

조영호(2008). 가정폭력 피해 여성의 우울 · 불안 감소를 위한 가족미술치료 사례연구. 영남대 환경보건 대학원 석사학위논문.

조흥식 · 김혜련 · 신혜섭 · 김혜란(2000). 『여성복지학』 학지사.

최규련 외(1999). "가정폭력예방 및 대처 프로그램 모형개발: 배우자 학대를 중심으로". 『대한가정학회지』 132: 159-173.

최선령(2000). "한국아내학대자의 학대행동 감소를 위한 인지행동 모델 적용에 관한 연구". 숭실대학교 대학원 박사학위 논문.

최종술(2005). 가정폭력 경험이 비행청소년의 심리 · 사회적 부적응에 미치는 영향. 위덕대 사회복지 대학원 석사학위논문.

통계청(2010). 인구통계/이혼사유별 이혼. 2010년 9월 16일에 다운받음, http://kosis.kr

한경혜(1993). 이혼과 가족문제. 서울: 하우.

한국여성개발원(1993). 가정폭력의 예방과 대책에 관한 연구.

한국여성복지연구회(2005). 『가족복지론』. 청목출판사.

한국 여성의 전화(1995). 『여성상담과 여성복지』.

한애경 · 이은주(2010). "이혼한 아내학대 피해여성의 적응유연성에 관한 연구". 『한국가족복지학』 제 30호. 75-104.

허남순(1995). "아내구타: 해결중심 단기가족치료 모델의 적용". 『한국가족치료학회지』 3: 41-64.

허남순(1998). "가정폭력과 가족치료". 『한국가족치료학회 제 13회 워크샵 자료집』.

황창연(2006). 『충남 가정폭력-성폭력 상담소 운영실태와 지원방안 연구』 충청남도 여성정책개발원.

홍봄내(2006). 가정폭력 경험 청소년의 학교적응을 높이는 보호요인에 관한 연구. 한림대 대학원 석사학위논문.

Adams, D. & McCormick, A.(1982). "Men Unlearning Violence". in M. Roy(ed.) The Abusive Partner. New York: Nostrand & Reinhold.

Adams, D.(1988). "Treatment Models of Men Who Batter." in *Feminist Perspective on Wife Abuse*. K. Yllo & M. Bograd. (Eds.). Sage Publications.

Adams, D.(1989). "Stages of Anti-Sexist Awareness and Change for Men Who Batter." in *Family Violence.* L. Dickstein & C. Nadelson. (Eds.). Washington D.C.: American Psychiatric Press, Inc.

Adelman, R., Lachs, M., & Breckman.(1999). "Elder Abuse and Neglect". in *Assessment of Family Violence.* (2nd ed.) edited by Ammerman, R. and Hersen, M. New York: John wiley & Sons, Inc.

Ammerman, R. & Hersen, M.(1999). "Clinical Issues in the Assessment of Family Violence: An Update". in *Assessment of Family Violence.* (2nd ed.) edited by Ammerman, R. and Hersen, M. New York: John wiley & Sons, Inc.

Avis, J. M.(1986). "Feminist Issues in Family Therapy." in *Family Tterapy Sourcebook.* F. P. Percy, D. H. Sprenkle, & Associates. (Eds.). New York: the Guildford Press.

Avis, J. M.(1992). "Where are All the Family Therapists? Abuse and Violence within Families and Family Therapy's Response." *Journal of Marital and Family Therapy* 18(3): 225-232.

Bachman, R.(1999). "Epidemiology of Intimate Partner Violence and Other Family Violence Involving Adults." in *Assessment of Family Violence.* (2nd ed.) edited by Ammerman, R. and Hersen, M. New York: John wiley & Sons, Inc.

Beninati, J.(1989). "Pilot Project for Male Batterers." *Social Work with Groups* 12(2).

Bergh, N. & Cooper, L.(1987). "Feminist Social Work". Encyclopedia of Social Work(18th ed): 611-618.

Berlin, P. M. & Vondra.(1999). "Psychological Maltreatment of children". in *Assessment of Family Violence.* (2nd ed.) edited by Ammerman, R. and Hersen, M. New York: John wiley & Sons, Inc.

Bograd, M.(1984). "Family Systems Approaches to Wife Battering: A Feminist Critique." *American Journal of Orthopsychiatry* 54(4): 558-568.

Bograd, M.(1988). "An Introduction." in *Feminist Perspectives on Wife Abuse.* K. Yllo & M. Bograd. (Eds.). Sage Publication.

Bograd, M.(1992). "Values in Conflict: Challenges to Family Therapists' Thinking." *Journal of Marital and Family Therapy* 18(3): 245-256.

Bograd, M. and F. Mederos.(1999). "Battering and Couples Therapy: Universal Screening and Selection of Treatment Modality." *Journal of Marital and Family Therapy* 25(3): 291-312.

Boss, P., and B. Thorne.(1989). "Family Sociology and Family Therapy: a Feminist Linkage." in *Women in Families*. M. Mcgoldrick, C. Anderson, & F. Walsh. (Eds.) New York: W. W. Norton & Company, Inc.

Brannen S. J., and A. Rubin.(1996). "Comparing the Effectiveness of Gender-Specific and Couples Groups in a Court-Mandated Spouse Abuse Treatment Program." *Reserach on Social work Practice* 6(4): 405-424.

Breines, W., and L. Gordon.(1983). "New Scholarship on Family Violence." *Signs*. Spring 490-531.

Brown, P. D., and K. D. O'Leary.(1997). "Wife Abuse in Intact Couples: A Review of Couples Treatment Programs." in *Out of Darkness*. Kautman & Kauter. (Ed.). 194-207.

Caesar, L., and K. Hamberger.(1989). "Introduction: Brief Historical Overview of Interventions for Wife Abuse in the United States." in *Treating Men Who Batter*. L. Caesar & K. Hamberger. New York: Springer Publishing Company.

Damon, L. & Card, J.(1999). "Incest in Young Children". in *Assessment of Family Violence*. (2nd ed.) edited by Ammerman, R. and Hersen, M. New York: John wiley & Sons, Inc.

Davis, L.(1984). "Beliefs of Service Providers about abused women." *Social Work* 29 May-June 243-250.

Davis, L.(1991). "Violence and Families." *Social Work* 36(5): 371-373.

Davis, L. and J. Hagen.(1992). "The Problem of Wife Abuse: The Interrelationship of Sosial Policy and Social Work Practice." *Social Work* 37(1): 15-20.

Dell, P.(1989). "Violence and the Systemic View: the Problem of Power." *Family Process* 28(1).

Deschner, J. McNeil, J., & Moore, M.(1986). "News and Views: A Treatment Model for Batterers." *Social Work*. January: 55-60.

Dobash, R. E., and R. P. Dobash.(1992). "Women, Violence, and Social Chance." London: Routledge.

Douglas, H.(1991). "Assessing Violent Couples". *Families in Society: The Journal of Contemporary Human Services*. November 525-535.

Doyle, C.(1995). Helping Strategies for Child Sexual Abuse. 김연옥 · 박혜영 역. 1998. 『성학대피해 아동과 청소년, 어떻게 도울 것인가』. 하나의학사.

Dubois, B. and Miley, K. K.(1996). *Social work: an empowering profession.* Boston: Allyn and Bacon.

DuMont, K., Widom, C., and Czaja, S.(2007). Predictors of resilience in abused and neglected children grown-up: The role of individual and neighborhood characteristics. *Child Abuse & Neglect: the International Journal*, 31(3): 255-274.

Dutton, D. "An Ecology Nested Theory of Male Violence toward Intimates." *International Journal of Women's Studies*. 8: 404-413.

Edelson, J.(1984). "Working with Men Who Batter." *Social Work.* May-June 237-242.

Edelson, J.(1995). "Do Batterer's Program Work?" In *Domestic Abuse Project Research Update.* Summer, Minneapolice, Minnesota 7.

Edelson, J. and R. Tolman.(1994). "Group Intervention Strategies for Men Who Batter." *Directions in Clinical Psychology.* Summer 4(9).

Edleson, J.(1995). "Do Batterer's Program Work?" in *Domestic Abuse Project Research Update*. Summer, Minneapolice, minnesota 7.

Edleson, J., and M. Syers.(1990). "Relative Effectiveness of Group Treatment for Men Who Batter." *Social Work Research and Abstracts* 26(2): 10-17.

Eisikovits and J. Edelson.(1989). "Intervening with Men Who Batter: A Critical Review of the Literature." *Social Service Review*. September 384-414.

Eisikovits Z. and I. Edelson.(1989). "Intervening with Men Who Batter: A Critical Review of the Literature." *Social Service Review.* September 384-414.

Eldar-Avidan, D., and Haj-Yahia, M. M.(2000). The experience of formerly battered women with divorce: a qualitative study. *Journal of Divorce and Remarriage*, 43(3/4): 19-40.

Fantuzo, J. W., McDermott, P., Lutz, M. N. "Clinical Issues in the Assessment of Family Violence Involving Children". in *Assessment of Family Violence.* (2nd ed.) edited by Ammerman, R. and Hersen, M. New York: John wiley & Sons, Inc.

Fleming, J.(1979). *Stopping Wife Abuse*. New York : Anchor Books.

Ganley.(1989). "Integrating Feminist and Social Learning Analyses of Aggresion: Creating Multiple Models for Intervention with Men Who Batter." in *Treating Men Who Batter.* L. Caesar and K. Hamberger. (Eds.). New York: Springer Publishing Company.

Ganley.(1989). "Integrating Feminist and Social Learning Analysis of Aggression." in *Treating Men Who Batter.* (Ed.). by L. Caesar and K. Hamberger. New York: Springer Publishing Co.

Garmezy, N.(1993). Children in poverty : resilience despite risk. *Psychiatry*, 56:

127-136.

Geffner, R. C. Mantooth, D. Frank, and L. Rao.(1989). "A Psychoeducational, Conjoint Therapy Approach to Reducing Family Violence." in *Treating Men Who Batter*. L. Caesar and K. Hamberger. (Eds.). New York: Spring Publishing Co.

Geffner, R. & Mantooth, C.(1995). *A Psychoeducational Approach for Ending Wife/Partner Abuse: the East Texas Model for Treating Individuals and Couples*. Family Violence and Sexual Assault Institute.

Geffner, R. C and M. Pagelow.(1990). "Victims of Spouse Abuse". in Ammerman, R. & Hersen, M.(Eds.) Treatment of Family Violence. NY: John Wiley & Sons.

Geller, J.(1982). "Conjoint Therapy: Staff Training and Treatment of the abuser and the abused." In *Abusive Partner*. (Ed.). by M. Roy. New York: Nostrand and Reinhold Co.

Gershater-Molko, R. M. & Lutzker, J. R.(1999). "Child Neglect". in *Assessment of Family Violence*. (2nd ed.) edited by Ammerman, R. and Hersen, M. New York: John wiley & Sons, Inc.

Gewirta, A., Edleson, J.(2007). Young children's exposure to intimate partner violence: towards a developmental risk and resilience framework for research and intervention. *Journal of Family Violence*, 22(3): 151-163.

Giles-Sims.(1983). *Wife Bettering: a Systems Theory Approach*, New York: Guilford Press.

Goldstein, M. Z.(1996). "Elder Maltreatment". in S. Kaplan. *Family Violence: a Clinical and Legal Guide*. (ed.) Washington D.C.: APA.

Gondolf, E.(1993). "Male Batters." *Family violence-Prevention and Treatment*. R. Hampton, T. Gullotta, G. Adams, E. Potter, & R. Weissberg. (Eds.). Newbury Park: Sage Publications.

Gondolf, E. and E. Fisher.(1991). "Wife Battering." in *Case Studies in Family Violence*. Ammerman and Hersen. (Eds.). New York: Plenum Press.

Green, A. H.(1996). "Overview of Child Sexual Abuse". in *Family Violence: a Clinical and Legal Guide* S. Kaplan. (Ed.). Washington D.C.: APA.

Haj-Yahia, M. M. & Eldar-Avidan, D.(2001). Formerly battered women: a qualitative study of their experiences in making a decision to divorce and carrying it out. *Journal of Divorce and Remarriage*, 36(1/2): 37-65.

Hansen, M.(1993). "Feminism and Family Therapy: A Review of Feminist Critiques of Approaches to Family Violence." in *Battering and Family Therapy: a Feminist Perspective*. M. Hansen & M. Harway. (Eds.). Sage Publications.

Hansen D. J., Sedler, G., Warner-Rogers, J. E. "Child Physical Abuse". in *Assessment of Family Violence.* (2nd ed.) edited by Ammerman, R. and Hersen, M. New York: John wiley & Sons, Inc.

Hauggard, J. J.(1999). "Epidemiology of Family Violence Involving Chldren". in *Assessment of Family Violence.* (2nd ed.) edited by Ammerman, R. and Hersen, M. New York: John wiley & Sons, Inc.

Heugten, K., Wilson, E.(2008). Witnessing intimate partner violence: review of the literature on coping in young persons. *Social Work Review*, 20(3): 52-62.

Healy, L. M.(2008). *International Social Work.* 노충래 역. 2010. 『국제사회복지』. 학지사.

Ho, C.(1990). "An Analysis of Domestic Violence in Asian American Communities." in *Diversity and Complexity in Feminist Therapy.* (Eds.). by L. Brown & M. Root. New York: Howorth Press.

Humphreys, J.(2003). Resilience in sheltered battered women. *Issues in Mental Health Nursing*, 24: 137-152.

Jennings, J. P., and Jennings, J. L.(1991). "Multiple Approaches to the Treatment of Violent Couples." *The American Journal of Family Therapy* 19(4): 351-362.

Kaplan, S.(1996). "Physical Abuse of Children and Adolescents" in *Family Violence: a Clinical and Legal Guide* S. Kaplan. (Ed.). Washington D.C.: APA.

Kaufman, G.(1992). "The Mysterious Disappearance of Battered Women in family Therapist' Offices: Male Previlege Colluding woth Male Violence." *Journal of Maretal and Family Therapy.* 18(3): 233-243.

Kemp, A.(2001). Abuse in the Family: An Introduction. Brooks Cole.

Kerlin and Brandell.(1997). "Family Violence and Clinical Practice." In Theory and Practice in Clinical Social Work. (Ed.). by Brandell. New York: Free Press.

Kolga, Jerome(1996). Risk and resilience among children exposed to family violence. *Violence & Victims*, 11(2): 113-128.

Lipchick.(1991). "Spouse Abuse: Challenging the Party Line." Networker, May/June.

Lloyd.(1995). "Social Work and Domestic Violence." in *Family violence and the Caring Professions*. P. Kingston & B. Penhale. (Eds.). MacMillan.

Lowenstein, S.(1983). "A Feminist Perspective". in A. Rosenblatt & D. Waldfogel(Eds.) *Handbook of Clinical Social Work.* Jossey-Bass Publishers.

Lupton, C., and T. Gillespie.(1994). "Introduction" in *Working with violence, Macmillan.* C. Lupton & T. Gillespie. (Eds.).

Lystad, M., Rice, M. & Kaplan, S.(1996). "Domestic Violence." in *Family Violence: a Clinical and Legal Guide* S. Kaplan. (Ed.). Washington D.C.: APA.

Martinez-Torteya, C., Anne Bogat, G., von Eye A. Levendosky, A.(2009). Resilience among children exposed to domestic violence: the role of risk and protective factors. *Child Development*, 80(2): 562-577.

Mattews, D. *Foundations for Violence-Free Living : a step-by-step guide to facilitating men's domestic abuse groups*. 허남순 · 윤현숙 · 조성숙 · 구훈모 역(2000). 『가정폭력 가해자 집단프로그램』. 나눔의 집.

Muller, A.(1996). *Rethinking Domestic Violence: the Social Work and Probation Response*. London: Routledge.

Neidig P., and P. Friedman.(1984). *Spouse Abuse: a Treatmant Program for Couples*. Reserach Press.

Neidit, P.(1985). *Domestic Conflict Containment Program*. Behavioral Science Associates.

Pence E. & Paymar, M.(1993). Education Group for Men Who Batter: the Duluth Model. 윤경자 · 공미혜 역. 2001. 『가정폭력 가해자 교육 프로그램 - 남성 가해자를 위한 Duluth 모델』. 하우.

Pence, E. & Shepard, M.(1988). "Integrating Feminist Theory and Practice." in K. Yllo & M. Bograd(Eds.) Feminist Perspectives on Wife Abuse. Sage Publication.

Pressman, B. and A. Sheps.(1994). "Theating Wife Abuse: an Integrated Model." *International Journal of Group Psychotherapy* 44(4): 477-498.

Rosenbaum, A., and R. Maiuro.(1989). "Eclectic Approaches in Working With Men Who Batter." in *Treating Men Who Batter*. L. Caesar and K. Hamberger. (Eds.). New York: Springer Publishing Company.

Rosenzweig, H. & Kaplan, S.(1996). "Child and Adolescent Neglect and Emotional Maltreatment" in *Family Violence: a Clinical and Legal Guide* S. Kaplan. (Ed.). Washington D.C.: APA.

Rutter, M.(1987). Psychosocial resilience and protective mechanism: *American Journal of Orthopsychiatry*, 57: 316-331.

Sakai, C. E.(1991). "Group Intervention Strategies with Domestic Abusers." *Families in Soceity*, November: 536-542.

Sanders, D.(1999). "Woman Battering". in *Assessment of Family Violence*. (2nd ed.) edited by Ammerman, R. and Hersen, M. New York: John wiley & Sons, Inc.

Satir, V. *Peoplemaking*. Palo Alto: Science and Behaviour Books.

Saunders, D.(1989). "Cognitive and Behavioral Interventions with Men Who Batter." in L. Caesar & K. Hamberger(eds.) *Treating Men Who Batter*. N.Y.: Springer

Schultz, P. Roditti, M. & Gillette, M.(2009). Resilience, social Support, and psychological disturbance in Hispanic women residing in a battered women's shelter on the U.S./Mexico Border. *Hispanic Health Care International*, 7(4): 224-230.

Staple, L. H.(1990). Powerful ideas about empowerment. *Administraion in Social Work*, 14(2): 29-42.

Star, B.(1987). "Domestic Violence." Encyclopedia of Social Work. 18th ed. 463-476.

Straus, M. A.(1979). "Measuring Intrafamily Conflict and Violence: the Conflict Tactics(CT) scales". *Journal of Marriage and the Family*. 75-87.

Straus, M., S. Hamby, S. Boney-McCoy, and D. Sugarman. 1996. The Revised Conflict Tactics Scales(CTS2). *Journal of Family Issues* 17(3): 283-316.

Sudermann, M. & Jaffe, P.(1999). "Child Witness of Domestic Violence". in *Assessment of Family Violence.* (2nd ed.) edited by Ammerman, R. and Hersen, M. New York: John wiley & Sons, Inc.

Synder, D. K. and Furchman, L. A.(1981). Differential patterns of wife abuse : a data-base typology. *Journal of Consulting and Clinical psychology*, 49: 878-85.

Taylor.(1984). "Structured Conjoint Therapy for Spouse Abuse Cases." *Social Casework*. January 11-18.

Tolman, R., and J. Edelson. "Intervention for Men Who Batter: A Review of Research." *In Understanding Partner Violence*. (Ed.). by Stith & Straus.

Valentich, M.(1996). "Feminism and Social Work". in F. Turner(ed.) Social Work Treatment(4th ed.). Free Press

Walker, L.(1984). *The Battered woman syndrome.* New York: Springer.

Wallace, H.(1996). *Family violence: Legal, Medical, and Social Perspectives.* Boston: Allyn and Bacon.

Weidman.(1986). "Family Therapy with Violent Couples." *Social Casework*. April: 211-218.

Weitzman, J., and K. Dreen.(1982). "Wife Beating: a View of Marital Dyad." *Social Casework*. May: 259-265.

Werner-Wilson, R., Zimmerman, T. S. & Whalen, D.(2000). Resilient response to battering. *Contemporary Family Therapy*, 22(2): 161-188.

Williams, O.(1994). "Group Work with African American Men Who Batte." *Journal of Comparative Family Studies* 25(1): 91-103.

Wilson, E.(1980). "Feminism & Social Work". in M. Brake & R. Bailey(eds.). *Radical Social Work and Practice.* Sage Publications.

부 록

〈부록 1〉 아동복지법에서 아동학대에 관련된 법률조항

〈부록 2〉 노인복지법에서 노인학대에 관련된 법률조항

〈부록 3〉 가정폭력방지 및 피해자보호 등에 관한 법률

〈부록 4〉 가정폭력범죄의 처벌 등에 관한 특례법

〈부록 1〉 아동복지법에서 아동학대에 관련된 법률조항

다음은 2000년 개정된 아동복지법 중에서 아동학대와 관련된 부분을 발췌한 것이다. 개정된 아동복지법 중에서 아동학대 관련 사항이 16개 조항에 이르러 가장 많은 변화가 이루어졌다. 이후 2003년 12월 22일, 2005년 6월 23일 부분개정이 이루어졌다. 아동학대와 관련된 법률조항 내용은 아래와 같다.

아동복지법

第23조(아동학대의 예방과 방지의무) ① 국가와 지방자치단체는 아동학대의 예방과 방지를 위하여 다음 각 호의 조치를 취하여야 한다.

1. 아동학대의 예방과 방지를 위한 각종 정책의 수립 및 시행
2. 아동학대의 예방과 방지를 위한 연구·교육·홍보 및 아동학대 실태조사
3. 아동학대에 관한 신고체제의 구축·운영
4. 그 밖에 대통령령으로 정하는 아동학대의 예방과 방지를 위한 사항

② 국가와 지방자치단체는 아동학대를 예방하고 수시로 신고를 받을 수 있도록 긴급전화를 설치하여야 한다. 이 경우 그 설치·운영에 관하여 필요한 사항은 대통령령으로 정한다.

③ 국가와 지방자치단체는 아동학대의 실태를 파악하고, 아동학대의 예방 및 방지에 관한 정책 수립을 위하여 5년마다 아동학대 실태조사를 실시하고 그 결과를 발표하여야 한다. 이 경우 아동학대 실태조사를 위하여 필요한 사항은 보건복지부령으로 정한다. 〈개정 2010.1.18〉

④ 국가와 지방자치단체는 제24조에 따른 아동보호전문기관의 장이 학대받은 아동의 보호, 치료 등의 업무를 수행함에 있어서 학대받은 아동, 그 보호자 또는 아동학대행위자에 대한 신분조회 등 필요한 조치의 협조를 요청할 경우 정당한 사유가 없는 한 이에 적극 응하여야 한다.

[전문개정 2008.6.13]

第24조(아동보호전문기관의 설치 등) ① 국가는 아동학대예방사업을 활성화하고 지역간 연계체계를 구축하기 위하여 중앙아동보호전문기관을 둔다.

② 지방자치단체는 학대받은 아동의 발견, 보호, 치료에 대한 신속처리 및 아동학대예방을 담당하는 지역아동보호전문기관을 시·도 및 시·군·구에 둔다.

③ 보건복지부장관, 시・도지사 및 시장・군수・구청장은 아동학대예방사업을 목적으로 하는 비영리법인을 지정하여 제1항 및 제2항에 따른 중앙아동보호전문기관, 지역아동보호전문기관의 운영을 위탁할 수 있다. 〈개정 2010.1.18〉

④ 아동보호전문기관의 설치기준과 운영, 상담원의 자격과 배치기준, 제3항에 따른 지정의 요건 등에 관하여 필요한 사항은 대통령령으로 정한다.

[전문개정 2008.6.13]

제25조(아동보호전문기관의 업무) ① 중앙아동보호전문기관은 다음 각 호의 업무를 수행한다.

1. 지역아동보호전문기관에 대한 지원
2. 아동학대예방사업과 관련된 연구 및 자료발간
3. 효율적인 아동학대예방사업을 위한 연계체제 구축
4. 아동학대예방사업을 위한 프로그램 개발 및 평가
5. 상담원 직무교육, 아동학대예방 관련 교육 및 홍보
6. 아동보호전문기관 전산시스템 구축 및 운영
7. 그 밖에 대통령령으로 정하는 아동학대예방사업과 관련된 업무

② 지역아동보호전문기관은 다음 각 호의 업무를 수행한다.

1. 아동학대 신고접수, 현장조사 및 응급보호
2. 학대받은 아동, 아동학대행위자를 위한 상담 및 교육
3. 아동학대예방 교육 및 홍보
4. 학대가정의 사후관리
5. 아동학대사례판정위원회 설치·운영 및 자체사례회의 운영
6. 그 밖에 대통령령으로 정하는 아동학대예방사업과 관련된 업무

[전문개정 2008.6.13]

제26조(아동학대 신고의무와 절차) ① 누구든지 아동학대를 알게 된 때에는 아동보호전문기관 또는 수사기관에 신고할 수 있다.

② 다음 각호의 1에 해당하는 자는 그 직무상 아동학대를 알게 된 때에는 즉시 아동보호전문기관 또는 수사기관에 신고하여야 한다. 〈개정 2002.12.18, 2004.3.22, 2005.7.13, 2006.9.27, 2007.10.17〉

1. 「초・중등교육법」 제19조의 규정에 따른 교원
2. 「의료법」 제3조의 규정에 따른 의료기관에서 의료업을 행하는 의료인
3. 아동복지시설의 종사자 및 그 장
4. 「장애인복지법」 제48조의 규정에 따른 장애인복지시설에서 장애아동에 대한 상담・치료・훈련 또는 요양을 행하는 자
5. 「영유아보육법」 제10조의 규정에 따른 보육시설의 종사자
6. 「유아교육법」 제7조의 규정에 따른 유치원의 장, 교직원 및 종사자

7. 「학원의 설립·운영 및 과외교습에 관한 법률」 제6조의 규정에 따른 학원의 운영자·강사·직원·종사자 및 동법 제14조의 규정에 따른 교습소의 운영자·교습자·직원·종사자
8. 「소방기본법」 제35조의 규정에 따른 구급대의 대원
9. 「성매매방지 및 피해자보호 등에 관한 법률」 제5조 및 제10조의 규정에 따른 지원시설 및 성매매피해상담소의 장이나 그 종사자
10. 「한부모가족지원법」 제8조 및 제19조의 규정에 따른 한부모가족복지상담소의 상담원 및 한부모가족복지시설의 종사자
11. 「가정폭력방지 및 피해자보호 등에 관한 법률」 제5조 및 제7조의 규정에 따른 가정폭력 관련 상담소의 상담원 및 가정폭력 피해자보호시설의 종사자
12. 아동복지지도원 및 「사회복지사업법」 제14조의 규정에 따른 사회복지전담공무원

③ 신고인의 신분은 보호되어야 하며 그 의사에 반하여 신원이 노출되어서는 아니된다.

제26조의2(아동학대 신고의무자 교육) 관계 중앙행정기관의 장은 제26조제2항 각 호의 어느 하나에 해당하는 자의 자격취득 교육과정에 있어 아동학대예방 및 신고의무와 관련된 교육내용을 포함하도록 하여야 한다.

[본조신설 2005.7.13]

제27조(응급조치의무등) ① 아동학대신고를 접수한 아동보호전문기관 직원이나 사법경찰관리는 지체없이 아동학대의 현장에 출동하여야 하며, 아동학대행위자로부터의 격리 또는 치료가 필요한 때에는 아동보호전문기관 또는 치료기관의 인도에 필요한 조치를 하여야 한다.

② 아동학대의 신고를 접수한 아동보호전문기관이나 수사기관은 대통령령이 정하는 바에 따라 학대받은 아동의 보호와 학대의 방지를 위하여 제10조제1항 제2호 내지 제4호의 규정에 의한 조치등을 의뢰할 수 있다.

제28조(보조인의 선임등) ① 법원의 심리과정에서 변호사, 법정대리인, 직계친족, 형제자매, 아동보호전문기관의 상담원은 학대아동사건의 심리에 있어서 보조인이 될 수 있다. 다만, 변호사가 아닌 경우에는 법원의 허가를 받아야 한다.

② 법원은 아동학대의 피해자를 증인으로 신문하는 경우 검사, 피해자 또는 아동보호전문기관의 신청이 있는 때에는 피해자와 신뢰관계에 있는 자의 동석을 허가할 수 있다.

③ 수사기관이 피해자를 조사하는 경우에도 제1항 및 제2항과 같다.

제28조의2(가정위탁지원센터의 설치 등) ① 국가는 가정위탁사업을 활성화하고 지역간 연계체계를 구축하기 위하여 중앙가정위탁지원센터(이하 "중앙가정위탁지원센터"라 한다)를 둔다.

② 지방자치단체(시·도에 한한다. 이하 이 조에서 같다)는 보호를 필요로 하는 아동에 대한 가정위탁사업을 활성화하기 위하여 지역가정위탁지원센터(이하 "지역가정위탁지원센터"라 한다)를 둔다.

③ 보건복지부장관 및 시·도지사는 가정위탁지원을 목적으로 하는 비영리법인을 지정하여 제1항 및 제2항의 규정에 따른 중앙가정위탁지원센터 및 지역가정위탁지원센터(이하 "가정위탁지원센터"라 한다)의 운영을 위탁할 수 있다. 〈개정 2008.2.29, 2010.1.18〉

④ 가정위탁지원센터의 상담원의 자격 및 배치기준 등 설치기준과 운영, 제3항의 규정에 따른 지정의 요건 등에 관하여 필요한 사항은 대통령령으로 정한다.

[본조신설 2005.7.13]

제28조의3(가정위탁지원센터의 업무) ① 중앙가정위탁지원센터는 다음 각 호의 업무를 수행한다.

1. 지역가정위탁지원센터에 대한 지원
2. 효과적인 가정위탁사업을 위한 연계체계 구축
3. 가정위탁사업과 관련된 연구 및 자료발간
4. 가정위탁사업을 위한 프로그램의 개발 및 평가
5. 상담원에 대한 교육 등 가정위탁에 관한 교육 및 홍보
6. 가정위탁사업을 위한 정보기반 구축 및 정보제공
7. 그 밖에 대통령령이 정하는 가정위탁사업과 관련된 업무

② 지역가정위탁지원센터는 다음 각 호의 업무를 수행한다.

1. 가정위탁사업의 홍보 및 위탁가정의 발굴
2. 가정위탁을 하고자 하는 가정 및 가정위탁 대상 아동의 조사
3. 가정위탁 부모의 교육
4. 가정위탁을 하는 가정의 사후관리
5. 그 밖에 대통령령이 정하는 가정위탁사업과 관련된 업무

[본조신설 2005.7.13]

제29조(금지행위) 누구든지 다음 각호의 1에 해당하는 행위를 하여서는 아니된다.

1. 아동의 신체에 손상을 주는 학대행위
2. 아동에게 성적 수치심을 주는 성희롱, 성폭행 등의 학대행위
3. 아동의 정신건강 및 발달에 해를 끼치는 정서적 학대행위
4. 자신의 보호·감독을 받는 아동을 유기하거나 의식주를 포함한 기본적 보호·양육 및 치료를 소홀히 하는 방임행위
5. 아동을 타인에게 매매하는 행위
6. 아동에게 음행을 시키거나 음행을 매개하는 행위
7. 장애를 가진 아동을 공중에 관람시키는 행위
8. 아동에게 구걸을 시키거나 아동을 이용하여 구걸하는 행위
9. 공중의 오락 또는 흥행을 목적으로 아동의 건강 또는 안전에 유해한 곡예를 시키는 행위

10. 정당한 권한을 가진 알선기관외의 자가 아동의 양육을 알선하고 금품을 취득하는 행위
11. 아동을 위하여 증여 또는 급여된 금품을 그 목적외의 용도에 사용하는 행위

〈부록 2〉 노인복지법에서 노인학대에 관련된 법률조항

다음은 2004년 개정된 노인복지법 중에서 노인학대와 관련된 조항을 발췌한 것이다. 노인학대는 1997년에 제정된 가정폭력범죄의 처벌 등에 관한 특례법과 가정폭력방지 및 피해자보호 등에 관한 법률에 의해 가정폭력의 범주 안에서 소극적으로 대처되어 왔다. 그러나 2004년 1월 29일에 법률 제07152호로 공포된 개정 노인복지법에 노인학대에 대한 조항이 신설됨으로써 보다 적극적으로 법적, 사회적 대응을 할 수 있게 되었다. 노인학대와 관련된 법률조항 내용은 아래와 같다.

노인복지법

제1조의2 (정의) 이 법에서 사용하는 용어의 정의는 다음과 같다.

1. "부양의무자"라 함은 배우자(사실상의 혼인관계에 있는 자를 포함한다)와 직계비속 및 그 배우자(사실상의 혼인관계에 있는 자를 포함한다)를 말한다.
2. "보호자"라 함은 부양의무자 또는 업무·고용 등의 관계로 사실상 노인을 보호하는 자를 말한다.
3. "노인학대"라 함은 노인에 대하여 신체적·정신적·성적 폭력 및 경제적 착취 또는 가혹행위를 하거나 유기 또는 방임을 하는 것을 말한다.

제39조의4 (긴급전화의 설치 등) ① 국가와 지방자치단체는 노인학대를 예방하고 수시로 신고를 받을 수 있도록 긴급전화를 설치하여야 한다.

② 제1항의 규정에 의한 긴급전화의 설치·운영에 관하여 필요한 사항은 대통령령으로 정한다.

제39조의5 (노인보호전문기관의 설치) ① 국가 및 지방자치단체는 노인학대에 관한 다음 각호의 업무를 담당하는 노인보호전문기관을 설치하여야 한다. 다만, 대통령령이 정하는 범위안에서 다른 노인복지시설을 노인보호전문기관으로 지정한 경우에는 그러하지 아니하다.

1. 노인학대의 예방 및 방지를 위한 홍보
2. 학대받은 노인의 발견·상담·보호와 의료기관에의 치료의뢰 및 노인복지시설에의 입소의뢰
3. 노인학대행위자, 노인학대행위자로 신고된 자 및 그 가정 또는 업무·고용 등의 관계로 사실상 노인을 보호·감독하는 기관이나 시설 등에 대한 조사
4. 노인학대행위자에 대한 상담 및 교육

5. 그 밖에 학대받은 노인의 보호를 위하여 필요한 사항

② 노인보호전문기관에 두는 상담원 등 직원의 자격은 대통령령으로, 그 설치기준 및 운영에 관하여 필요한 사항은 보건복지부령으로 정한다.

제39조의6 (노인학대 신고의무와 절차) ① 누구든지 노인학대를 알게 된 때에는 노인보호전문기관 또는 수사기관에 신고할 수 있다.

② 다음 각호의 1에 해당하는 자는 그 직무상 노인학대를 알게 된 때에는 즉시 노인보호전문기관 또는 수사기관에 신고하여야 한다.

1. 의료법 제3조제1항의 의료기관에서 의료업을 행하는 의료인
2. 노인복지시설의 장 및 그 종사자
3. 장애인복지법 제48조의 규정에 의한 장애인복지시설에서 장애노인에 대한 상담 · 치료 · 훈련 또는 요양을 행하는 자
4. 가정폭력방지및피해자보호등에관한법률 제5조 및 제7조의 규정에 의한 가정폭력관련 상담소의 상담원 및 가정폭력피해자보호시설의 종사자
5. 노인복지상담원 및 사회복지사업법 제14조의 규정에 의한 사회복지전담공무원

③ 신고인의 신분은 보장되어야 하며 그 의사에 반하여 신분이 노출되어서는 아니된다.

제39조의7 (응급조치의무 등) ① 제39조의6의 규정에 의하여 노인학대신고를 접수한 노인보호전문기관의 직원이나 사법경찰관리는 지체없이 노인학대의 현장에 출동하여야 한다.

② 제1항의 규정에 의하여 현장에 출동한 자는 학대받은 노인을 노인학대행위자로부터 분리하거나 치료가 필요하다고 인정할 때에는 노인보호전문기관 또는 의료기관에 인도하여야 한다.

제39조의8 (보조인의 선임 등) ① 학대받은 노인의 법정대리인, 직계친족, 형제자매, 노인보호전문기관의 상담원 또는 변호사는 노인학대사건의 심리에 있어서 보조인이 될 수 있다. 다만, 변호사가 아닌 경우에는 법원의 허가를 받아야 한다.

② 법원은 학대받은 노인을 증인으로 신문하는 경우 본인 · 검사 또는 노인보호전문기관의 신청이 있는 때에는 본인과 신뢰관계에 있는 자의 동석을 허가할 수 있다.

③ 수사기관이 학대받은 노인을 조사하는 경우에도 제1항 및 제2항의 절차를 준용한다.

제39조의9 (금지행위) 누구든지 다음 각호의 1에 해당하는 행위를 하여서는 아니된다.

1. 노인의 신체에 폭행을 가하거나 상해를 입히는 행위
2. 노인에게 성적 수치심을 주는 성폭행 · 성희롱 등의 행위
3. 자신의 보호 · 감독을 받는 노인을 유기하거나 의식주를 포함한 기본적 보호 및 치료를 소홀히 하는 방임행위
4. 노인에게 구걸을 하게 하거나 노인을 이용하여 구걸하는 행위
5. 노인을 위하여 증여 또는 급여된 금품을 그 목적외의 용도에 사용하는 행위

제39조의10 (조사 등) ① 보건복지부장관, 시 · 도지사 또는 시장 · 군수 · 구청장은 필요하

다고 인정하는 때에는 관계공무원 또는 노인복지상담원으로 하여금 노인복지시설과 노인의 주소·거소, 노인의 고용장소 또는 제39조의9의 금지행위를 위반할 우려가 있는 장소에 출입하여 노인 또는 관계인에 대하여 필요한 조사를 하거나 질문을 하게 할 수 있다.

② 제1항의 경우 관계공무원, 노인복지상담원은 그 권한을 표시하는 증표를 지니고 이를 노인 또는 관계인에게 내보여야 한다.

③ 제2항의 규정에 의한 증표의 내용·형식 등에 관하여 필요한 사항은 보건복지부령으로 정한다.

제39조의11 (비밀누설의 금지) 이 법에 의한 학대노인의 보호와 관련된 업무에 종사하였거나 종사하는 자는 그 직무상 알게 된 비밀을 누설하지 못한다.

제55조의2 (벌칙) 제39조의9제1호(상해에 한한다)의 행위를 한 자는 7년 이하의 징역 또는 2천만원 이하의 벌금에 처한다.

제55조의3 (벌칙) 제39조의9제1호(폭행에 한한다) 내지 제4호에 해당하는 행위를 한 자는 5년 이하의 징역 또는 1천500만원 이하의 벌금에 처한다.

제55조의4 (벌칙) 제39조의9제5호에 해당하는 행위를 한 자는 3년 이하의 징역 또는 1천만원 이하의 벌금에 처한다.

제57조 (벌칙) 다음 각호의 1에 해당하는 자는 1년 이하의 징역 또는 300만원 이하의 벌금에 처한다.

1. (생략)
2. 제39조의11의 규정을 위반하여 직무상 알게 된 비밀을 누설한 자.

〈부록 3〉 가정폭력방지 및 피해자보호 등에 관한 법률

배우자 학대에 관에서는 1997년 12월에 두 개의 법률이 제정되었다. 하나는 '가정폭력방지 및 피해자 보호 등에 관한 법률' (가정폭력방지법)로서, 배우자학대 피해자에 관한 법률이며, 다른 하나는 '가정폭력범죄의 처벌 등에 관한 특례법' (가정폭력특례법)으로서 배우자학대 행위자에 관한 법률이다. 부록 3과 부록 4에서는 각각의 법률을 게재한다.

제1조(목적) 이 법은 가정폭력을 예방하고 가정폭력의 피해자를 보호·지원함을 목적으로 한다. [전문개정 2006.4.28]

제2조(정의) 이 법에서 사용하는 용어의 뜻은 다음과 같다.

1. "가정폭력"이란 「가정폭력범죄의 처벌 등에 관한 특례법」 제2조제1호의 행위를 말한다.
2. "가정폭력행위자"란 「가정폭력범죄의 처벌 등에 관한 특례법」 제2조제4호의 자를 말한다.
3. "피해자"란 가정폭력으로 인하여 직접적으로 피해를 입은 자를 말한다.
4. "아동"이란 18세 미만인 자를 말한다.

[전문개정 2007.10.17]

제3조 삭제 〈2006.4.28〉

제4조(국가 등의 책무) ① 국가와 지방자치단체는 가정폭력의 예방·방지와 피해자의 보호·지원을 위하여 다음 각 호의 조치를 취하여야 한다. 〈개정 2009.5.8〉

1. 가정폭력 신고체계의 구축 및 운영
2. 가정폭력의 예방과 방지를 위한 조사·연구·교육 및 홍보
3. 피해자를 위한 보호시설의 설치·운영, 임대주택의 우선 입주권 부여와 그 밖에 피해자에 대한 지원 서비스의 제공
4. 피해자의 보호와 지원을 원활히 하기 위한 관련 기관 간의 협력 체계 구축 및 운영
5. 가정폭력의 예방·방지와 피해자의 보호·지원을 위한 관계 법령의 정비와 각종 정책의 수립·시행 및 평가

② 국가와 지방자치단체는 제1항에 따른 책무를 다하기 위하여 이에 따르는 예산상의 조치를 취하여야 한다.

③ 특별시·광역시·도·특별자치도 및 시·군·구(자치구를 말한다. 이하 같다)에 가정폭력의 예방·방지 및 피해자의 보호·지원을 담당할 기구와 공무원을 두어야 한다.

④ 국가와 지방자치단체는 제5조제2항과 제7조제2항에 따라 설치·운영하는 가정폭력 관련 상담소와 가정폭력피해자 보호시설에 대하여 경비(經費)를 보조하는 등 이를 육

성 · 지원하여야 한다.

[전문개정 2007.10.17]

제4조의2(가정폭력 실태조사) ① 여성가족부장관은 3년마다 가정폭력에 대한 실태조사를 실시하여 그 결과를 발표하고, 이를 가정폭력을 예방하기 위한 정책수립의 기초자료로 활용하여야 한다. 〈개정 2008.2.29, 2010.1.18〉

② 제1항에 따른 가정폭력 실태조사의 방법과 내용 등에 필요한 사항은 여성가족부령으로 정한다. 〈개정 2008.2.29, 2010.1.18〉

[전문개정 2007.10.17]

제4조의3(가정폭력 예방교육의 실시) ① 「초·중등교육법」에 따른 각 급 학교의 장은 대통령령으로 정하는 바에 따라 가정폭력의 예방과 방지를 위하여 필요한 교육을 실시하여야 한다. 〈개정 2010.5.17〉

② 제1항에 따른 예방교육을 실시하는 경우 「성폭력방지 및 피해자보호 등에 관한 법률」 제5조에 따른 성교육 및 성폭력 예방교육, 「여성발전기본법」 제17조의2에 따른 성희롱 예방교육 및 「성매매방지 및 피해자보호 등에 관한 법률」 제4조에 따른 성매매 예방교육 등을 통합하여 실시할 수 있다. 〈신설 2010.5.17〉

[전문개정 2007.10.17]

제4조의4(아동의 취학 지원) ① 국가나 지방자치단체는 피해자나 피해자가 동반한 가정구성원(「가정폭력범죄의 처벌 등에 관한 특례법」 제2조제2호의 자 중 피해자의 보호나 양육을 받고 있는 자를 말한다. 이하 같다)이 아동인 경우 주소지 외의 지역에서 취학(입학 · 재입학 · 전학 및 편입학을 포함한다. 이하 같다)할 필요가 있을 때에는 그 취학이 원활히 이루어지도록 지원하여야 한다.

② 제1항에 따른 취학에 필요한 사항은 대통령령으로 정한다.

[전문개정 2007.10.17]

제4조의5(피해자에 대한 불이익처분의 금지) 피해자를 고용하고 있는 자는 누구든지 「가정폭력범죄의 처벌 등에 관한 특례법」에 따른 가정폭력범죄와 관련하여 피해자를 해고(解雇)하거나 그 밖의 불이익을 주어서는 아니 된다.

[전문개정 2007.10.17]

제4조의6(긴급전화센터의 설치 · 운영 등) ① 여성가족부장관 또는 특별시장 · 광역시장 · 도지사 · 특별자치도지사(이하 "시 · 도지사"라 한다)는 다음 각 호의 업무 등을 수행하기 위하여 긴급전화센터를 설치 · 운영하여야 한다. 이 경우 외국어 서비스를 제공하는 긴급전화센터를 따로 설치 · 운영할 수 있다. 〈개정 2010.1.18〉

1. 피해자의 신고접수 및 상담
2. 관련 기관 · 시설과의 연계
3. 피해자에 대한 긴급한 구조의 지원

② 여성가족부장관 또는 시 · 도지사는 제1항에 따른 긴급전화센터의 설치 · 운영을 대

통령령으로 정하는 기관 또는 단체에 위탁할 수 있다. 〈개정 2010.1.18〉

③ 여성가족부장관 또는 시·도지사는 제2항에 따라 긴급전화센터의 설치·운영을 위탁할 경우 그에 필요한 경비를 지원하여야 한다. 〈개정 2010.1.18〉

④ 제1항에 따른 긴급전화센터의 설치·운영에 필요한 사항은 여성가족부령으로 정한다. 〈개정 2010.1.18〉

[본조신설 2009.5.8]

제5조(상담소의 설치·운영) ① 국가나 지방자치단체는 가정폭력 관련 상담소(이하 "상담소"라 한다)를 설치·운영할 수 있다.

② 국가나 지방자치단체 외의 자가 상담소를 설치·운영하려면 특별자치도지사·시장·군수·구청장(구청장은 자치구의 구청장을 말하며, 이하 "시장·군수·구청장"이라 한다)에게 신고하여야 한다.

③ 상담소의 설치·운영기준, 상담소에 두는 상담원의 수와 신고절차 등에 필요한 사항은 여성가족부령으로 정한다. 〈개정 2008.2.29, 2010.1.18〉

[전문개정 2007.10.17]

제6조(상담소의 업무) 상담소의 업무는 다음 각 호와 같다.

1. 가정폭력을 신고받거나 이에 관한 상담에 응하는 일
2. 가정폭력으로 정상적인 가정생활과 사회생활이 어렵거나 그 밖에 긴급히 보호를 필요로 하는 피해자 및 피해자가 동반한 가정구성원(이하 "피해자등"이라 한다)을 임시로 보호하거나 의료기관 또는 제7조제1항에 따른 가정폭력피해자 보호시설로 인도(引渡)하는 일
3. 행위자에 대한 고발 등 법률적 사항에 관하여 자문하기 위한 대한변호사협회 또는 지방변호사회 및 「법률구조법」에 따른 법률 구조법인(이하 "법률구조법인"이라 한다) 등에 대한 필요한 협조와 지원의 요청
4. 경찰관서 등으로부터 인도받은 피해자등의 임시 보호
5. 가정폭력의 예방과 방지에 관한 홍보
6. 그 밖에 가정폭력과 그 피해에 관한 조사·연구

[전문개정 2007.10.17]

제7조(보호시설의 설치) ① 국가나 지방자치단체는 가정폭력피해자 보호시설(이하 "보호시설"이라 한다)을 설치·운영할 수 있다.

② 「사회복지사업법」에 따른 사회복지법인(이하 "사회복지법인"이라 한다)과 그 밖의 비영리법인은 시장·군수·구청장의 인가(認可)를 받아 보호시설을 설치·운영할 수 있다.

③ 보호시설에는 상담원을 두어야 하고, 보호시설의 규모에 따라 생활지도원, 취사원, 관리원 등의 종사자를 둘 수 있다.

④ 보호시설의 설치·운영의 기준, 보호시설에 두는 상담원 등 종사자의 직종(職種)과

수(數) 및 인가기준(認可基準)등에 필요한 사항은 여성가족부령으로 정한다. 〈개정 2008.2.29, 2010.1.18〉

[전문개정 2007.10.17]

제7조의2(보호시설의 종류) ① 보호시설의 종류는 다음 각 호와 같다.

1. 단기보호시설 : 피해자등을 6개월의 범위에서 보호하는 시설
2. 장기보호시설 : 피해자등에 대하여 2년의 범위에서 자립을 위한 주거편의(주거변의) 등을 제공하는 시설
3. 외국인보호시설 : 배우자가 대한민국 국민인 외국인 피해자등을 2년의 범위에서 보호하는 시설
4. 장애인보호시설 : 「장애인복지법」의 적용을 받는 장애인인 피해자등을 2년의 범위에서 보호하는 시설

② 단기보호시설의 장은 그 단기보호시설에 입소한 피해자등에 대한 보호기간을 여성가족부령으로 정하는 바에 따라 3개월의 범위에서 한 차례만 연장할 수 있다. 〈개정 2008.2.29, 2010.1.18〉

[전문개정 2007.10.17]

제7조의3(보호시설의 입소대상 등) ① 보호시설의 입소대상은 피해자등으로서 다음 각 호의 어느 하나에 해당하는 경우로 한다.

1. 본인이 입소를 희망하거나 입소에 동의하는 경우
2. 「장애인복지법」 제2조에 따른 지적장애인이나 정신장애인, 그 밖에 의사능력이 불완전한 자로서 가정폭력행위자가 아닌 보호자가 입소에 동의하는 경우
3. 「장애인복지법」 제2조에 따른 지적장애인이나 정신장애인, 그 밖에 의사능력이 불완전한 자로서 상담원의 상담 결과 입소가 필요하나 보호자의 입소 동의를 받는 것이 적절하지 못하다고 인정되는 경우

② 제7조제2항에 따라 인가받은 보호시설의 장은 제1항에 따라 보호시설에 입소한 입소자의 인적사항 및 입소 사유 등을 시장·군수·구청장에게 지체 없이 보고하여야 하며, 제1항제3호에 해당하는 자를 입소시킨 경우에는 지체 없이 관할 시장·군수·구청장의 승인을 받아야 한다.

[본조신설 2009.5.8]

제7조의4(보호시설의 퇴소) 제7조의3에 따라 보호시설에 입소한 자는 본인의 의사 또는 같은 조 제1항제2호에 따라 입소 동의를 한 보호자의 요청에 따라 보호시설을 퇴소할 수 있으며, 보호시설의 장은 입소한 자가 다음 각 호의 어느 하나에 해당하는 경우에는 퇴소를 명할 수 있다.

1. 보호의 목적이 달성된 경우
2. 보호기간이 끝난 경우
3. 입소자가 거짓이나 그 밖의 부정한 방법으로 입소한 경우

4. 보호시설 안에서 현저한 질서문란 행위를 한 경우

[본조신설 2009.5.8]

제7조의5(보호시설에 대한 보호비용 지원) ① 국가나 지방자치단체는 보호시설에 입소한 피해자나 피해자가 동반한 가정 구성원의 보호를 위하여 필요한 경우 다음 각 호의 보호비용을 보호시설의 장 또는 피해자에게 지원할 수 있다. 다만, 보호시설에 입소한 피해자나 피해자가 동반한 가정 구성원이 「국민기초생활 보장법」 등 다른 법령에 따라 보호를 받고 있는 경우에는 그 범위에서 이 법에 따른 지원을 하지 아니한다.

1. 생계비
2. 아동교육지원비
3. 아동양육비
4. 그 밖에 대통령령으로 정하는 비용

② 제1항에 따른 보호비용의 지원 방법 및 절차 등에 필요한 사항은 여성가족부령으로 정한다.

[본조신설 2010.2.4]

제8조(보호시설의 업무) ① 보호시설은 피해자등에 대하여 다음 각 호의 업무를 행한다. 다만, 피해자가 동반한 가정 구성원에게는 제1호 외의 업무 일부를 하지 아니할 수 있고, 장기보호시설은 피해자등에 대하여 제1호부터 제5호까지에 규정된 업무(주거편의를 제공하는 업무는 제외한다)를 하지 아니할 수 있다.

1. 숙식의 제공
2. 심리적 안정과 사회적응을 위한 상담 및 치료
3. 질병치료와 건강관리를 위한 의료기관에의 인도 등 의료지원
4. 수사기관의 조사와 법원의 증인신문(證人訊問)에의 동행
5. 법률구조기관 등에 필요한 협조와 지원의 요청
6. 자립자활교육의 실시와 취업정보의 제공
7. 다른 법률에 따라 보호시설에 위탁된 사항
8. 그 밖에 피해자등의 보호를 위하여 필요한 일

② 장애인보호시설을 설치·운영하는 자가 제1항 각 호의 업무를 할 때에는 장애인의 특성을 고려하여 적절하게 지원할 수 있도록 하여야 한다.

③ 보호시설의 장은 제1항 각 호로 인한 비용의 전부 또는 일부를 가정폭력행위자로부터 구상(求償)할 수 있다. 이 경우 그 구상절차는 국세 또는 지방세 체납처분절차의 예에 따른다.

[전문개정 2007.10.17]

제8조의2(긴급전화센터, 상담소 및 보호시설 종사자의 자격기준) ① 다음 각 호의 어느 하나에 해당하는 자는 긴급전화센터의 장, 상담소의 장, 보호시설의 장 또는 그 밖에 긴급전화센터·상담소 및 보호시설 종사자가 될 수 없다. 〈개정 2009.5.8〉

1. 미성년자, 금치산자 또는 한정치산자
2. 파산선고를 받은 자로서 복권(復權)되지 아니한 자
3. 금고 이상의 형을 선고받고 그 집행이 끝나지(집행이 끝난 것으로 보는 경우를 포함한다) 아니하거나 집행이 면제되지 아니한 자

② 긴급전화센터, 상담소 및 보호시설에 근무하는 상담원은 여성가족부령으로 정하는 요건에 해당하는 자로서 제8조의3에 따른 가정폭력 관련 상담원 교육훈련시설에서 여성가족부령으로 정하는 상담원 교육훈련과정을 마친 자로 한다. 〈개정 2008.2.29, 2009.5.8, 2010.1.18〉

③ 그 밖에 긴급전화센터, 상담소 및 보호시설에 종사하는 종사자의 자격기준에 필요한 사항은 여성가족부령으로 정한다. 〈개정 2008.2.29, 2009.5.8, 2010.1.18〉

[전문개정 2007.10.17]

[제목개정 2009.5.8]

제8조의3(가정폭력 관련 상담원 교육훈련시설) ① 국가나 지방자치단체는 상담원(상담원이 되려는 자를 포함한다)에 대하여 교육·훈련을 실시하기 위하여 가정폭력 관련 상담원 교육훈련시설(이하 "교육훈련시설"이라 한다)을 설치·운영할 수 있다.

② 다음 각 호의 자로서 교육훈련시설을 설치하려는 자는 시장·군수·구청장에게 신고하여야 한다.

1. 「고등교육법」에 따른 학교를 설립·운영하는 학교법인
2. 법률구조법인
3. 사회복지법인
4. 그 밖의 비영리법인

③ 교육훈련시설의 설치기준, 교육훈련시설에 두는 강사의 자격과 수, 상담원 교육훈련과정의 운영기준 및 신고절차 등에 필요한 사항은 여성가족부령으로 정한다. 〈개정 2008.2.29, 2010.1.18〉

[전문개정 2007.10.17]

제8조의4(보수교육의 실시) ① 여성가족부장관 또는 시·도지사는 긴급전화센터·상담소 및 보호시설 종사자의 자질을 향상시키기 위하여 보수교육을 실시하여야 한다. 〈개정 2010.1.18〉

② 여성가족부장관 또는 시·도지사는 제1항에 따른 교육에 관한 업무를 「고등교육법」 제2조에 따른 대학, 전문대학 또는 대통령령으로 정하는 전문기관에 위탁할 수 있다. 〈개정 2010.1.18〉

③ 제1항에 따른 보수교육의 기간·방법 및 내용 등에 필요한 세부사항은 여성가족부령으로 정한다. 〈개정 2010.1.18〉

[본조신설 2009.5.8]

제8조의5(임대주택의 우선 입주권 부여) 제4조제1항제3호에서 정하는 임대주택의 우선 입

주권 부여의 대상자 선정기준 및 선정방법 등에 필요한 사항은 대통령령으로 정한다.
[본조신설 2009.5.8]

제9조(피해자 의사의 존중 의무) 상담소나 보호시설의 장은 피해자 등의 명시한 의사에 반하여 제8조제1항과 제18조의 보호를 할 수 없다.
[전문개정 2007.10.17]

제9조의2(수사기관의 협조) 긴급전화센터, 상담소 또는 보호시설의 장은 피해자를 긴급히 구조할 필요가 있는 경우 관할 경찰관서의 장에게 그 소속 직원의 동행을 요청할 수 있다. 이 경우 요청을 받은 경찰관서의 장은 특별한 사유가 없으면 이에 따라야 한다.
[본조신설 2010.5.17]

제9조의3(홍보영상의 제작 · 배포 등) ① 여성가족부장관은 가정폭력의 예방과 계도, 피해자의 보호와 지원 등에 관한 홍보영상을 제작하여 「방송법」 제2조제3호에 따른 방송사업자에게 배포하여야 한다.
② 여성가족부장관은 제1항에 따른 홍보영상이 송출될 수 있도록 방송통신위원회 위원장에게 협조를 요청할 수 있다.
③ 방송사업자는 제1항에 따른 홍보를 위하여 필요한 경우 여성가족부장관에게 지원을 요청할 수 있다.
[본조신설 2010.5.17]

제10조(상담소 · 보호시설 또는 교육훈련시설의 폐지 등) 제5조제2항, 제7조제2항 또는 제8조의3제2항에 따른 상담소 · 보호시설 또는 교육훈련시설의 장이 그 시설의 운영을 일시적으로 중단하거나 폐지(廢止)하려면 여성가족부령으로 정하는 바에 따라 시장 · 군수 · 구청장에게 신고하여야 한다. 〈개정 2008.2.29, 2010.1.18〉
[전문개정 2007.10.17]

제11조(감독) ① 여성가족부장관 또는 시장 · 군수 · 구청장은 상담소 · 보호시설 또는 교육훈련시설의 장에게 그 시설에 관하여 필요한 보고를 하게 할 수 있으며, 관계 공무원으로 하여금 그 시설의 운영 상황을 조사하게 하거나 장부나 그 밖의 서류를 검사하게 할 수 있다. 〈개정 2008.2.29, 2010.1.18〉
② 제1항에 따라 그 직무를 수행하는 관계 공무원은 그 권한을 표시하는 증표를 지니고 이를 관계인에게 내보여야 한다.
[전문개정 2007.10.17]

제12조(인가의 취소 등) ① 시장 · 군수 · 구청장은 상담소 · 보호시설 또는 교육훈련시설이 다음 각 호의 어느 하나에 해당하면 시설의 폐쇄, 업무의 폐지 또는 6개월의 범위에서 업무의 정지를 명하거나 인가를 취소할 수 있다.
1. 제5조제3항, 제7조제4항 또는 제8조의3제3항에 따른 설치기준이나 운영기준에 미달하게 된 경우
2. 제5조제3항, 제7조제4항, 제8조의2 또는 제8조의3제3항에 따른 상담원이나 강사의 수

가 부족하거나 자격이 없는 자를 채용한 경우

3. 정당한 사유 없이 제11조제1항에 따른 보고를 하지 아니하거나 거짓으로 보고를 한 경우 또는 관계 공무원의 조사·검사를 거부하거나 기피한 경우

4. 제15조를 위반하여 영리를 목적으로 상담소·보호시설 또는 교육 훈련시설을 설치·운영한 경우

② 제1항에 따른 업무의 정지·폐지 또는 시설의 폐쇄명령이나 인가취소에 관한 세부 기준은 여성가족부령으로 정한다. 〈개정 2008.2.29, 2010.1.18〉

[전문개정 2007.10.17]

제12조의2(청문) 시장·군수·구청장은 제12조에 따라 업무의 정지·폐지 또는 그 시설의 폐쇄를 명하거나 인가를 취소하려면 청문을 하여야 한다.

[전문개정 2007.10.17]

제13조(경비의 보조) ① 국가나 지방자치단체는 제5조제2항 또는 제7조제2항에 따른 상담소나 보호시설의 설치·운영에 드는 경비의 일부를 보조할 수 있다.

② 국가나 지방자치단체는 장애인보호시설이 여성가족부장관이 정하는 기준에 맞는 시설과 설비를 설치할 수 있도록 그 비용을 지원하여야 한다. 〈개정 2008.2.29, 2010.1.18〉

[전문개정 2007.10.17]

제13조의2(긴급전화센터 등의 평가) ① 여성가족부장관은 3년마다 긴급전화센터, 상담소 및 보호시설의 운영실적을 평가하고, 그 결과를 각 시설의 감독, 지원 등에 반영할 수 있다.

② 제1항에 따른 평가의 기준과 방법 등에 필요한 사항은 여성가족부령으로 정한다.

[본조신설 2010.5.17]

제14조(상담소 또는 보호시설의 통합 설치 및 운영) 국가나 지방자치단체는 이 법에 따라 설치·운영하는 상담소나 보호시설을 대통령령으로 정하는 유사한 성격의 상담소나 보호시설과 통합하여 설치·운영하거나 설치·운영할 것을 권고할 수 있다. 〈개정 2009.5.8〉

[전문개정 2007.10.17]

[제목개정 2009.5.8]

제15조(영리목적 운영의 금지) 누구든지 영리를 목적으로 상담소·보호시설 또는 교육훈련시설을 설치·운영하여서는 아니된다. 다만, 교육훈련시설의 장은 상담원교육훈련과정을 수강하는 자에게 여성가족부장관이 정하는 바에 따라 수강료를 받을 수 있다. 〈개정 2008.2.29, 2010.1.18〉

[전문개정 2006.4.28]

제16조(비밀 엄수의 의무) 긴급전화센터, 상담소 또는 보호시설의 장이나 이를 보조하는 자 또는 그 직에 있었던 자는 그 직무상 알게 된 비밀을 누설하여서는 아니 된다.

[전문개정 2009.5.8]

第17조(유사 명칭의 사용 금지) 이 법에 따른 긴급전화센터 · 상담소 · 보호시설 또는 교육훈련시설이 아니면 가정폭력 관련 긴급전화센터, 상담소, 가정폭력피해자 보호시설 또는 가정폭력 관련 상담원 교육훈련시설이나 그 밖에 이와 유사한 명칭을 사용하지 못한다. 〈개정 2009.5.8〉

[전문개정 2007.10.17]

第18조(치료보호) ① 의료기관은 피해자 본인, 가족, 친지나 긴급전화센터, 상담소 또는 보호시설의 장 등이 요청하면 피해자에 대하여 다음 각 호의 치료보호를 실시하여야 한다. 〈개정 2009.5.8〉

1. 보건에 관한 상담 및 지도
2. 신체적 · 정신적 피해에 대한 치료
3. 그 밖에 대통령령으로 정하는 의료에 관한 사항

② 제1항의 치료보호에 필요한 일체의 비용은 가정폭력행위자가 부담한다.

③ 제2항에도 불구하고 피해자가 치료보호비를 신청하는 경우에는 국가나 지방자치단체는 가정폭력행위자를 대신하여 제1항의 치료보호에 필요한 비용을 의료기관에 지급하여야 한다.

④ 국가나 지방자치단체가 제3항에 따라 비용을 지급한 경우에는 가정폭력행위자에 대하여 구상권(求償權)을 행사할 수 있다. 다만, 피해자가 보호시설 입소 중에 제1항의 치료보호를 받은 경우나 가정폭력행위자가 다음 각 호의 어느 하나에 해당하는 경우에는 그러하지 아니하다.

1. 「국민기초생활보장법」 제2조에 따른 수급자(受給者)
2. 「장애인복지법」 제32조에 따라 등록된 장애인

⑤ 제3항의 비용을 지급하기 위한 절차, 제4항의 구상권 행사(行使)의 절차 등에 필요한 사항은 여성가족부령으로 정한다. 〈개정 2008.2.29, 2010.1.18〉

[전문개정 2007.10.17]

第19조(권한의 위임) 이 법에 따른 여성가족부장관의 권한은 대통령령으로 정하는 바에 따라 그 일부를 시 · 도지사 또는 시장 · 군수 · 구청장에게 위임할 수 있다. 〈개정 2008.2.29, 2009.5.8, 2010.1.18〉

[전문개정 2007.10.17]

第20조(벌칙) 다음 각 호의 어느 하나에 해당하는 자는 1년 이하의 징역 또는 500만원 이하의 벌금에 처한다.

1. 제5조제2항 · 제7조제2항 또는 제8조의3제2항에 따른 신고를 하지 아니하거나 인가를 받지 아니하고 상담소 · 보호시설 또는 교육훈련시설을 설치·운영한 자
2. 제12조에 따른 업무의 정지 · 폐지 또는 시설의 폐쇄 명령을 받고도 상담소 · 보호시설 또는 교육훈련시설을 계속 운영한 자
3. 제16조에 따른 비밀 엄수의 의무를 위반한 자

[전문개정 2007.10.17]

제21조(양벌규정) 법인의 대표자나 법인 또는 개인의 대리인, 사용인, 그 밖의 종업원이 그 법인 또는 개인의 업무에 관하여 제20조의 위반행위를 하면 그 행위자를 벌하는 외에 그 법인 또는 개인에게도 해당 조문의 벌금형을 과(科)한다. 다만, 법인 또는 개인이 그 위반행위를 방지하기 위하여 해당 업무에 관하여 상당한 주의와 감독을 게을리하지 아니한 경우에는 그러하지 아니하다.

[전문개정 2009.5.8]

제22조(과태료) ① 다음 각 호의 어느 하나에 해당하는 자에게는 300만원 이하의 과태료를 부과한다.

1. 정당한 사유 없이 제11조제1항에 따른 보고를 하지 아니하거나 거짓으로 보고한 자 또는 조사 · 검사를 거부하거나 기피한 자
2. 제17조에 따른 유사 명칭 사용 금지를 위반한 자

② 제1항에 따른 과태료는 대통령령으로 정하는 바에 따라 여성가족부장관 또는 시장·군수·구청장이 부과 · 징수한다. 〈개정 2008.2.29, 2010.1.18〉

③ 삭제 〈2009.5.8〉

④ 삭제 〈2009.5.8〉

⑤ 삭제 〈2009.5.8〉

〈부록 4〉 가정폭력범죄의 처벌 등에 관한 특례법

제1장 총 칙

제1조 (목적) 이 법은 가정폭력범죄의 형사처벌절차에 관한 특례를 정하고 가정폭력범죄를 범한 자에 대하여 환경의 조정과 성행의 교정을 위한 보호처분을 행함으로써 가정폭력범죄로 파괴된 가정의 평화와 안정을 회복하고 건강한 가정을 가꾸며 피해자와 가족구성원의 인권을 보호함을 목적으로 한다. 〈개정 2002.12.18〉

제2조 (정의) 이 법에서 사용하는 용어의 정의는 다음과 같다. 〈개정 1999.1.21, 2000.1.12〉

1. "가정폭력"이라 함은 가정구성원사이의 신체적, 정신적 또는 재산상 피해를 수반하는 행위를 말한다.

2. "가정구성원"이라 함은 다음 각목의 1에 해당하는 자를 말한다.

가. 배우자(사실상 혼인관계에 있는 자를 포함한다. 이하 같다) 또는 배우자관계에 있었던 자

나. 자기 또는 배우자와 직계존비속 관계(사실상의 양친자관계를 포함한다. 이하 같다)에 있거나 있었던 자

다. 계부모와 자의 관계 또는 적모와 서자의 관계에 있거나 있었던 자

라. 동거하는 친족관계에 있는 자

3. "가정폭력범죄"라 함은 가정폭력으로서 다음 각목의 1에 해당하는 죄를 말한다.

가. 형법 제2편 제25장 상해와 폭행의 죄중 제257조(상해, 존속상해), 제258조(중상해, 존속중상해), 제260조(폭행, 존속폭행)제1항ㆍ제2항, 제261조(특수폭행) 및 제264조(상습범)의 죄

나. 형법 제2편 제28장 유기와 학대의 죄중 제271조(유기, 존속유기)제1항ㆍ제2항, 제272조(영아유기), 제273조(학대, 존속학대) 및 제274조(아동혹사)의 죄

다. 형법 제2편 제29장 체포와 감금의 죄 중 제276조(체포, 감금, 존속체포, 존속감금), 제277조(중체포, 중감금, 존속중체포, 존속중감금), 제278조(특수체포, 특수감금), 제279조(상습범)(제276조, 제277조의 죄에 한한다) 및 제280조(미수범)(제276조 내지 제279조의 죄에 한한다)의 죄

라. 형법 제2편 제30장 협박의 죄중 제283조(협박, 존속협박)제1항ㆍ제2항, 제284조(특수협박), 제285조(상습범)(제283조의 죄에 한한다) 및 제286조(미수범)의 죄

마. 형법 제2편 제33장 명예에 관한 죄중 제307조(명예훼손), 제308조(사자의 명예훼손), 제309조(출판물등에 의한 명예훼손) 및 제311조(모욕)의 죄

바. 형법 제2편 제36장 주거침입의 죄중 제321조(주거 · 신체 수색)의 죄

사. 형법 제2편 제37장 권리행사를 방해하는 죄중 제324조(강요) 및 제324조의 5(미수범)(제324조의 죄에 한한다)의 죄

아. 형법 제2편 제39장 사기와 공갈의 죄중 제350조(공갈) 및 제352조(미수범)(제350조의 죄에 한한다)의 죄

자. 형법 제2편 제42장 손괴의 죄중 제366조(재물손괴등)의 죄

차. 삭제 〈2007.8.3〉

카. 가목 내지 자목의 죄로서 다른 법률에 의하여 가중처벌되는 죄

4. "가정폭력행위자"라 함은 가정폭력범죄를 범한 자 및 가정구성원인 공범(이하 "행위자"라 한다)을 말한다.

5. "피해자"라 함은 가정폭력범죄로 인하여 직접적으로 피해를 입은 자를 말한다.

6. "가정보호사건"이라 함은 가정폭력범죄로 인하여 이 법에 의한 보호처분의 대상이 되는 사건을 말한다.

7. "보호처분"이라 함은 법원이 가정 보호사건에 대하여 심리를 거쳐 행위자에게 과하는 제40조의 규정에 의한 처분을 말한다.

8. "아동"이라 함은 아동복지법 제2조제1호에 규정된 자를 말한다.

제 3 조 (다른 법률과의 관계) 가정폭력범죄에 대하여는 이 법을 우선 적용한다.

제 2 장 가정보호사건

제1절 통 칙

제 4 조 (신고의무등) ① 누구든지 가정폭력범죄를 알게 된 때에는 이를 수사기관에 신고할 수 있다.

② 다음 각호의 1에 해당하는 자가 직무를 수행하면서 가정폭력범죄를 알게 된 경우에는 정당한 사유가 없는 한 이를 즉시 수사기관에 신고하여야 한다.

1. 아동의 교육과 보호를 담당하는 기관의 종사자와 그 장

2. 아동, 60세 이상의 노인 기타 정상적인 판단능력이 결여된 자의 치료등을 담당하는 의료인 및 의료기관의 장

3. 노인복지법에 따른 노인복지시설, 아동복지법에 따른 아동복지시설, 장애인복지법에 따른 장애인복지시설의 종사자와 그 장

③ 아동복지법에 따른 아동상담소, 가정폭력방지및피해자보호등에관한법률에 따른 가정폭력관련상담소 및 보호시설, 성폭력범죄의처벌및피해자보호등에관한법률에 따른 성폭력피해상담소 및 보호시설(이하 "상담소등"이라 한다)에 근무하는 상담원과 그 장은 피해자 또는 피해자의 법정대리인등과의 상담을 통하여 가정폭력범죄를 알게 된 경우

에는 이를 즉시 신고하여야 한다.

④ 누구든지 제1항 내지 제3항의 규정에 의하여 가정폭력범죄를 신고한 자(이하 "신고자"라 한다)에 대하여 그 신고행위를 이유로 불이익을 주어서는 아니된다.

제5조 (가정폭력범죄에 대한 응급조치) 진행중인 가정폭력범죄에 대하여 신고를 받은 사법경찰관리는 즉시 현장에 임하여 다음 각호의 조치를 취하여야 한다.〈개정 2002.12.18〉

1. 폭력행위의 제지, 행위자 · 피해자의 분리 및 범죄수사
2. 피해자의 가정폭력관련상담소 또는 보호시설 인도(피해자의 동의가 있는 경우에 한한다)
3. 긴급치료가 필요한 피해자의 의료기관 인도
4. 폭력행위의 재발시 제8조의 규정에 의하여 임시조치를 신청할 수 있음을 통보

제6조 (고소에 관한 특례) ① 피해자 또는 그 법정대리인은 행위자를 고소할 수 있다. 피해자의 법정대리인이 행위자인 경우 또는 행위자와 공동하여 가정폭력범죄를 범한 경우에는 피해자의 친족이 고소할 수 있다.

② 피해자는 형사소송법 제224조의 규정에 불구하고 행위자가 자기 또는 배우자의 직계존속인 경우에도 고소할 수 있다. 법정대리인이 고소하는 경우에도 또한 같다.

③ 피해자에게 고소할 법정대리인이나 친족이 없는 경우에 이해관계인의 신청이 있으면 검사는 10일 이내에 고소할 수 있는 자를 지정하여야 한다.

제7조 (사법경찰관의 사건송치) 사법경찰관은 가정폭력범죄를 신속히 수사하여 사건을 검사에게 송치하여야 한다. 이 경우 사법경찰관은 당해 사건이 가정보호사건으로 처리함이 상당한지 여부에 관한 의견을 제시할 수 있다.

제8조 (임시조치의 청구 등) ① 검사는 가정폭력범죄가 재발될 우려가 있다고 인정하는 때에는 직권 또는 사법경찰관의 신청에 의하여 법원에 제29조제1항제1호, 제2호 또는 제3호의 임시조치를 청구할 수 있다. 〈개정 2007.8.3〉

② 검사는 행위자가 제1항의 청구에 의하여 결정된 임시조치를 위반하여 가정폭력범죄가 재발될 우려가 있다고 인정하는 때에는 직권 또는 사법경찰관의 신청에 의하여 법원에 제29조제1항제5호의 임시조치를 청구할 수 있다. 〈개정 2007.8.3〉

③ 제1항 및 제2항의 경우 피해자 또는 그 법정대리인은 검사 또는 사법경찰관에게 제1항 및 제2항의 규정에 의한 임시조치의 청구 또는 그 신청을 요청하거나 이에 관하여 의견을 진술할 수 있다. 〈개정 2007.8.3〉

④ 제3항에 따른 요청을 받은 사법경찰관이 제1항 및 제2항에 따른 임시조치를 신청하지 아니하는 경우에는 검사에게 그 사유를 보고하여야 한다. 〈신설 2007.8.3〉

[전문개정 2002.12.18]

제9조 (가정보호사건의 처리) ① 검사는 가정폭력범죄로서 사건의 성질 · 동기 및 결과, 행위자의 성행등을 고려하여 이 법에 의한 보호처분에 처함이 상당하다고 인정할 때에는 가정보호사건으로 처리할 수 있다. 이 경우 검사는 피해자의 의사를 존중하여야

한다.

② 제1항의 규정은 다음 각호의 경우 이를 적용할 수 있다. 〈신설 2005.1.27〉

1. 피해자의 고소가 있어야 공소를 제기할 수 있는 가정폭력범죄에서 고소가 없거나 취소된 경우

2. 피해자의 명시한 의사에 반하여 공소를 제기할 수 없는 가정폭력범죄에서 피해자가 처벌을 희망하지 아니하는 명시적 의사표시가 있거나 처벌을 희망하는 의사표시가 철회된 경우

제9조의2 (상담조건부 기소유예) 검사는 가정폭력사건을 수사한 결과 행위자의 성행교정을 위하여 필요하다고 인정하는 때에는 상담조건부 기소유예를 할 수 있다.

[본조신설 2007.8.3]

제10조 (관할) ① 가정보호사건의 관할은 행위자의 행위지·거주지 또는 현재지를 관할하는 가정법원으로 한다. 다만, 가정법원이 설치되지 아니한 지역에 있어서는 해당지역의 지방법원(지원을 포함한다. 이하 같다)으로 한다.

② 가정보호사건의 심리와 결정은 단독판사(이하 "판사"라 한다)가 행한다.

제11조 (검사의 송치) ① 검사는 제9조의 규정에 의하여 가정보호사건으로 처리하는 경우에는 그 사건을 관할 가정법원 또는 지방법원(이하 "법원"이라 한다)에 송치하여야 한다.

② 검사는 가정폭력범죄와 그 외의 범죄가 경합하는 때에는 가정폭력범죄에 대한 사건만을 분리하여 관할 법원에 송치할 수 있다.

제12조 (법원의 송치) 법원은 행위자에 대한 피고사건을 심리한 결과 이 법에 의한 보호처분에 처함이 상당하다고 인정하는 때에는 결정으로 사건을 가정보호사건의 관할 법원에 송치할 수 있다. 이 경우 법원은 피해자의 의사를 존중하여야 한다.

제13조 (송치시의 신병처리) ① 제11조제1항 또는 제12조의 규정에 의한 송치결정이 있는 경우 행위자를 구금하고 있는 시설의 장은 검사의 이송지휘를 받은 때로부터 제10조의 규정에 의한 관할 법원이 있는 시(특별시 및 광역시를 포함한다. 이하 같다)·군에서는 24시간 이내에, 기타 시·군에서는 48시간 이내에 행위자를 관할 법원에 인도하여야 한다. 이 경우 법원은 행위자에 대하여 제29조의 규정에 의한 임시조치 여부를 결정하여야 한다.

② 제1항의 규정에 의한 인도와 결정은 형사소송법 제92조, 제203조 또는 제205조의 구속기간내에 이루어져야 한다.

③ 구속영장의 효력은 제1항 후단의 규정에 의하여 임시조치 여부를 결정한 때에 상실된 것으로 본다.

제14조 (송치서) ① 제11조 및 제12조의 규정에 의하여 사건을 가정보호사건으로 송치하는 경우에는 송치서를 보내야 한다.

② 제1항의 송치서에는 행위자의 성명·주소·생년월일·직업·피해자와의 관계 및 행

위의 개요와 가정상황을 기재하고 기타 참고자료를 첨부하여야 한다.

제15조 (이송) ① 가정보호사건을 송치받은 법원은 사건이 그 관할에 속하지 아니하거나 적정한 조사·심리를 위하여 필요하다고 인정한 때에는 결정으로 당해 사건을 즉시 다른 관할 법원에 이송하여야 한다.

② 법원은 제1항 규정에 의한 이송결정을 한 때에는 지체없이 그 사유를 첨부하여 행위자와 피해자 및 검사에게 통지하여야 한다.

제16조 (보호처분의 효력) 제40조의 규정에 의한 보호처분이 확정된 때에는 그 행위자에 대하여 동일한 범죄사실로 다시 공소를 제기할 수 없다. 다만, 제46조의 규정에 의하여 송치된 경우에는 그러하지 아니하다.

제17조 (공소시효의 정지와 효력) ① 가정폭력범죄에 대한 공소시효는 당해 가정보호사건이 법원에 송치된 때로부터 시효진행이 정지되고 그 사건에 대한 제37조제1항의 불처분의 결정(제1호 및 제2호의 사유에 의한 결정에 한한다)이 확정된 때 또는 제27조제2항·제37조제2항 및 제46조의 규정에 의하여 송치된 때로부터 진행한다.

② 공범의 1인에 대한 제1항의 시효정지는 다른 공범자에 대하여 효력을 미친다.

제18조 (비밀엄수등의 의무) ① 가정폭력범죄의 수사 또는 가정보호사건의 조사·심리 및 그 집행을 담당하거나 이에 관여하는 공무원, 보조인 또는 상담소등에 근무하는 상담원과 그 장 및 제4조제2항제1호에 규정된 자(그 직에 있었던 자를 포함한다)는 그 직무상 알게 된 비밀을 누설하여서는 아니된다. 〈개정 1999.1.21〉

② 이 법에 의한 가정보호사건에 대하여는 행위자, 피해자, 고소인·고발인 또는 신고인의 주소·성명·연령·직업·용모 기타 이들을 특정하여 파악할 수 있는 인적사항이나 사진등을 신문등 출판물에 게재하거나 방송매체를 통하여 방송할 수 없다.

③ 피해자의 보호하에 있는 아동이나 피해자인 아동의 교육 또는 보육을 담당하는 학교의 교직원 또는 보육시설의 종사자는 정당한 사유가 없는 한 해당 아동의 취학·진학·전학 또는 입소(그 변경을 포함한다)의 사실을 행위자인 친권자를 포함하여 누구에게든지 누설하여서는 아니된다. 〈신설 2002.12.18〉

제18조의2 (「형사소송법」의 준용) 이 장에서 따로 정하지 아니한 사항에 대하여는 가정보호사건의 성질에 위반되지 아니하는 범위 내에서 형사소송법의 규정을 준용한다.

[본조신설 2007.8.3]

제 2 절 조사·심리

제19조 (조사·심리의 방향) 법원이 가정보호사건을 조사·심리함에 있어서는 의학·심리학·사회학·사회복지학 기타 전문적인 지식을 활용하여 행위자·피해자 기타 가정구성원의 성행·경력·가정상황과 가정폭력범죄의 동기·원인 및 실태등을 밝혀서 이 법의 목적을 달성할 수 있는 적정한 처분이 이루어지도록 노력하여야 한다.

제20조 (가정보호사건조사관) ① 가정보호사건의 조사·심리를 위하여 법원에 가정보호사

건조사관(이하 "조사관"이라 한다)을 둔다.

② 조사관의 자격·임면 기타 필요한 사항은 대법원규칙으로 정한다.

제21조 (조사명령 등) ① 판사는 조사관, 그 법원의 소재지 또는 행위자의 주거지를 관할하는 보호관찰소의 장에게 행위자, 피해자 및 가정구성원에 대한 심문이나 그들의 정신·심리상태, 가정폭력범죄의 동기·원인 및 실태 등의 조사를 명하거나 요구할 수 있다.

② 제1항에 따른 판사의 보호관찰소의 장에 대한 조사요구에 관하여는 「보호관찰 등에 관한 법률」 제19조제2항 및 제3항을 준용한다.

[전문개정 2007.8.3]

제22조 (전문가의 의견조회) ① 법원은 정신과의사·심리학자·사회학자·사회복지학자 기타 관련 전문가에게 행위자·피해자 또는 가정구성원의 정신·심리상태에 대한 진단소견 및 가정폭력범죄의 원인에 관한 의견을 조회할 수 있다.

② 법원은 가정보호사건을 조사·심리함에 있어서 제1항의 규정에 의한 의견조회의 결과를 참작하여야 한다.

제23조 (진술거부권의 고지) 판사 또는 조사관은 가정보호사건을 조사할 때에 미리 행위자에 대하여 불리한 진술을 거부할 수 있음을 알려야 한다.

제24조 (소환 및 동행영장) ① 판사는 조사·심리에 필요하다고 인정한 때에는 기일을 지정하여 행위자·피해자·가정구성원 기타 참고인을 소환할 수 있다.

② 판사는 행위자가 정당한 이유없이 제1항의 규정에 의한 소환에 응하지 아니한 때에는 동행영장을 발부할 수 있다.

제25조 (긴급동행영장) 판사는 행위자가 소환에 응하지 아니할 우려가 있거나 피해자의 보호를 위하여 긴급히 필요하다고 인정하는 경우에는 제24조제1항의 규정에 의한 소환없이 동행영장을 발부할 수 있다.

제26조 (동행영장의 방식) 동행영장에는 행위자의 성명·생년월일·주거, 행위의 개요, 인치 또는 수용할 장소, 유효기간 및 그 기간 경과후에는 집행에 착수하지 못하며 영장을 반환하여야 한다는 취지와 발부년월일을 기재하고 판사가 서명·날인하여야 한다.

제27조 (동행영장의 집행등) ① 동행영장은 조사관이나 법원의 법원서기관·법원사무관·법원주사·법원주사보(이하 "법원공무원"이라 한다) 또는 사법경찰관리로 하여금 이를 집행하게 할 수 있다.

② 법원은 행위자의 소재불명으로 인하여 1년 이상 동행영장을 집행하지 못한 경우 사건을 관할 법원에 대응하는 검찰청 검사에게 송치할 수 있다.

③ 법원은 동행영장을 집행한 때에는 그 사실을 즉시 행위자의 법정대리인 또는 보조인에게 통지하여야 한다.

제28조 (보조인) ① 행위자는 자신의 가정보호사건에 대하여 보조인을 선임할 수 있다.

② 변호사, 행위자의 법정대리인·배우자·직계친족·형제자매, 상담소등의 상담원과

그 장은 보조인이 될 수 있다. 다만, 변호사가 아닌 자를 보조인으로 선임하고자 할 때에는 법원의 허가를 얻어야 한다. 〈개정 2005.3.31〉

③ 제2항의 규정에 의하여 선임된 변호사가 아닌 보조인은 금품·향응 기타 이익을 받거나 받을 것을 약속하거나 또는 제삼자에게 이를 공여하게 하거나 공여하게 할 것을 약속하여서는 아니된다.

④ 법원은 행위자가 형사소송법 제33조 각호의 1에 해당하는 때에는 직권으로 변호사를 행위자의 보조인으로 선임할 수 있다.

⑤ 제4항의 규정에 의하여 선임된 보조인에게 지급하는 비용에 대하여는 형사소송비용등에관한법률을 준용한다. 〈개정 1999.12.31〉

제29조 (임시조치) ① 판사는 가정보호사건의 원활한 조사·심리 또는 피해자의 보호를 위하여 필요하다고 인정한 때에는 결정으로 행위자에게 다음 각호의 1에 해당하는 임시조치를 할 수 있다. 〈개정 2006.2.21, 2007.8.3〉

1. 피해자 또는 가정구성원의 주거 또는 점유하는 방실로부터의 퇴거등 격리
2. 피해자 또는 가정구성원의 주거, 직장등에서 100미터 이내의 접근금지
3. 피해자 또는 가정구성원에 대한 「전기통신기본법」 제2조제1호의 전기통신을 이용한 접근금지
4. 의료기관 기타 요양소에의 위탁
5. 국가경찰관서의 유치장 또는 구치소에의 유치

② 동행영장에 의하여 동행된 행위자 또는 제13조의 규정에 의하여 인도된 행위자에 대하여는 행위자가 법원에 인치된 때로부터 24시간 이내에 제1항의 조치여부를 결정하여야 한다.

③ 법원은 제1항의 규정에 의한 조치를 결정한 때에는 이를 검사 및 피해자에게 통지하여야 한다. 〈개정 2002.12.18〉

④ 법원은 제1항제4호 또는 제5호의 조치를 한 때에는 그 사실을 행위자의 보조인이 있는 경우에는 보조인에게, 보조인이 없는 경우에는 법정대리인 또는 행위자가 지정한 자에게 통지하여야 한다. 이 경우 제1항제5호의 조치를 한 때에는 행위자에게 변호사등 보조인을 선임할 수 있으며 제49조제1항의 항고를 제기할 수 있음을 고지하여야 한다. 〈개정 2007.8.3〉

⑤ 제1항 제1호부터 제3호까지의 임시조치기간은 2개월, 같은 항 제4호 및 제5호의 임시조치기간은 1개월을 초과할 수 없다. 다만, 피해자의 보호를 위하여 그 기간의 연장이 필요하다고 인정하는 경우에는 결정으로 제1항제1호부터 제3호까지의 임시조치는 2회에 한하여, 같은 항 제4호 및 제5호의 임시조치는 1회에 한하여 각 기간의 범위 내에서 이를 연장할 수 있다. 〈개정 2007.8.3〉

⑥ 제1항 제4호의 위탁을 하는 경우에는 의료기관등의 장에게 행위자를 보호하는데 필요한 사항을 부과할 수 있다. 〈개정 2007.8.3〉

⑦ 민간이 운영하는 의료기관등에 대하여 위탁하고자 하는 때에는 제6항의 규정에 의하여 부과할 사항을 그 의료기관등의 장에게 미리 고지하고 동의를 얻어야 한다.

⑧ 판사는 제1항 각호에 규정된 임시조치의 결정을 한 때에는 조사관, 법원공무원, 사법경찰관리 또는 구치소 소속 교정직공무원으로 하여금 이를 집행하게 할 수 있다.

⑨ 행위자, 그 법정대리인이나 보조인은 제1항의 규정에 의한 임시조치결정의 취소 또는 그 종류의 변경을 신청할 수 있다.

⑩ 판사는 직권 또는 제9항의 규정에 의한 신청에 상당한 이유가 있다고 인정하는 때에는 결정으로 당해 임시조치를 취소하거나 그 종류를 변경할 수 있다.

⑪ 제1항 제4호의 위탁의 대상이 되는 의료기관 및 요양소의 기준 기타 필요한 사항은 대법원규칙으로 정한다. 〈개정 2007.8.3〉

제29조의2 (임시조치의 집행 등) ① 제29조제8항에 따라 임시조치결정을 집행하는 자는 행위자에게 임시조치의 내용, 불복방법 등을 고지하여야 한다.

② 피해자 또는 가정구성원은 제29조제1항제1호 및 제2호의 임시조치 후 주거나 직장 등을 옮긴 때에는 관할 법원에 임시조치결정의 변경을 신청할 수 있다.

[본조신설 2007.8.3]

제30조 (심리기일의 지정) ① 판사는 심리기일을 지정하고 행위자를 소환하여야 한다. 이 경우 판사는 가정보호사건의 요지 및 보조인을 선임할 수 있다는 취지를 미리 고지하여야 한다.

② 제1항의 심리기일은 보조인과 피해자에게 통지하여야 한다.

제31조 (심리기일의 변경) 판사는 직권 또는 행위자나 보조인의 청구에 의하여 심리기일을 변경할 수 있다. 이 경우 변경된 기일을 행위자·피해자 및 보조인에게 통지하여야 한다.

제32조 (심리의 비공개) ① 판사는 가정보호사건을 심리함에 있어서 사생활보호나 가정의 평화와 안정을 위하여 필요하거나 선량한 풍속을 해할 우려가 있다고 인정할 때에는 결정으로 이를 공개하지 아니할 수 있다.

② 증인으로 소환된 피해자 또는 가정구성원은 사생활보호나 가정의 평화와 안정의 회복을 이유로 하여 판사에 대하여 증인신문의 비공개를 신청할 수 있다. 이 경우 판사는 그 허가여부와 공개법정외의 장소에서의 신문등 증인신문의 방식 및 장소에 관하여 결정을 할 수 있다.

제33조 (피해자의 진술권등) ① 법원은 피해자의 신청이 있는 경우에는 그 피해자를 증인으로 신문하여야 한다. 다만, 다음 각호의 1에 해당하는 경우에는 그러하지 아니하다.

1. 신청인이 이미 심리절차에서 충분히 진술하여 다시 진술할 필요가 없다고 인정되는 경우
2. 신청인의 진술로 인하여 심리절차가 현저하게 지연될 우려가 있는 경우

② 법원은 제1항의 규정에 의하여 피해자를 신문하는 경우에는 당해 가정보호사건에

관한 의견을 진술할 기회를 주어야 한다.

③ 법원은 심리에 있어서 필요하다고 인정한 때에는 피해자 또는 조사관에게 의견을 진술하거나 자료의 제출을 요구할 수 있다. 이 경우 판사는 공정한 의견진술등을 위하여 필요하다고 인정한 때에는 행위자의 퇴장을 명할 수 있다.

④ 제1항 내지 제3항의 경우 피해자는 변호사, 법정대리인·배우자·직계친족·형제자매, 상담소 등의 상담원 또는 그 장으로 하여금 대리하여 의견을 진술하게 할 수 있다. 〈개정 2005.3.31〉

⑤ 제1항의 규정에 의한 신청인이 소환을 받고도 정당한 이유없이 출석하지 아니한 때에는 그 신청을 철회한 것으로 본다.

第34조 (증인신문·감정·통역·번역) ① 법원은 증인을 신문하고 감정을 명하며 통역 또는 번역을 하게 할 수 있다.

② 형사소송법중 법원의 증인신문과 감정·통역 및 번역에 관한 규정은 가정보호사건의 성질에 위반되지 아니하는 범위내에서 제1항의 경우에 이를 준용한다.

③ 증인·감정인·통역인·번역인에게 지급하는 비용·숙박료 기타 비용에 대하여는 형사소송법중 비용에 관한 규정 및 형사소송비용등에관한법률을 준용한다. 〈개정 1999.12.31〉

第35조 (검증·압수·수색) ① 법원은 검증·압수 및 수색을 할 수 있다.

② 형사소송법중 법원의 검증·압수 및 수색에 관한 규정은 가정보호사건의 성질에 위반하지 아니하는 범위내에서 제1항의 경우에 이를 준용한다.

第36조 (협조·원조) ① 법원은 가정보호사건의 조사·심리에 필요한 경우 관계 행정기관, 상담소등 또는 의료기관 기타 단체에 대하여 협조와 원조를 요청할 수 있다.

② 제1항의 요청을 받은 관계 행정기관, 상담소등 또는 의료기관 기타 단체가 그 요청을 거부할 때에는 정당한 이유를 제시하여야 한다.

第37조 (불처분의 결정) ① 판사는 가정보호사건을 심리한 결과 다음 각호의 1에 해당하는 때에는 처분을 하지 아니한다는 결정을 하여야 한다.

1. 삭제 〈2005.1.27〉
2. 보호처분을 할 수 없거나 할 필요가 없다고 인정한 때
3. 사건의 성질·동기 및 결과, 행위자의 성행·습벽등에 비추어 가정보호사건으로 처리함이 적당하지 아니하다고 인정한 때

② 법원은 제1항제3호의 사유에 의하여 불처분의 결정을 한 때에는 다음 각호의 구분에 따라 처리하여야 한다. 〈개정 2002.12.18〉

1. 제11조의 규정에 의하여 검사가 송치한 사건인 경우에는 관할 법원에 대응하는 검찰청의 검사에게 송치
2. 제12조의 규정에 의하여 법원이 송치한 사건인 경우에는 송치한 법원에 이송

③ 제1항의 규정에 의한 결정을 한 때에는 이를 행위자, 피해자 및 검사에게 통지하여

야 한다.

제38조 (처분의 기간등) 가정보호사건에 대하여는 다른 쟁송에 우선하여 신속히 처리하여야 한다. 이 경우 처분의 결정은 특별한 사유가 없는 한 송치받은 날부터 3월 이내에, 이송받은 경우에는 이송받은 날부터 3월 이내에 하여야 한다.

제39조 (위임규정) 가정보호사건의 조사·심리에 관하여 필요한 사항은 대법원규칙으로 정한다.

제3절 보호처분

제40조 (보호처분의 결정등) ① 판사는 심리의 결과 보호처분이 필요하다고 인정한 때에는 결정으로 다음 각호의 1에 해당하는 처분을 할 수 있다. 〈개정 2007.8.3〉

1. 행위자가 피해자 또는 가정구성원에게 접근하는 행위의 제한
2. 행위자가 피해자 또는 가정구성원에게 「전기통신기본법」 제2조제1호의 전기통신을 이용하여 접근하는 행위의 제한
3. 친권자인 행위자의 피해자에 대한 친권행사의 제한
4. 보호관찰등에관한법률에 의한 사회봉사·수강명령
5. 보호관찰등에관한법률에 의한 보호관찰
6. 가정폭력방지및피해자보호등에관한법률이 정하는 보호시설에의 감호위탁
7. 의료기관에의 치료위탁
8. 상담소등에의 상담위탁

② 제1항 각호의 처분은 이를 병과할 수 있다.

③ 제1항제3호의 처분을 하는 경우에는 피해자를 다른 친권자나 친족 또는 적당한 시설로 인도할 수 있다. 〈개정 2007.8.3〉

④ 법원은 보호처분의 결정을 한 때에는 지체없이 그 사실을 검사, 행위자, 피해자, 보호관찰관 및 보호처분을 위탁받아 행하는 보호시설, 의료기관 또는 상담소등(이하 "수탁기관"이라 한다)의 장에게 통지하여야 한다. 다만, 수탁기관이 민간에 의하여 운영되는 기관인 경우에는 그 기관의 장으로부터 수탁에 대한 동의를 얻어야 한다.

⑤ 제1항제4호부터 제8호까지의 처분을 한 때에는 행위자의 교정에 필요한 참고자료를 보호관찰관 또는 수탁기관의 장에게 송부하여야 한다. 〈개정 2007.8.3〉

⑥ 제1항제6호의 감호위탁기관은 행위자에 대하여 그 성행의 교정을 위한 교육을 실시하여야 한다. 〈신설 2007.8.3〉

제41조 (보호처분의 기간) 제40조제1항제1호부터 제3호까지 및 제5호부터 제8호까지의 보호처분의 기간은 6개월을 초과할 수 없으며, 같은 항 제4호의 사회봉사·수강명령의 시간은 200시간을 각각 초과할 수 없다.

[전문개정 2007.8.3]

제42조 (몰수) 판사는 보호처분을 하는 경우에 결정으로 가정폭력범죄에 제공하거나 제공

하려고 한 물건으로서 행위자외의 자의 소유에 속하지 아니하는 물건을 몰수할 수 있다.

제43조 (보호처분결정의 집행) ① 법원은 조사관, 법원공무원, 사법경찰관리, 보호관찰관 또는 수탁기관소속 직원으로 하여금 보호처분의 결정을 집행하게 할 수 있다.

② 보호처분의 집행에 있어 이 법에서 정하지 아니한 사항에 대하여는 가정보호사건의 성질에 위반되지 아니하는 범위내에서 형사소송법, 보호관찰등에관한법률 및 정신보건법을 준용한다.

제44조 (보고와 의견제출등) 법원은 제40조제1항제4호부터 제8호까지의 보호처분을 결정한 때에는 보호관찰관 또는 수탁기관의 장에 대하여 행위자에 관한 보고서 또는 의견서의 제출을 요구할 수 있고, 그 집행에 대하여 필요한 지시를 할 수 있다. 〈개정 2007.8.3〉

제45조 (보호처분의 변경) ① 법원은 보호처분이 진행되는 동안 필요하다고 인정하는 때에는 직권, 검사·보호관찰관 또는 수탁기관의 장의 청구에 따라 결정으로 1회에 한하여 보호처분의 종류와 기간을 변경할 수 있다. 〈개정 2002.12.18〉

② 제1항의 규정에 의하여 보호처분의 종류와 기간을 변경하는 경우 종전의 처분기간을 합산하여 제40조제1항제1호부터 제3호까지 및 제5호부터 제8호까지의 보호처분의 기간은 1년을, 같은 항 제4호의 사회봉사·수강명령의 시간은 400시간을 각각 초과할 수 없다. 〈개정 2007.8.3〉

③ 제1항의 처분변경의 결정이 있는 때에는 지체없이 그 사실을 검사, 행위자, 법정대리인, 보조인, 피해자, 보호관찰관 및 수탁기관에 통지하여야 한다. 〈개정 2002.12.18〉

제46조 (보호처분의 취소) 법원은 보호처분을 받은 행위자가 제40조제1항제4호부터 제8호까지의 보호처분의 결정을 이행하지 아니하거나 그 집행에 따르지 아니하는 때에는 직권, 검사·피해자·보호관찰관 또는 수탁기관의 장의 청구에 의하여 결정으로 그 보호처분을 취소하고 다음 각호의 구분에 따라 처리하여야 한다. 〈개정 2007.8.3〉

1. 제11조의 규정에 의하여 검사가 송치한 사건인 경우에는 관할 법원에 대응하는 검찰청의 검사에게 송치
2. 제12조의 규정에 의하여 법원이 송치한 사건인 경우에는 송치한 법원에 이송

[전문개정 2002.12.18]

제47조 (보호처분의 종료) 법원은 행위자의 성행이 교정되어 정상적인 가정생활이 유지될 수 있다고 판단되거나 기타 보호처분을 계속할 필요가 없다고 인정한 때에는 직권, 검사·피해자·보호관찰관 또는 수탁기관의 장의 청구에 의하여 결정으로 보호처분의 전부 또는 일부를 종료할 수 있다. 〈개정 2002.12.18〉

제48조 (비용의 부담) ① 제29조제1항제4호의 위탁결정 또는 제40조제1항제7호 및 제8호의 보호처분을 받은 행위자는 위탁 또는 보호처분에 필요한 비용을 부담한다. 다만, 행위자가 지급할 능력이 없는 때에는 국가가 이를 부담할 수 있다. 〈개정 2007.8.3〉

② 판사는 행위자에 대하여 제1항 본문의 규정에 의한 비용의 예납을 명할 수 있다.

③ 제1항의 규정에 의하여 행위자가 부담할 비용의 계산, 청구 및 지급 절차 기타 필요한 사항은 대법원규칙으로 정한다.

제 4 절 항고와 재항고

제49조 (항고) ① 제8조 또는 제29조의 규정에 의한 임시조치(연장 또는 변경의 결정을 포함한다. 이하 같다), 제40조의 보호처분, 제45조의 보호처분의 변경 및 제46조의 보호처분의 취소에 있어서 그 결정에 영향을 미칠 법령위반이 있거나 중대한 사실오인이 있는 때 또는 그 결정이 현저히 부당한 때에는 검사, 행위자, 법정대리인 또는 보조인은 가정법원본원합의부에 항고할 수 있다. 다만, 가정법원이 설치되지 아니한 지역에서는 지방법원본원합의부에 하여야 한다. 〈개정 2002.12.18〉

② 법원이 제37조의 규정에 의하여 불처분의 결정을 한 경우 그 결정이 현저히 부당한 때에는 검사, 피해자 또는 그 법정대리인은 항고할 수 있다. 이 경우 항고법원에 관하여는 제1항의 규정을 준용한다. 〈개정 2002.12.18〉

③ 항고의 제기기간은 그 결정을 고지받은 날부터 7일로 한다.

제50조 (항고장의 제출) ① 항고를 함에 있어서는 항고장을 원심 법원에 제출하여야 한다.

② 항고장을 제출받은 법원은 3일 이내에 의견서를 첨부하여 기록을 항고법원에 송부하여야 한다.

제51조 (항고의 재판) ① 항고법원은 항고의 절차가 법률에 위반되거나 항고가 이유없다고 인정한 때에는 결정으로 항고를 기각하여야 한다.

② 항고법원은 항고가 이유있다고 인정한 때에는 원결정을 취소하고 사건을 원심법원에 환송하거나 다른 관할 법원에 이송하여야 한다. 이 경우 환송 또는 이송하기에 급박하거나 기타 필요하다고 인정한 때에는 원결정을 파기하고 스스로 상당한 임시조치, 불처분 또는 보호처분의 결정을 할 수 있다.

제52조 (재항고) ① 항고의 기각 결정에 대하여는 그 결정이 법령에 위반된 때에 한하여 대법원에 재항고를 할 수 있다.

② 제49조제3항의 규정은 제1항의 재항고에 이를 준용한다.

제53조 (집행의 부정지) 항고와 재항고는 결정의 집행을 정지하는 효력이 없다.

제54조 (종결된 사건 기록등의 송부) 법원은 가정보호사건이 종결된 때에는 지체없이 사건기록과 결정서를 대응하는 검찰청 검사에게 송부하여야 한다.

제55조 삭제 〈2007.8.3〉

제3장 민사처리에 관한 특례

제56조 (배상신청) ① 피해자는 가정보호사건이 계속된 제1심 법원에 제57조의 배상명령을 신청할 수 있다. 이 경우 인지의 첩부는 요하지 아니한다.

② 소송촉진등에관한특례법 제26조제2항 내지 제8항은 제1항의 경우 이를 준용한다.

제57조 (배상명령) ① 법원은 제1심의 가정보호사건 심리절차에서 보호처분을 선고할 경우 직권 또는 피해자의 신청에 의하여 다음 각호의 금전지급이나 배상(이하 "배상"이라 한다)을 명할 수 있다.

1. 피해자 또는 가정구성원의 부양에 필요한 금전의 지급
2. 가정보호사건으로 인하여 발생한 직접적인 물적피해 및 치료비손해의 배상

② 법원은 가정보호사건에 있어서 행위자와 피해자 사이에 합의된 배상액에 관하여도 제1항의 규정에 따라 배상을 명할 수 있다.

③ 소송촉진등에관한특례법 제25조제3항(제2호의 경우를 제외한다)은 제1항의 경우 이를 준용한다.

제58조 (배상명령의 선고) ① 배상명령은 보호처분의 결정과 동시에 하여야 한다.

② 배상명령은 일정액의 금전지급을 명함으로써 하고 배상의 대상과 금액을 보호처분결정서의 주문에 표시하여야 한다. 이 경우 배상명령의 이유는 특히 필요하다고 인정되는 경우가 아니면 이를 기재하지 아니할 수 있다.

③ 배상명령은 가집행할 수 있음을 선고할 수 있다.

④ 민사소송법 제213조제3항 · 제215조 · 제500조 및 제501조의 규정은 제3항의 경우에 이를 준용한다. 〈개정 2002.1.26〉

⑤ 배상명령을 한 때에는 보호처분결정서의 정본을 행위자 및 피해자에게 지체없이 송달하여야 한다.

제59조 (신청의 각하) ① 배상신청이 부적법한 때 또는 그 신청이 이유없거나 배상명령을 함이 상당하지 아니하다고 인정될 때에는 결정으로 이를 각하하여야 한다.

② 보호처분의 결정과 동시에 제1항의 재판을 할 때에는 이를 보호처분결정서의 주문에 표시할 수 있다.

③ 신청을 각하하거나 그 일부를 인용한 재판에 대하여 신청인은 불복을 신청하지 못하며 다시 동일한 배상신청을 할 수 없다.

제60조 (불복) ① 보호처분에 대한 항고제기가 있는 때에는 배상명령은 가정보호사건과 함께 항고심에 이심된다. 보호처분에 대한 재항고가 있는 경우에도 또한 같다.

② 항고심에서 제1심 결정을 유지하는 경우에도 배상명령에 대하여는 이를 취소·변경할 수 있다.

③ 행위자는 보호처분결정에 대하여 항고를 제기함이 없이 배상명령에 대하여만 항고

할 수 있다. 이 경우 항고는 7일 이내에 제기하여야 한다.

④ 제3항의 규정에 의한 항고의 기각결정에 대하여는 그 결정이 법령에 위반된 때에 한하여 대법원에 7일 이내에 재항고할 수 있다. 제1항 전단의 규정에 의한 항고심결정에 대하여 배상명령에 대하여만 재항고하는 경우에도 또한 같다.

⑤ 제1항, 제3항 및 제4항에 의한 항고와 재항고는 배상명령의 집행을 정지하는 효력이 없다.

제61조 (배상명령의 효력과 강제집행) ① 확정된 배상명령 또는 가집행선고 있는 배상명령이 기재된 보호처분결정서의 정본은 민사집행법에 의한 강제집행에 관하여는 집행력 있는 민사판결 정본과 동일한 효력이 있다. 〈개정 2002.1.26〉

② 이 법에 의한 배상명령이 확정된 때에는 그 인용금액의 범위안에서 피해자는 다른 절차에 의한 손해배상을 청구할 수 없다.

제62조 (다른 법률의 준용) 이 장에서 정하지 아니한 사항에 대하여는 소송촉진등에관한 특례법과 민사소송법의 관련 규정(「민사소송법」 제162조제2항을 제외한다)을 준용한다. 〈개정 2007.5.17〉

제4장 벌 칙

제63조 (보호처분의 불이행죄) 제40조제1항제1호, 제2호 또는 제3호의 보호처분이 확정된 후에 이를 이행하지 아니한 행위자는 2년 이하의 징역이나 2천만원 이하의 벌금 또는 구류에 처한다. 〈개정 2007.8.3〉

제64조 (비밀엄수등 의무의 위반죄) ① 제18조제1항의 규정에 의한 비밀엄수의무를 위반한 보조인(변호사를 제외한다), 상담소등의 상담원 또는 그 장(그 직에 있었던 자를 포함한다)은 1년 이하 징역이나 2년 이하 자격정지 또는 1천만원 이하의 벌금에 처한다.

② 제18조제2항의 보도금지의무를 위반한 신문의 편집인, 발행인 또는 그 종사자, 방송사의 편집책임자, 그 장 또는 종사자 기타 출판물의 저작자와 발행인은 500만원 이하의 벌금에 처한다.

제65조 (과태료) 다음 각호의 1에 해당하는 자는 500만원 이하의 과태료에 처한다. 〈개정 2007.8.3〉

1. 정당한 사유 없이 제24조제1항의 규정에 의한 소환에 불응한 자
2. 정당한 사유 없이 제44조의 규정에 의한 보고서 또는 의견서의 제출요구에 불응한 자
3. 정당한 사유 없이 검사나 법원이 가정보호사건으로 송치한 제9조 또는 제12조의 규정에 의한 가정보호사건으로서 제40조제1항제4호부터 제8호까지의 보호처분이 확정된 후 이를 이행하지 아니하거나 집행에 따르지 아니한 자

[전문개정 2005.1.27]

찾아보기

[ㄱ]

가부장제 32
가부장제 문화 249
가부장제 이데올로기 208
가사도우미 258
가정보호사건 218
가정분리권한 260
가정위탁 113, 115
가정폭력 18
가정폭력 피해자 보호시설 37
가정폭력방지법 17, 206
가정폭력상담소 37, 210
가정폭력특례법 206
가족상담 260
가족유지 134
가족의 규칙 29
가족주의 229, 249
가족체계 모델 192
가출 81
갈등관리척도 156
강간 92
강제성 89
개별상담 260
거부 72
거시수준 248
거시적 수준 33
거시체계 26
건강관리 기술 82
게이트키퍼(gatekeeper) 프로그램 263
격리보호 130
격리조치 136
결정적 시기 74
경로효친사상 249
경찰 66
경한폭력 120
고립 30, 31, 72
고위험 집단 56
공격성 성향 160
공격적 58
공식 보고서 38
공식적 자원 175
공식적 지지체계 175
공포 55, 72
교육적 방임 77
교환이론 244
구상권 216
구타 18
권력 20
그룹홈 139
근친강간 89
금전 관리 82
기능적 가족 29
기본적 욕구 29
기술적 연구 41
기억의 봉쇄 107
긴급보호서비스 259
긴급전화(1389) 125, 253

[ㄴ]

낙인화 98
남편 살해 167
냉담 80
네트워크 140
노인보호서비스 250, 252
노인보호전문기관 37, 253
노인보호제도 252
노인복지시설 인권보호 254
노인의 의존성 243
노인차별주의 248

[ㄷ]

단기보호 260, 266
단선적 현상 194
대리적 강화 60
대리적 처벌 60
도구적 폭력 203
동기 24

[ㅁ]

만성질환 241
매맞는 아동증후군 17
매맞는 여성 147
면접 40
모계사회 32
모집단 39
무력감 98
문화 28
미시수준 242
미시체계 26

[ㅂ]

반사회적 81, 186
반(反)성차별적 교육 197
발달과업 60
발생현황 37
방임 19
배반감 98
보호관찰 224, 265
보호사정 257
보호요인 42
보호제공자 48, 56, 248
보호처분 220
복합골절 51
부모 48
부모 양육 기술 132
부모 지지모임 132
부모-자녀 81
부모교육 81
부모의 양육태도 62
부부상담 200
부부상담 적합성 202
부부합동 집단 201
부양부담 244
부양스트레스 258
분노 31
분노관리 81
분노조절 능력 30
분노조절상담프로그램 132
분포 36
불면증 107
불안 59
비공식적 자원 174
비공식적 지지체계 175
비밀 88
비밀리 40
비신고의무자 110
비신체적 접촉 39
비의도적 방임 233
비정상적 가족 175
빈곤 31, 64
빈곤의 여성화 174
빈도 54
빙산의 일각 36, 88

[ㅅ]

사례관리 254
사례관리자 137
사례회의 258
사회과학 42
사회병질적 186
사회성 기술 30
사회적 고립 63, 81, 174, 247
사회적 관계망 247
사회적 적응 59
사회적 지지 30, 33, 248
사회적 지지망 31, 248
사회학습이론 60
살해 154
살해사건 154
상관관계 36

상담위탁 195, 224, 265
상담치료 프로그램 138
상담치료명령제도 138
상승기 169
상호작용 59
샌드위치 세대 247
생존자 106, 147, 177
생태체계적 26
생활스트레스 248
생활주기 241
서베이 37
설명적 연구 41
성교육 105
성역할 고정관념 188
성의 대칭성 160
성인 생존자 88
성인자녀 232, 247
성인주간보호 260
성장실패증후군 79
성적 욕구 91
성폭력상담소 37
성폭력특별법 216
세계여성의 해 151
세대간 전수 이론 60
세대간의 폭력순환 246
수강명령 224
수면장애 92
수치심 89, 103
순환적 인과론 193
쉼터 201
쉼터입소 178
스크리닝 척도 130
스트레스 30
스트레스 감소 81
스트레스 관리 81
스티그마 106
시설보호 113
시설에서의 학대 235
시설종사자 116
시설학대 261
신고의무자 110
신뢰도 42
신체적 방임 77
실업 31
실태조사 155
심각도 54
심리적 부재 75
심리치료 45

[ㅇ]

아내학대 147
아동·여성보호지역연대 213
아동보호서비스 70, 124
아동보호전문기관 37, 129
아동복지법 124
아동양육시설 131
아동학대 예방센터 38
알코올 63, 259
알코올 남용 30
알코올 및 약물 남용 188
알코올/약물 남용 프로그램 132
애착 59
약물남용 63, 95
약물남용 프로그램 259
양육기술훈련 81
억압 100
억압된 기억 40
언어장애 59
엄지손가락의 규칙 151
여성긴급전화 1366 212
여성정책기본계획 208
여성주의 모델 191
여성주의자 32
역기능적 패턴 192
역량강화 176
역사적 맥락 50
역학 36
연속선 54
연속성 22
예방교육 140
예측요인 44
외부체계 26
외상 후 스트레스 장애 168

외상성 모델 97
우울 95
우울증 30, 92
원가정 보호 130
위계적 32
위기대처 248
위축 58, 92
위탁가정 134
위탁양육 81
위험사정 257
위험요인 33, 42
유기 48, 234
유아기 74
유언장 232
유엔여성 10년 152
음주량 44
응급보호서비스 254
응급사례 260
응집력 30, 64
의도적 방임 233
의료모델 105
의료서비스 254
의료적 서비스 66
의료전문가 128
의사소통패턴 29
의존성 60, 243
의존자 29
의존적 33
인과관계 37
인지 재구조화 188
인지행동모델 190
일반화 43
일시보호 115
일시 보호서비스 260
임상적 사례 37
임상적 정의 55
임시조치 218
임파워먼트 67

[ㅈ]

자기결정능력 260
자기방임 235, 261
자녀훈육 30
자립·자활 215
자살 95
자살충동 92
자아존중감 29, 73
자조집단 132, 133
자존감 59
잘못된 기억 40
장기보호 115
재가복지서비스 266
재정적 학대 241
적응유연성 66, 176
전국 가정폭력조사 156
전문위탁가정 139
전통적 성역할 규범 33
전통적 성역할태도 31
접근금지조치 218
접근성 214
정보에 기반을 둔 동의 91
정상적인 가족 175
정서적 방임 77
정신병리 31, 63
정신분석모델 189
정신장애 80
정신지체 59
정의 39
제재조치 137
조사 128
종단연구 74
좌절 31
죄의식 102, 103
죄책감 89
주간보호 266
중간수준 246
중간체계 26
중립적 193
중복학대 111
중한폭력 120
지속관찰 117
지속기간 96
지역사회 31

지원 31
지지 31
지지망 63
지지적 서비스 66
지표 44, 78
직무스트레스 262
진단적 라벨 106
집단상담 260

[ㅊ]

청소년기 74
체벌 23
취업지원서비스 259
치매노인 233
치명적 76
친인척보호 113
친족(친인척)보호 115

[ㅌ]

타당도 42
타임아웃 193
탈감각화 훈련 188
탐색적 연구 41
통제 20
통합적 26
퇴행적 행동 92
트라우마 96

[ㅍ]

파트너 폭력 147
편부모 33
평등의 바퀴 197
포괄적 사정 257
폭력 18
폭력의 사이클 168, 203
폭력의 신호(cue) 193
폭력적 하위문화 188
폭로 100
폭발기 169
폭행 18
표본 43
표현적 폭력 203
프로필 185
피학대적 성격 163
피해여성 증후군 166
피해자 지원 네트워크 213
피해자보호시설 210
피해자의 인권 223

[ㅎ]

하강기 169
학교 31
학대 18
학대관련 적응 176
학령기 74
학습된 무기력감 173
학업성취 59
해리성 증상 95
행위자 프로그램 188
행위자의 의존성 245
헤드스타트 프로그램 133
현장조사 257
화상 57
환각재현현상 168
황폐화 59
회고적 연구 40
회복력 62
후유증 94
흔들린 영아 증후군 57
히스테리컬 신경증 87
힘과 통제의 바퀴 197
힘의 차별성 89

〈기타〉

1366 210
Duluth 모델 197
Maslow 21
ONE-STOP지원센터 213

[저자 소개]

•이은주
이화여자대학교 영어영문학과 졸업
이화여자대학교 대학원 사회복지학과 석사
캐나다 칼튼대학교 Master of Social Work
이화여자대학교 대학원 사회복지학과 박사
이화여자대학교 사회복지관 연구원
미8군 121병원 Family Advocacy 사회복지사

현재 꽃동네현도사회복지대학교 부교수

〈저서〉
『사회복지실천론』(공저, 동인)
『사회복지실천기술론』(공저, 동인)

가족폭력과 사회복지

2011년 5월 10일 초판인쇄
2011년 5월 15일 초판발행

저 자 이 은 주
발행인 유 성 열
발행처 **청목출판사**
서울특별시 영등포구 신길로 40-20
전화 (02) 849-6157(代)·2820
FAX (02) 849-0817
등록 제318-1994-000090호

파본은 바꾸어 드립니다. 값 16,000원

http : //www.chongmok.co.kr

ISBN 978-89-5565-410-3

※인지는 생략합니다.